SANDRA KONRAD

Nicht ohne meine Eltern

SANDRA KONRAD

Nicht ohne meine Eltern

Wie gesunde Ablösung all unsere Beziehungen verbessert – auch die zu unseren Eltern

PIPER

Mehr über unsere Autorinnen, Autoren und Bücher:
www.piper.de

Von Sandra Konrad liegen im Piper Verlag vor:
Das bleibt in der Familie
Liebe machen
Das beherrschte Geschlecht
Nicht ohne meine Eltern

Unser Versprechen für mehr Nachhaltigkeit
• Klimaneutrales Produkt
• FSC®-zertifiziertes Papier
• Hergestellt in Deutschland

FSC www.fsc.org MIX Papier | Fördert gute Waldnutzung FSC® C014496

ISBN 978-3-492-07194-9
8. Auflage 2024

Satz: Eberl & Koesel Studio, Kempten
Gesetzt aus der Whitman
Litho: Lorenz & Zeller, Inning am Ammersee
Druck und Bindung: GGP Media GmbH, Pößneck
Printed in Germany

Inhalt

SECHS

*EPILOG

»Erwachsenwerden hatte große Ähnlichkeit mit dem lateinischen ›Ave atque vale‹ (›Sei gegrüßt und lebe wohl!‹), es war zugleich Anfang und Schlusspunkt, ein Willkommensgruß, der in Wahrheit ein langer Abschied war.«

JAMES WOOD, UPSTATE

»Es gab keine, keine, keine Pflicht für erwachte Menschen als die eine:
sich selber zu suchen, in sich fest zu werden,
den eigenen Weg vorwärts zu tasten,
einerlei wohin er führte.«

HERMANN HESSE, DEMIAN

Vorwort

In Gegenwart meiner Eltern[*] fühle ich mich oft wie ein kleines Kind und werde von Gefühlen überwältigt.

Ich fühle mich für meine Eltern verantwortlich.

Ich bin ständig enttäuscht von meinen Eltern, weil sie nicht so sind, wie ich sie gerne hätte.

Ich kann meinen Eltern keine Grenzen setzen.

Ich muss meine Eltern stolz machen.

Ich traue mich nicht, mit meinen Eltern über meine wahren Gefühle zu sprechen.

Meine Eltern wissen am besten, was gut für mich ist.

Ich weiß am besten, was gut für meine Eltern ist.

Ich empfinde den Kontakt zu meinen Eltern als sehr anstrengend und zwinge mich trotzdem, sie regelmäßig zu treffen.

Ich habe den Kontakt zu meinen Eltern abgebrochen, weil ich sie für etwas bestrafen möchte.

Ich fühle mich oft schuldig, weil ich meinen Eltern nicht genüge.

Die Beziehung zu meinen Eltern ist ein einziger Kampf.

Ich bin Opfer meiner Eltern, sie sind schuld, dass mein Leben für immer verkorkst ist.

Ich wünsche mir, dass meine Eltern alle meine Entscheidungen gutheißen, und bin unglücklich, wenn sie es nicht tun.

Wenn ich meinen Eltern sagen würde, wie sehr sie mich in meiner Kindheit verletzt haben, würden sie mir das nie verzeihen.

---

* Eltern wird im Folgenden synonym für beide Elternteile, also für Mutter und für Vater verwendet.

Ich habe das Gefühl, mich ständig vor meinen Eltern verteidigen zu müssen.

Ich darf nichts tun oder sagen, was meine Eltern verletzt.

Meine Eltern sind der Hauptstreitpunkt in meiner Beziehung.

Die Gefühle und Bedürfnisse meiner Eltern sind wichtiger als meine eigenen.

Ich halte es nicht aus, dass meine Eltern mich nicht verstehen.

Wenn ich mein Leben nach meinen ureigenen Wünschen führen würde, würde ich meine Eltern verlieren.

Ich möchte meine Eltern retten und würde alles dafür tun, um sie glücklich zu machen.

Ich führe mit meinen Eltern ständig innere Zwiegespräche, die mich aufwühlen.

Ich streite mich oft mit meinen Eltern, um ihnen zu beweisen, dass ich recht habe.

Ich kann nicht aufhören zu wünschen, dass meine Eltern endlich so werden, wie sie nie waren.

Ich mache immer genau das Gegenteil von dem, was meine Eltern sich wünschen.

Ich treffe keine Entscheidungen, von denen ich weiß, dass sie meinen Eltern missfallen würden.

Ich streite in meiner Beziehung über die Themen, die mit meinen Eltern ungeklärt sind.

Ich halte wichtige Bereiche meines Lebens geheim aus Angst vor der Reaktion meiner Eltern.

Ich hasse meine Eltern und wünschte, sie würden sterben.

Wenn meine Eltern sterben, werde ich all meinen Lebensmut und all meine Lebensfreude verlieren.

Wenn Sie auch nur einem der obigen Sätze zustimmen, ist dies ein Hinweis darauf, dass Sie noch mit Ihren Eltern verstrickt sind. Dass Sie noch nicht hinreichend abgelöst sind.

Dieses Buch ist für Sie: Es erklärt, wie der Grad unserer Ablösung unser ganzes (Beziehungs-)Leben beeinflusst. Vor allem zeigt es Wege aus der Verstrickung. Es stellt Ihre persönliche Entwicklung in den Vordergrund, ohne Ihre Familie in ein schlechtes Licht zu rücken.

Dieses Buch kann keine Psychotherapie ersetzen, aber es kann Ihnen helfen, sich selbst, Ihre Eltern und die gemeinsame Dynamik besser zu verstehen. Es kann dazu beitragen, dass Sie Schuldgefühle, Groll und Enttäuschungen hinter sich lassen. Idealerweise gelingt es Ihnen durch die Lektüre, sich zu reflektieren, neu zu positionieren und eine reifere Beziehung mit Ihren Eltern – und auch mit allen anderen Menschen – aufzubauen.

Die Fallgeschichten* aus meiner Praxis zeigen, wie Ablösungsschwierigkeiten entstehen und wie sie zu bewältigen sind. Vermutlich werden Sie sich in einigen Fallbeispielen wiedererkennen. Einiges wird Sie vielleicht aufwühlen, Sie traurig oder wütend machen. Das ist kein Grund zur Besorgnis. Emotionale Reaktionen sind ein Zeichen dafür, dass wir berührt worden sind. Idealerweise folgt aus einer Berührung eine Bewegung – und zwar in die Richtung, die uns guttut.

Ablösung ist ein langer Prozess. Sie vollzieht sich mitunter in großen Sprüngen, meist aber in vielen kleinen Schritten. Auf diesem Weg wünsche ich Ihnen Klarheit, Kraft und liebevolle Geduld mit sich selbst.

Ich hoffe, Sie finden den Mut, einengende Bande zu lockern. Denn sich gesund abzulösen heißt nicht, weniger zu lieben, sondern reifer zu lieben.

Wir können uns lösen und trotzdem verbunden bleiben.

Sandra Konrad, Hamburg 2023

---

* Alle Fallgeschichten sind anonymisiert und so verfremdet, dass die realen Personen nicht wiederzuerkennen sind.

EINLEITUNG

Mother, you had me, but I never had you
I wanted you, you didn't want me
So I, I just got to tell you
Goodbye, goodbye

Father, you left me, but I never left you
I needed you, you didn't need me
So I, I just got to tell you
Goodbye, goodbye

JOHN LENNON, MOTHER

Die größte Aufgabe unseres Lebens

John Lennon war 30 Jahre alt, als er »Mother« veröffentlichte, ein herzzerreißendes Lied, in dem er nach seinen Eltern ruft und sich gleichzeitig von ihnen verabschiedet: »Die meisten Leute denken, es ist ein Lied über meine Eltern. Aber es ist ein Lied über 99 % aller Eltern, ob lebendig oder halb tot.«[1]

Natürlich übertreibt Lennon einerseits, wenn er davon ausgeht, dass 99 % aller Mütter ihre Kinder nicht wollen und 99 % aller Väter ihre Kinder verlassen, andererseits untertreibt er, denn es ist die Aufgabe *aller* Kinder, Abschied von ihren Eltern zu nehmen.

Für die meisten ist dieser Abschied schwierig. Vielen gelingt er nur mäßig, was zum Teil dramatische Auswirkungen auf ihr eigenes Leben hat, besonders, wenn sie an überfordernde Aufträge oder toxische Eltern gebunden bleiben – oder wenn sie sich zeit ihres Lebens nach idealen Eltern sehnen und immer wieder enttäuscht werden.

Wenn ich von Abschied spreche, meine ich nicht die letzten Worte am Sterbebett, sondern die vielen kleinen und großen Schritte, mit denen wir uns von unseren Eltern abnabeln – solange sie noch leben, aber auch noch nach ihrem Tod. Ich spreche von wachsender Selbstständigkeit, von altersgemäßer Unabhängigkeit, von der Fähigkeit, eigene, selbstbewusste Entscheidungen zu treffen, kurz: das eigene Leben zu leben. Das eigene Leben zu leben – nicht jedem gelingt dies. Viele Menschen fühlen sich unfrei und gebunden an die Erwartungen der Eltern. Sie leiden unter Schuldgefühlen, wenn sie sich nicht wunschkindgemäß verhalten, wenn sie Entscheidungen treffen, die den Eltern missfallen: Die Wahl des Berufs, des Partners oder der Partnerin, sexuelle oder politische Orientierungen, der Kleidungs- oder Lebensstil. Viele quälen sich mit Lebensentwürfen, die von den Eltern vorgegeben wurden, oftmals ohne dass es ihnen bewusst ist. Sie spielen eine Rolle, die die Fortsetzung des elterlichen Lebens ist, sei es, weil sie ungelebte Träume der Eltern erfüllen sollen oder weil es ihnen nicht besser gehen darf als den Eltern.

Abschied von den Eltern zu nehmen bedeutet, sich von elterlichen Erwartungen und Aufträgen zu lösen. Sich von ihrer Zustimmung so weit unabhängig zu machen, dass eigenständige Schritte überhaupt möglich werden. Was sich so sinnvoll und einfach anhört, ruft in vielen Familien Konflikte hervor. Eltern können sich große Sorgen um ihre Kinder machen, unzufrieden über deren Lebenswege sein und dies auch deutlich zeigen. Manche erwachsene Kinder halten elterliche Kritik nur schwer aus – sie reagieren wütend, gekränkt und verletzt, wenn die Eltern die eigenen Entscheidungen nicht gutheißen. Einige entwickeln starke Schuldgefühle, andere fürchten elterlichen Liebesentzug und richten ihr Leben deshalb lieber nach den Normen der Eltern aus. Wieder andere rebellieren zeit ihres Lebens gegen die Eltern – ihr Kompass ist immer in die entgegengesetzte Himmelsrichtung ausgerichtet.

Aber der Abschied von den Eltern beinhaltet nicht nur, unpassende oder überfordernde Aufträge zurückzuweisen. Es geht auch darum, die eigenen Erwartungen an die Eltern zu überprüfen und sich von ihnen zu verabschieden.

Viele Kinder suchen ihr Leben lang etwas bei ihren Eltern, das sie möglicherweise nie bekommen haben: bedingungslose Liebe, emotionale Wärme, Aufmerksamkeit, Anerkennung. Aber während wir als Säugling von unseren Eltern abhängig waren, können wir uns als Erwachsene selbst versorgen und unser Leben selbstbestimmt gestalten. Deshalb bedeutet ein Abschied von den Eltern auch, unsere Sehnsucht nach idealen Eltern aufzugeben. Diese Idee ist für viele so schmerzhaft, dass sie lieber ihr ganzes Leben lang Phantom-Eltern hinterherlaufen, anstatt die unperfekte Realität anzunehmen und die Hoffnung auf ein Wunder letztlich aufzugeben.

Dabei ist genau dies der Wendepunkt in unserem Leben, der wahre Eintritt ins Erwachsendasein: wenn wir aufhören, von unseren Eltern etwas zu verlangen, das für sie offensichtlich unmöglich ist. Der Weg dorthin ist dornig, denn all das, was wir bisher versucht haben zu verleugnen, uns schönzureden oder nicht zu fühlen, wird uns schmerzhaft begegnen. Es geht darum, sich unserer Mangelerfahrungen in der Kindheit bewusst zu werden und sie – vielleicht zum ersten Mal – zu betrauern. Es geht darum, unsere Eltern zu sehen, wie sie wirklich sind, und im Zweifel anzuerkennen, dass sie uns nicht besser versorgen konnten und können, oft aufgrund ihrer eigenen (Mangel-)Erfahrungen. Das ist leichter gesagt als getan, denn je mehr emotionalen Mangel wir in unserer Kindheit erfahren haben, desto größer ist das Vakuum, das wir füllen möchten.

Viele Menschen weichen diesem Weg aus, sie verharren in einem »So-tun-als-ob« und können genau deshalb nie echten Kontakt zu ihren realen Eltern aufnehmen, nie wirklich emotional genährt werden, weil sie die Realität der unperfekten Eltern ablehnen und lieber an der Hoffnung festhalten, dass diese doch noch irgendwann perfekt werden.

Aus dieser Sehnsucht entstehen zwei Probleme: Zum einen geben wir unseren Eltern immer wieder die Macht, uns zu enttäuschen. Zum anderen beeinträchtigt die abgewehrte und unverarbeitete Enttäuschung über die Eltern oft andere Beziehungen: Denn die bedingungslose Liebe, zu der unsere Eltern nicht fähig waren, soll uns nun der Partner oder die Partnerin schenken. So verhindert die nicht vollzogene Ablösung von unseren Eltern reife, gesunde Liebesbeziehungen. Im schlimmsten Fall werden auch unsere Kinder belastet, wenn sie uns ihre Liebe beweisen müssen, als ob sie unsere Eltern wären und nicht umgekehrt. Ein transgenerationaler Kreislauf von Überforderung und ungesunden familiären Verstrickungen wird fortgesetzt.[2]

Dieses Buch handelt von einer existenziellen Lebensaufgabe, die sich uns allen stellt: der gesunden Ablösung von den Eltern.

Ablösung von den Eltern bedeutet keinen Verlust, sondern einen Gewinn: Die Chance auf ein selbstbestimmtes Leben. Die Chance, viele große und kleine Entscheidungen zu treffen, die uns entsprechen – und nicht lediglich den Erwartungen der Eltern.

Die emotionale Abnabelung von unseren Eltern bedeutet in den meisten Fällen übrigens nicht, den Kontakt zu ihnen abzubrechen, ganz im Gegenteil: Sie ermöglicht, eine neue und bessere Beziehung zu ihnen einzugehen, eine Beziehung, die auf Augenhöhe stattfindet und die nicht auf Hierarchie, Abhängigkeit oder Schuld basiert.

Das Allerwichtigste bei der Abnabelung von den Eltern ist allerdings nicht die neu gestaltete Beziehung zu den Eltern, sondern die liebevolle Beziehung zu uns selbst.

EINS

»Individuation bedeutet: zum Einzelwesen werden, und, insofern wir unter Individualität unsere innerste, letzte und unvergleichbare Einzigartigkeit verstehen, zum eigenen Selbst werden.
Man könnte ›Individuation‹ darum auch als ›Verselbstung‹ oder als ›Selbstverwirklichung‹ übersetzen.«

C. G. JUNG

Was ist gesunde Ablösung, und wie geht das?

»Ich möchte gern völlig abgelöst sein. Mich nicht mehr über meine Mutter ärgern, egal, wie sehr sie mich demütigt oder kränkt«, sagt die 32-jährige Noemi auf meine Frage, was ihr Ziel in der Therapie sei.

Völlig abgelöst zu sein – wünscht sich das nicht jede:r? Aber das, was Noemi und viele andere damit verbinden, nämlich immun zu sein gegen jede Art von Angriff, bis hin zu Entwürdigung, das hieße, gefühllos und verpanzert zu werden. Es hieße, alles über sich ergehen zu lassen, sich nicht zur Wehr zu setzen, Verletzungen stoisch auszuhalten.

Gesunde Ablösung bedeutet das Gegenteil, nämlich im Kontakt mit den eigenen Gefühlen zu sein und so weit im Kontakt mit anderen bleiben zu können, dass Kommunikation, aber auch Grenzsetzung möglich ist. Psycholog:innen bezeichnen diese Fähigkeit auch als »Selbst-Differenzierung«.*

Gesunde Ablösung bedeutet, weder in Hass noch in starrer oder gar selbstverleugnender Loyalität mit den Eltern verbunden zu sein, sondern sich so weit befreit zu haben, dass wir wählen können, was wir verzeihen, was wir ablehnen und was wir loslassen möchten.

Ablösung ist kein einzelner Schritt, keine einmalige Ent-

* Als differenziert werden Menschen bezeichnet, die emotional reif und unabhängig sind. Sie bewahren in engen wie in konfliktreichen Beziehungen ihr stabiles Selbst.

scheidung, es ist ein langer, oftmals ein lebenslanger Weg. Manche Streckenabschnitte sind einfach zu bewältigen, andere sind steiniger, einige scheinen sogar unüberwindbar, aber ich verspreche Ihnen, dass Sie auf Ihrem persönlichen Weg der Ablösung immer wieder an Ausblicke gelangen werden, die Sie bereichern, die Ihnen Luft zum Atmen geben und von denen aus Sie vieles mit mehr Abstand und deshalb klarer betrachten können.

Die natürlichste Sache der Welt – erwachsen zu werden – ist alles andere als einfach, Wachstumsschmerzen gehören auf dem Weg zu psychischer Reife dazu.

»Wer bin ich? Will ich das Richtige? Mache ich das Richtige? Werde ich geliebt, wenn ich meinen eigenen Weg gehe?« sind einige der existenziellen Fragen, die sich uns allen stellen. Erst wenn wir verstehen, dass nur wir selbst uns die Antworten auf diese Fragen geben können, sind wir frei. Denn Freiheit heißt, Verantwortung zu übernehmen. Für die eigenen Gefühle. Für die eigenen Bedürfnisse, Wünsche und Träume. Für das eigene Leben.

Phasen der Ablösung

Erwachsen werden hört sich so einfach an, fast scheint es vorgegebenen Schritten zu folgen: Wir werden volljährig, wir machen den Führerschein, wir ziehen aus, wir machen eine Ausbildung oder studieren, dann übernehmen wir einen mehr oder weniger verantwortungsvollen Job, wir finden eine:n nette:n Partner:in und bekommen vielleicht eigene Kinder. Wir sind erwachsen.

Aber was heißt erwachsen? Bedeutet es das Gleiche, wie abgelöst zu sein?

Ein Nachmittagsbesuch bei den Eltern reicht, und plötzlich sind wir wieder fünf, zehn oder fünfzehn Jahre alt. Der

Vater schweigt, obwohl man eigentlich seinen Trost bräuchte, weil es im Job gerade nicht so rundläuft, und wir längst erwachsenen Kinder schwanken zwischen Wut und Weinen. Die Mutter macht sich Sorgen um unsere Zukunft, und anstatt zuzuhören, kritisiert sie uns und wirft uns vor, dass wir schon wieder alles falsch machen, zu zögerlich oder zu forsch waren, und wir längst erwachsenen Kinder schmollen und nehmen uns vor, ihr nie wieder etwas über unser Privatleben zu erzählen. Und wenn die Eltern dann noch die große Schwester loben, die nicht nur glücklich verheiratet ist und zwei wohlgeratene Kinder hat, sondern auch noch gerade ihren Traumjob ergattert hat, dann sehen wir rot, während uralte Ungerechtigkeits-, Wut- und Minderwertigkeitsgefühle wie eine Welle über uns zusammenbrechen.

Unser Alter hat nur wenig mit dem Grad der Ablösung zu tun. Selbstverständlich werden die meisten mit fortschreitendem Alter autonomer. Wir weihen unsere Eltern nicht mehr in jede unserer Entscheidungen ein, wir fragen nicht mehr um Erlaubnis, wir werden finanziell unabhängig. Aber emotional können wir noch an einer unsichtbaren Nabelschnur hängen, die uns schlimmstenfalls an eigenständigen Bewegungen hindert.

Dabei gilt die körperliche Abnabelung von der Mutter als erster natürlicher Schritt in die Selbstständigkeit. In unserer Kultur ist es oft der Vater, der nach der Geburt die Nabelschnur durchtrennt. Es ist mehr als nur ein symbolischer Akt – denn der Vater (bzw. die zweite Bindungsperson) ist fortan der bedeutsame Dritte, der dem Kind und der Mutter hilft, ihre Symbiose aufzugeben. Eine Triade, eine Dreierbeziehung entwickelt sich, indem das Kind zu beiden Elternteilen existenzielle Bindungen aufbaut. Im Idealfall gibt es weitere verlässliche Bindungspersonen, die dem Kind Sicherheit und Liebe geben und seinen Bindungsradius erweitern. Je sicherer ein Kind sich bei seinen Eltern fühlt, desto leichter fällt es ihm, seine Umwelt zu erkunden, also autonomer zu werden.

Mit dem Besuch einer Kindertagesstätte und später der Schule findet eine weitere wichtige Phase der Ablösung statt. Das Kind verbringt die Vormittage getrennt von den Eltern und erfährt mit anderen Bezugspersonen und Gleichaltrigen einen Zusammenhalt und Sinn, der über die Beziehung zu den Eltern hinausgeht.

Mit jedem fortschreitenden Jahr steigt die Selbstständigkeit: Das erste Mal bei Freunden übernachten, die erste Klassenfahrt, die ersten Geheimnisse, die erste Verliebtheit, der erste Kuss, der erste Sex, der erste Urlaub ohne die Eltern, die erste Beziehung, die erste eigene Wohnung, der erste eigene Job, das erste eigene Gehalt – all das sind weitere Meilensteine auf dem Weg der Ablösung.

Idealerweise unterstützen die Eltern das Kind auf seinem Weg, denn eine gesunde Bindung beruht sowohl auf dem verlässlichen Dasein der Eltern als auch auf deren altersgemäßem Loslassen, oder wie es etwas poetischer ausgedrückt in einem Sprichwort heißt: »Zwei Dinge sollen Kinder von ihren Eltern bekommen: Wurzeln und Flügel.«

»Psychosoziales Moratorium« nannte der deutsch-amerikanische Psychoanalytiker Erik H. Erikson[3] die Lebensphase zwischen Kindheit und Erwachsenen-Identität, in der Kinder sich Schritt für Schritt von den Eltern und von ihrem Kindheits-Ich ablösen. Unsere Eltern stehen uns zwar noch zur Seite, sie beraten oder kontrollieren uns in unseren Entscheidungen, aber nicht sie, sondern wir müssen mit unseren Entscheidungen letztlich leben: Welchen Beruf wir ergreifen, welche Partner:innen wir wählen, welches Leben wir führen. In dieser Zeit der Selbstfindung können Orientierungsprobleme auftreten, zumal gerade in liberalen Demokratien viel Raum zum Experimentieren mit der eigenen

Rolle gegeben wird, im Gegensatz zu traditionellen oder diktatorischen Gesellschaften, die eher festgelegte Rollen anbieten.

Laut Eriksons Stufenmodell müssen in jeder Lebensphase bestimmte Entwicklungsaufgaben bewältigt werden, die für unsere gesunde Persönlichkeitsentwicklung maßgeblich sind. Schauen wir uns die einzelnen Stufen genauer an:

Ur-Vertrauen vs. Ur-Misstrauen (1. Lebensjahr)

Im ersten Lebensjahr ist das Kind völlig abhängig von seinen Bezugspersonen, hier entscheidet sich, ob es ein gesundes Urvertrauen entwickelt oder aufgrund zu vieler Enttäuschungen eher misstrauisch durch die Welt gehen wird. Idealerweise wird das Kind ausreichend gut versorgt und macht die Erfahrung, dass zwischen der Welt und seinen persönlichen Bedürfnissen Übereinstimmung herrscht.

Autonomie vs. Scham und Zweifel (2. und 3. Lebensjahr)

Im zweiten und dritten Lebensjahr geht es um die Entwicklung von Autonomie; das Kind erlebt die ersten Emanzipationsschritte von der Mutter, es lernt, zu gehen, zu sprechen und seinen Stuhl zu kontrollieren. Was Freud als »anale Phase« bezeichnete, ist die Zeit, in der das Kind lernt, Dinge festzuhalten oder loszulassen, und in der es erstmals auch mit Scham und Zweifeln konfrontiert wird. In diesem Lebensalter entwickelt das Kind auch Vorstellungen über das »Ich« und »Du«, es stellt fest, dass es ein Individuum ist, getrennt von der Mutter und ihrer Brust. Idealerweise bewältigt das Kind diese Phase, indem die Autonomie gegenüber den Zweifeln und der Scham überwiegt.

Initiative vs. Schuldgefühl (4. und 5. Lebensjahr)

Im Alter zwischen vier und fünf Jahren erkundet das Kind seine Umgebung, die Realität und sich selbst immer ausführlicher und selbstständiger. Es stellt viele Fragen und probiert im Spiel verschiedene Rollen aus. In dieser Zeit beginnt das Kind, sich auch mit seinem Geschlecht auseinanderzusetzen und libidinöse Besitzansprüche an den gegengeschlechtlichen Elternteil zu richten – die »ödipale Phase«. Es bildet nun ein Gewissen aus und entwickelt Schuldgefühle. Idealerweise lernt das Kind in dieser Phase einerseits, Initiative zu ergreifen, und andererseits, mit seinen Schuldgefühlen umzugehen.

Werksinn vs. Minderwertigkeitsgefühl (6. Lebensjahr bis Pubertät)

Ab dem sechsten Lebensjahr, also dem Eintritt der Schule bis zur Pubertät, geht es um das Austarieren von Werksinn und Minderwertigkeitsgefühlen. Neben dem Drang zum Spielen entwickelt das Kind einen Werksinn, also das Bedürfnis, etwas Nützliches zu leisten und zu lernen. Erfolgserlebnisse sind immens wichtig, um Minderwertigkeitsgefühlen entgegenzuwirken. In dieser Lebensphase können Fixierungen entstehen, die sich in Versagensängsten oder generellen Ängsten und sogar in einem überdauernden Mangel an Selbstbewusstsein ausdrücken können. Idealerweise dürfen sich Kinder in dieser Phase ausleben und werden angemessen gefördert, sodass sie ausreichend Erfolgserlebnisse haben, um ein stabiles Selbstbewusstsein aufbauen zu können.

Identität vs. Identitätsdiffusion (13. bis 20. Lebensjahr)

Das vorherrschende Thema ist nun Identität – wer bin ich? –, und zwar im Vergleich zu früher, im Vergleich zu anderen, im Vergleich zu Erwartungen, die von den Eltern, Freund:innen, der Gesellschaft an das Kind gerichtet werden. Jugendliche setzen sich mit ihrem und dem anderen Geschlecht auseinander, mit Rollenvorgaben und eigenen Bedürfnissen. Idealerweise setzt sich die Ich-Identität aus vielen guten Erfahrungen und einem gesunden Selbstvertrauen zusammen. Falls dies nicht der Fall ist, kommt es zu einer Identitätsdiffusion, also starken Unsicherheiten und Orientierungslosigkeit. Wem es nicht gelingt, eine stabile Ich-Identität zu entwickeln, der fühlt sich oft verloren und sucht Halt, zum Beispiel bei Gruppen, die über klare Strukturen verfügen. Misslingt die Bewältigung dieser Phase, hat dies grundlegende Auswirkungen auf das weitere Leben, denn wer nicht weiß, wer er/sie ist, der/die kann nur schwer echte Beziehungen zu anderen eingehen.

Intimität und Solidarität vs. Isolierung (Beginn des Erwachsenenalters)

Diese Lebensphase steht im Zeichen der Partnerfindung und Intimität; Erikson spricht von einem »Sich-verlieren und Sich-finden im Anderen«. Menschen mit gefestigter Ich-Identität können stabile und erfüllende Partnerschaften eingehen, da sie sich öffnen und gleichzeitig bei sich selbst bleiben können. Menschen ohne Ich-Identität droht Isolierung und das Gefühl der existenziellen Einsamkeit und Leere. Allerdings ist es für alle Menschen wichtig, auch Phasen des Alleinseins aushalten zu können, ohne in dieser Zeit Urvertrauen und Selbstvertrauen zu verlieren. Je besser die bisherigen Lebensstufen bewältigt wurden, desto eher gelingt diese Anforderung im frühen bis mittleren Erwachsenenalter.

Generativität vs. Selbstabkapselung (mittleres Erwachsenenalter)

Erikson versteht unter Generativität das Erziehen der nächsten Generation, denn in dieser Phase haben viele Menschen bereits Familien gegründet, oft aus dem Bedürfnis heraus, Werte für kommende Generationen zu schaffen, weiterzugeben und abzusichern. Auch kinderlose Menschen setzen sich in dieser Entwicklungsphase für andere ein, indem sie ihre Ressourcen, wie beispielsweise ihre Zeit, ihr Wissen oder finanzielle Unterstützung, an andere weitergeben. Idealerweise entwickeln wir die Fähigkeit zur Fürsorge, ohne uns selbst zu vernachlässigen. Misslingt diese Phase, weil zwischenmenschliche Beziehungen nicht gepflegt werden oder wir nur um uns selbst kreisen, führt dies oftmals zu Selbstabkapselung, Vereinsamung und Stagnation.

Ich-Integrität vs. Verzweiflung (reifes Erwachsenenalter)
In dieser letzten Phase geht es darum, das bisherige Leben so, wie es war, zu akzeptieren. Wem es nicht gelingt, sein Leben zu akzeptieren, wer enttäuscht und unzufrieden darauf blickt, bei dem stellen sich oftmals Lebensekel und/oder Depressionen ein. Idealerweise entwickeln wir uns in diesem Stadium zur vollen Reife und sind bereit, unseren einen und einmaligen Lebenszyklus als etwas zu akzeptieren, das sein musste und das zwangsläufig keinen Ersatz zuließ. Diese grundlegende Akzeptanz unseres Geworden-Seins lässt uns auch milde auf unser Lebensende blicken und reduziert unsere Todesangst – statt verzweifelt und verbittert mit dem, was ist, zu hadern, werden wir weise.

Wir sehen, dass jedes Alter eine weitere Entwicklungsaufgabe mit sich bringt. Gelingt es uns nicht, die in den jeweiligen Phasen auftauchenden Herausforderungen zu meistern, bleiben wir in unserer Entwicklung »stecken«. Jeder nicht vollzogene Entwicklungsschritt kann das weitere Leben belasten und in einer späteren Phase als Blockade wieder auftreten. Nehmen wir ein Kind, dessen Eltern seine Bedürfnisse nie prompt und feinfühlig genug beantwortet haben: Schlimmstenfalls wird daraus ein:e misstrauische:r Erwachsene:r mit einem schlechten Selbstwertgefühl, der oder die

Schwierigkeiten hat, Scham- und Schuldgefühle zu regulieren. Minderwertigkeitsgefühle führen zu einer Identitätsschwäche und großen Schwierigkeiten, Beziehungen einzugehen, ohne sich selbst dabei zu verlieren. Vielleicht geht dieser Mensch unglückliche Beziehungen ein, in denen er sich einsam und leer fühlt, oder er bleibt allein, kapselt sich ab und vereinsamt. Blickt er als alter Mensch auf sein Leben zurück, erfüllen ihn Bedauern und eine tiefe Enttäuschung, die zu Depressionen führen kann. Diese sehr düstere Beschreibung eines Lebens ist die Folge vieler nicht vollzogener Entwicklungsschritte, die bereits in der frühen Kindheit begannen.

Entwicklungsschwierigkeiten können auftreten, wenn die Eltern zu wenig loslassen, aber auch, wenn sie das Kind zu früh in die Selbstständigkeit schubsen. Lebens- und Bindungsängste sind oft die Folge.

Wenn ein Kind zu früh zu viel Verantwortung und Selbstständigkeit erhält, entwickelt sich oft eine Pseudo-Autonomie: Ein grandioses inneres Kind entsteht. Dieses grandiose innere Kind wehrt die reale Überforderung ab und sorgt dafür, dass wir uns mächtig und fähig fühlen. Gleichzeitig überschätzt es sich konstant und verhindert, dass wir in wirklichen Kontakt mit anderen und unseren eigenen Gefühlen treten. Denn Menschen, die eine Pseudo-Autonomie entwickelt haben, lehnen ihre weichen, bedürftigen Seiten oft ab. Ihre Glaubenssätze lauten: »Das schaffe ich allein. Ich brauche niemanden.« Das stimmt natürlich nur bedingt. Und so entsteht in den Momenten, in denen sie andere brauchen und dies nicht äußern oder deren Hilfe sogar zurückweisen, eine tiefe Verzweiflung und das Gefühl, mutterseelenallein zu sein. Im Anschluss werden sie oft sehr wütend und machen dem Gegenüber bittere Vorwürfe, sei es auch nur versteckt im Inneren: »Du hättest doch sehen müssen, was ich brauche.« Die Missverständnisse, Enttäuschungen und Beziehungsschwierigkeiten, die durch diese Pseudo-Autonomie entstehen können, liegen auf der Hand. So erklärt sich auch der folgende Satz von Donald Winnicott, einem der Pioniere der Bindungsforschung: »Für die Reife ist es notwendig, dass der Mensch nicht zu früh reif wird und nicht zu einem gefestigten Individuum wird, wenn er seinem Alter nach noch relativ abhängig sein sollte.«[4]

Auch bei Menschen, die sich weigern, altersgemäß Verantwortung für ihr Leben zu übernehmen, liegt eine deutliche Störung der Entwicklung vor. Sie verhalten sich oftmals kindisch – und tatsächlich agieren sie in jenen Momenten vorrangig mit ihren kindlichen Anteilen, die einst nicht ausreichend versorgt wurden und die sie heute unbewusst blockieren, die nächsten Reifeschritte zu gehen. So kann manch überfälliger Schritt in die Unabhängigkeit – wie beispielsweise aus dem Elternhaus auszuziehen, sich finanziell auf eigene Beine zu stellen, eine Partnerschaft einzugehen oder das eigene Leben grundsätzlich nach eigenen Vorstellungen zu führen – für die Betroffenen Furcht einflößend bis unmöglich erscheinen.

Schauen wir uns ein paar Meilensteine der Ablösung einmal genauer an: Was uns dabei im Weg stehen, aber auch, was uns helfen kann, sie zu bewältigen.

Von einem, der nicht auszog

Am 1. Juni 2018, einem der heißesten Tage des Jahres, zieht Michael Rotondo bei seinen Eltern in Upstate New York aus. Keine besondere Geschichte, mag man denken: Jeden Tag ziehen überall auf der Welt Kinder bei ihren Eltern aus. Endlich erwachsen und unabhängig zu sein, wünschen sich viele, während sie Kleidung und Bücher in Kartons packen und sich auf ihre eigene Wohnung freuen. Nicht so Michael

Rotondo. Der 30-Jährige verlässt sein Elternhaus nur, weil ein Gericht es so angeordnet hat. Immer wieder hatten Christina und Mark Rotondo ihren Sohn aufgefordert, auszuziehen, nachdem er acht Jahre zuvor vorübergehend wieder bei ihnen eingezogen war und seitdem mietfrei bei ihnen wohnte. Sie hatten ihn gebeten, einen Job und eine Wohnung zu suchen, und ihm sogar ein bisschen Geld für den Neustart geschenkt, aber Michael Rotondo stellte sich taub. Er empfand die Wünsche seiner Eltern als »rachsüchtige Attacken« und sich selbst als Opfer. Schließlich habe er vor Kurzem das Besuchsrecht für seinen 8-jährigen Sohn verloren, und der Kampf, es wiederzugewinnen, sei ein Fulltime-Job. Da kämen ein Auszug und die Forderung, finanziell auf eigenen Beinen zu stehen, recht ungelegen. Einen Zusammenhang zwischen dem Entzug des Besuchsrechts und seiner nicht sonderlich verantwortungsvollen Art zu leben sah er nicht.

Failure-to-launch-Syndrom – zu Deutsch »Startschwierigkeiten-Syndrom« oder frei übersetzt »Nesthocker-Syndrom« – nennen Journalisten das Zögern oder die Weigerung von Millennials, bei ihren Eltern auszuziehen. In Japan gibt es laut Schätzungen mehr als eine Million sozial isolierte Menschen; meist junge Männer, sogenannte Hikikomori, die sich vor den Anforderungen der Welt in ihre Kinderzimmer zurückziehen.

Viele Faktoren können diese Entwicklungshemmung und die daraus entstehende Isolation begünstigen: Erschwerte sozioökonomische Bedingungen wie teure Wohnungen und wenig gut bezahlte Jobs können auch motivierte Menschen ängstigen und zeitweise lähmen. Wer von sozialen Ängsten, Zukunfts- und Versagensängsten oder Depressionen geplagt ist, dem wird es schwerfallen, in eine immer weniger einschätzbare Welt hinauszugehen und sich zu behaupten.

Aber Hikikomori gibt es nicht nur in Japan, sondern in allen Teilen der Welt, und wir sollten psychische und familiäre Faktoren, die mit in die Gleichung spielen, nicht übersehen. Denn erwachsene Kinder, die es sich bei ihren Eltern gemütlich machen, gab es schon immer, in allen Schichten und unter allen gesellschaftlichen Bedingungen.

Hinter diesem Phänomen können auch versteckte elterliche Aufträge stecken: Es gibt Eltern, die ihre Kinder aus egoistischen Gründen an sich binden und sie bei der altersgemäßen Ablösung nicht unterstützen. Viele Anti-Ablösungs-Taktiken sind unbewusst und oftmals nicht mit bloßem Auge zu erkennen. Eltern geben beispielsweise unausgesprochene Aufträge wie: Bitte verlass mich nicht! Wenn du uns verlässt, werde ich krank! Wenn du uns verlässt, bricht unsere Ehe/unsere Familie auseinander! Die hieraus entstehenden Schwierigkeiten bei der Ablösung liegen auf der Hand. Wenn Ablösung mit Schuld gekoppelt ist, wer würde dann leichten Herzens die Eltern verlassen?

Neben elterlichen Aufträgen finden wir bei Ablösungsproblemen oft auch unbewusste emotionale Motive der Kinder. Wer offensichtlich nicht erwachsen wird und sich weigert, auf eigenen Füßen zu stehen, zeigt den eigenen Eltern, aber auch dem Rest der Welt: Hier ist etwas gravierend schiefgelaufen! Meine Eltern sind gar nicht so toll, wie alle denken, sonst wäre ich nicht so ein:e Versager:in.

Hinter der Weigerung, den nächsten Entwicklungsschritt zu gehen, können sowohl Ängste als auch Aggressionen stecken, oftmals auch beides. Sich den normalen Lebensanforderungen nicht zu stellen oder an ihnen zu scheitern und die Eltern tagtäglich mit diesem Versagen zu konfrontieren, kann eine Art Rache sein, mit der das erwachsene Kind den Eltern alle früheren Versäumnisse heimzahlt. Mehr noch, als erwachsenes Kind zu Hause zu leben oder von den Eltern finanziell abhängig zu sein, zwingt die Eltern in eine überdauernde Verantwortung. In Familien wie den Rotondos scheint es, als könnten alte Rechnungen nie beglichen werden, als würden die Eltern für immer in der Schuld der Kinder stehen.

Die Frage, die ich als Therapeutin in einer solchen Situation stellen würde, wäre: Welche Funktion hat die Weigerung eines erwachsenen Kindes, aus dem Elternhaus auszuziehen? Michael Rotondo ist 30 Jahre alt, er hat einen College-Abschluss, ist aber seit vielen Jahren arbeitslos und hat gerade das Umgangsrecht mit seinem Sohn verloren. Vermutlich fühlt er sich ohnmächtig, wie gelähmt, dem Schicksal ausgeliefert. Wir können spekulieren, dass die Weigerung auszuziehen die einzige Form von Macht ist, die Michael Rotondo gerade ausspielen kann. Er hat – wie viele unreife Menschen – das Gefühl, seine Eltern (wahlweise oft auch der/die Partner:in oder die ganze Welt) seien ihm etwas schuldig.

Hinter Rotondos passiv-aggressiver Machtdemonstration liegen vermutlich starke Aggressionen, die über sein unreifes, parasitäres Verhalten ausagiert werden. Ich würde ihn also fragen, was er seinen Eltern vorzuwerfen hat, genauer gesagt: Wo liegt der Ursprung seiner Wut? Wie alt war er, als er sich erstmals von seinen Eltern »rausgeschmissen« fühlte und um Aufschub flehte, weil er tatsächlich überfordert war? Was sind seine Eltern ihm schuldig geblieben in einem Alter, in dem er sich tatsächlich nicht allein versorgen konnte?

Herauszufinden, wo die Quelle der Wut und Enttäuschung liegt, ist ein erster Schritt zur gesunden Ablösung, denn er stellt die Verbindung her zwischen der Ur-Wunde und dem Konflikt, der heute – Jahrzehnte später – verdeckt oder auf einem anderen Schlachtfeld ausgetragen wird.

Wir können Hypothesen aufstellen: Vielleicht hat Michaels jüngere Schwester in seinen Augen von den Eltern mehr

Aufmerksamkeit und Liebe bekommen als er selbst? Vielleicht führten die Eltern eine schwierige Ehe und hatten wenig Muße, sich um ihren Sohn zu kümmern, als er sie wirklich brauchte? Vielleicht haben die Eltern sich zeit seines Lebens für ihn aufgeopfert und ihm keine gesunden Grenzen und keine überzeugende Motivation für Schritte in die Selbstständigkeit vermittelt? Vermutlich gibt es aus Michael Rotondos Sicht viele gute Gründe, seine Eltern zu bestrafen, ihnen zur Last zu fallen, ganz egal, was andere von ihm denken. Denn wer wie Michael Rotondo im Erwachsenenleben bestimmte Ablösungsschritte so deutlich verweigert, erfährt oft Unverständnis und Verachtung von seiner Umwelt. »Jetzt werd endlich erwachsen und nimm dein Leben in die Hand!«, möchte man ihm zurufen, solange man nur den Stillstand und den Widerstand, sich erwachsen zu verhalten, und das daraus resultierende Versagen wahrnimmt. Aber hinter diesem und ähnlichem Verhalten verstecken sich oft alte Kindheitswunden und wichtige Entwicklungsschritte, die nicht bewältigt werden konnten.

Nehmen wir einmal an, Michael Rotondo hätte im Alter von drei Jahren zu wenig Unterstützung bekommen, seine Trotzphase zu bewältigen, weil in dieser Zeit seine kleine Schwester geboren wurde und die Eltern mit der Versorgung beider Kinder überfordert waren. Es gäbe dann diesen dreijährigen unversorgten Anteil in Michael Rotondo, der sich ohnmächtig und verlassen fühlte, und das in einer Zeit, in der er sich immer mehr in seiner Autonomie ausprobieren, sich gleichzeitig aber bei den Eltern sicher und geborgen fühlen musste. Dieser verlassene dreijährige Michael spielt bis heute eine große Rolle – denn er rauscht immer dann wie eine Naturgewalt durch den erwachsenen Michael, wenn er getriggert wird, wenn ihn also im Hier und Jetzt etwas an die damalige Situation erinnert. Fühlt Michael sich heute ohnmächtig (weil er beispielsweise seinen Job verliert, weil seine Freundin ihn verlässt oder weil er sein Kind nicht mehr sehen darf), wird der dreijährige Michael, der in dem erwachsenen Michael schlummert, geweckt und übernimmt die Führung. Und dann erzählt dieser Dreijährige – in Gestalt eines erwachsenen Mannes – den Eltern und der Welt, wie ungerecht alles sei, dass er ein Opfer sei, dass er einfach noch ein bisschen Zeit und die Versorgung der Eltern brauche.

Nun ist ein Erwachsener, der sich wie ein Dreijähriger verhält, meist nicht sonderlich sympathisch. Wenn wir aber verstehen, dass dieser Erwachsene in seinem Inneren gerade von einem Dreijährigen besetzt wird, ohne dass es ihm bewusst ist, dann können wir Mitgefühl entwickeln – sowohl für den dreijährigen Anteil, der sich immer wieder in den Vordergrund drängt, damit er endlich versorgt wird, als auch für den Erwachsenen, der seinen kindlichen Anteilen ausgeliefert ist und nicht weiß, wie er aus dieser Entwicklungsblockade herausfindet.

Michael Rotondos Beispiel mag extrem klingen, aber wir alle werden manchmal von kindlichen Anteilen in Geiselhaft genommen, vor allem dann, wenn wir einen Konflikt mit anderen haben, der uns in starke innere Not bringt. Es können die Eltern, aber auch die Partner:innen und sogar die eigenen Kinder sein. Auch ein Konflikt mit Freund:innen oder Kolleg:innen kann uns in einen emotionalen Ausnahmezustand versetzen, wenn unsere reifen, erwachsenen Anteile in Sekundenschnelle von kindlichen Anteilen verdrängt werden.

Wenn wir nicht mehr ausreichend Zugang zu unseren erwachsenen Fähigkeiten haben und stattdessen auf jüngere Versionen unserer selbst zurückfallen und aus ihnen heraus fühlen und handeln, spricht man von Regression. Wir werden wieder zum Kind, meist ohne dass uns dies bewusst ist.

Regression – zurück in die Kindheit fallen

Regressionen, also das Zurückfallen auf frühere Alters- und Entwicklungsstufen, kann man bereits bei Kindern beobachten, beispielsweise nach einer traumatischen Erfahrung, aber auch wenn sie sich von den Eltern überfordert oder vernachlässigt fühlen.

Die fünfjährige Marie war ein fröhliches, intelligentes Mädchen, bis ihr kleiner Bruder direkt nach seiner Geburt starb und ihre Eltern daraufhin in Trauer versanken. Marie konnte nicht verstehen, warum ihre Eltern sich von ihr zurückzogen, und zeigte ihren Schmerz darüber, indem sie sich weigerte zu essen und wieder einzunässen begann. Ihre Mutter stellte irgendwann fest, dass Marie feste Nahrung ablehnte, flüssigen Konsistenzen gegenüber aber durchaus aufgeschlossen war. Warme Milch und Brei wurden ihre Hauptmahlzeiten.

Marie regredierte wie im Bilderbuch: Sie wurde gewissermaßen zu dem Säugling, den ihre Eltern soeben verloren hatten. Mit dieser Regression kam die Aufforderung: »Kümmert euch um mich! Ich bin noch ganz klein und völlig abhängig von euch, ihr müsst mich füttern und wickeln, bis es mir wieder gut geht.« Also gaben die Eltern ihrer fünfjährigen Tochter auf meine Anregung die Flasche, sie wiegten sie, legten ihr Windeln um und behandelten sie auch sonst wie ein Baby. Auf diese Weise verarbeiteten die Eltern gemeinsam mit ihrer Tochter die Trauer um das verstorbene Kind. Nach ein paar Monaten fing Marie wieder an, feste Nahrung zu sich zu nehmen, die Windel trug sie nur noch nachts, bis ihr auch das zu unbequem wurde und sie eines Tages beschloss, sich wieder wie eine Fünfjährige zu fühlen und zu verhalten.

Maries Eltern konnten ihrer Tochter helfen, die Regression zu überwinden: Es gelang ihnen trotz ihrer tiefen Trauer, sich ihrer Tochter einfühlsam zuzuwenden und sie in ihrer Entwicklung zu unterstützen, obwohl ihnen Maries Verhalten anfänglich Angst machte und sie es verrückt fanden. Nicht auszudenken, wie Maries Entwicklung verlaufen wäre, wenn die Eltern sie für ihr Verhalten bestraft hätten, wenn sie sie gezwungen hätten, sich wieder »normal« zu verhalten, oder wenn sie die verzweifelten Hilferufe ihrer Tochter ignoriert hätten. Wahrscheinlich hätte Marie auch ohne jegliche Unterstützung irgendwann wieder angefangen zu essen und die Windeln abgelegt, aber sie würde fortan im Inneren von einer alleingelassenen Fünfjährigen begleitet werden, die keine Ahnung hat, wie sie sich beruhigen kann, wenn etwas Schlimmes passiert, und die auf immer extremere Maßnahmen zurückgreifen müsste, wenn im Leben der erwachsenen Marie etwas aus dem Lot geraten würde.

Wir sehen an dieser Stelle, wie wichtig es ist, dass Kinder in schwierigen Phasen genügend einfühlsame elterliche Unterstützung erhalten. Andernfalls besteht die Gefahr, dass sie weitere Entwicklungsschritte nur mühsam, falls überhaupt, bewältigen können. Zudem schlummern die unversorgten, verletzten Anteile wie kleine Zeitbomben in ihnen, die auch Jahrzehnte später noch explodieren können, wenn an die alten Wunden gerührt wird.

Temporäre Regressionen kennen die meisten Menschen. Vor allem in belastenden Situationen, wie beispielsweise in Konflikten, rutschen wir mitunter auf kindliche Anteile zurück: Wir spüren es, wenn wir extrem stark oder impulsiv reagieren. Wir spüren es, wenn unsere Reaktion der Situation und unserem Alter nicht angemessen ist und wenn wir Schwierigkeiten haben, unsere Emotionen zu regulieren, also uns zu beruhigen. Es sind die Momente, in denen wir fuchsteufelswild werden und »durchdrehen«, oder die Momente, in denen uns die Worte fehlen, wir ohnmächtig vor Wut weinen oder uns beleidigt zurückziehen, anstatt erwachsen unsere Haltung zu vertreten. Wir fühlen uns wie ein kleines Kind, und wir verhalten uns auch so.

Wenn wir etwa in einem Streit regredieren, verlieren wir oft das Gesamtbild aus den Augen, der Fokus verengt sich auf uns selbst. Wir verlieren sowohl den Kontakt zu unserem Gegenüber als auch unser Mitgefühl. In diesen egozentrischen Momenten dreht sich alles um uns selbst – um unsere eigenen Bedürfnisse und unsere eigene Verletzung. Die Bedürfnisse anderer verschwinden aus unserem Blickfeld. Unser eigenständiges Denken wird ersetzt durch Glaubenssätze und Annahmen, die – selbst wenn sie auf groben Fehlschlüssen beruhen – für uns in diesem Moment absoluten Wahrheitsgehalt und oberste Priorität haben. Schlimmstenfalls sagen und tun wir Dinge, für die wir uns schämen, wenn wir wieder bei erwachsenen Sinnen sind.

Das Problem an Regressionen ist, dass sie uns oft nicht bewusst sind. Und deshalb wird der als unangenehm empfundene Kontrollverlust nicht mit der inneren Machtübernahme der kindlichen Anteile in Verbindung gebracht, sondern eher auf andere projiziert. »Du bist schuld, dass ich so wütend geworden bin!« oder »Deinetwegen fühle ich mich so ohnmächtig!«. Viele extreme Konflikte rühren aus unbewussten Regressionen, und sie lassen sich nur lösen, wenn wir erkennen, dass unsere inneren Kinder am Steuer sitzen und unsere Gefühle und unser Verhalten bestimmen.

Überlegen Sie einmal, wie Ihr:e Partner:in Sie am ehesten auf die Palme bringen kann, und dann versuchen Sie, eine Verbindung zu Ihrer Kindheit zu schaffen: An welche Situation oder an wen erinnert Sie das Verhalten Ihres Partners oder Ihrer Partnerin? Wie alt fühlen Sie sich, wenn Sie so furchtbar wütend, gekränkt, enttäuscht sind? Ziemlich sicher fallen Ihnen Situationen und Personen aus Ihrer Kindheit ein, die in Ihnen ähnliche Gefühle hervorgerufen haben.

Paare, die in furchtbare Streitereien geraten, aus denen sie keinen Ausweg mehr finden, sind oft in ihren jeweiligen Regressionen gefangen – Eva beispielsweise ist außer sich, wenn ihr Freund Hendrik sie im Streit ignoriert, während Hendrik schweigt, um sich vor Evas Vorwürfen zu schützen. Auf meine Frage, wie alt die beiden sich in so einer Streitsituation fühlen, antwortet Eva »Vier Jahre«, Hendrik »So um die sechs«. Eva kennt das Gefühl, in ihren Bedürfnissen ignoriert zu werden, seit ihrer Kindheit von ihren Eltern, und ihre Überlebensstrategie war, immer lauter zu werden und nicht lockerzulassen. Hendrik hatte eine Mutter, die oft überfordert war und ihm viele Vorwürfe machte, die ihn tief verletzten. Sein einziger Schutz war, sich in diesen Momenten zurückzuziehen und jeglichen Kontakt zur Mutter zu vermeiden. Wir sehen: Es sind also nicht die erwachsene Eva und der erwachsene Hendrik, die sich im Streit gegenüberstehen, sondern ihre verzweifelten kindlichen Anteile.

Wie schaffen wir es, eine Regression zu beenden und wieder erwachsen zu werden?

Indem wir uns selbst besser kennenlernen. Indem wir achtsamer werden, in welchen Situationen, mit welchen Menschen wir die Kontrolle verlieren und – mitunter in Sekundenschnelle – mit unseren kindlichen Anteilen reagieren. Und indem wir überhaupt erst einmal anerkennen, dass wir diese kindlichen Anteile haben, die oftmals verletzt und unzufrieden sind, weil sie vielleicht noch nie das bekommen haben, was sie sich wünschen und brauchen.

Zum Erwachsenwerden gehört, sich selbst zu verstehen: Welche inneren Stimmen leiten mich, welchen Glaubenssätzen folge ich, in welche inneren und äußeren Konflikte gerate ich immer wieder, und welchen Anteil haben kindliche Stimmen daran?

Jeder Mensch hat kindliche, unreife Anteile in sich. Und

je weniger wir uns um unsere inneren Kinder kümmern, je mehr wir sie vielleicht sogar ablehnen oder unterdrücken, desto mehr Unheil können sie anrichten. Denn unsere verletzten inneren Kinder können wild um sich schlagen vor Wut, aus Angst oder Verzweiflung. Oder sie verstummen enttäuscht, während sie uns den Lebensmut und die Lebenskraft nehmen. Der alte Schmerz und die Sehnsucht, endlich versorgt zu werden, können in jeder Lebensphase akut werden, und zu extremen Gefühlszuständen und merkwürdigen Verhaltensweisen führen.

Je gründlicher wir uns also mit unseren alten Wunden auseinandersetzen, desto eher können sie auch heilen, und desto leichter können wir uns weiterentwickeln und werden nicht weiterhin durch die Vergangenheit blockiert.*

Erwachsen zu werden bedeutet, eigenständig zu werden – »ich selbst« zu werden. Dazu gehört, die kindlichen Anteile zu integrieren und ihnen beim Wachsen zu helfen, denn ihre Entwicklung ist unsere Entwicklung.

Auf dem Weg der Selbstwerdung ist es zudem unerlässlich, sich auf verschiedenen Ebenen von den Eltern unabhängig zu machen: Aus dem Elternhaus auszuziehen, einen Beruf zu ergreifen, der uns ernähren kann, eine:n Partner:in zu wählen und eine eigene Familie mit neuen Regeln zu gründen. Diese scheinbar normalen Schritte werden allerdings nicht selten als große Herausforderung erlebt, vor allem wenn wir immer wieder zurückfallen auf längst überwunden geglaubte Stufen oder wenn wir die entscheidenden Entwicklungsstufen noch nicht bewältigt haben, um den nächsten Schritt zu gehen.

---

* In Kapitel 6 finden Sie mehr zu der Begegnung und Versorgung unserer inneren Kinder.

In finanzieller Abhängigkeit verharren

Florian ist 45 Jahre alt, er hat einen Universitätsabschluss in Kunstgeschichte und hat sich direkt nach seinem Studium mit einem Trödelladen selbstständig gemacht. Das Geschäft läuft mittelmäßig, und nach einer Weile verliert er die Lust daran. Er entscheidet sich, einen Blumenladen zu eröffnen. Als der Laden anfängt, sich zu rentieren, überwirft er sich mit seinen Angestellten und schließt von einem Tag auf den anderen. Nur wenig später macht er in einem anderen Stadtviertel einen neuen Laden auf und beginnt von vorn. Seine Unstetigkeit zeigt sich auch in seinem Privatleben: Er hat kaum Freunde und schnell wechselnde Partnerinnen.

Florians Lebensstandard ist hoch; eine große Wohnung und teure Autos, hinzu kommen Ausgaben für Luxusreisen, Designerklamotten und Restaurantbesuche. Seine Ausgaben übersteigen seine Einnahmen um ein Vielfaches. Sein Konto allerdings ist immer ausgeglichen – weil seine Eltern sein Leben finanzieren.

Florian ist ein Kind vermögender und überverwöhnender Eltern, was für ihn, wie für so viele, sowohl Segen als auch Fluch bedeutet. Er weiß nicht, wie es ist, finanziell auf eigenen Füßen zu stehen, weil das Geld der Eltern immer da war, um seine Stürze abzufangen. Er weiß nicht, wie es sich anfühlt, etwas zu besitzen oder etwas zu verlieren und die Konsequenzen dafür zu tragen. Seine finanziellen Möglichkeiten sind dank seiner Familie grenzenlos. Was sich auf den ersten Blick verlockend anhört, hat für Florian verheerende Folgen: Der finanzielle Background der Eltern verwässert seinen Lebenssinn. Der familiäre Reichtum lähmt ihn – wie im Übrigen viele Erb:innen aus wohlhabenden Familien. Es fehlt die Motivation, sich etwas Eigenes aufzubauen, nicht zuletzt weil er weiß, dass er seinen Eltern ohnehin nie das

Wasser reichen könnte. Egal, was er aufbaut, es wäre weniger wert als das, was seine Vorfahren erreicht haben.

Wenn Menschen trotz vielfältigster Möglichkeiten und hohem Potenzial beruflich immer wieder scheitern und finanziell auf die Eltern angewiesen bleiben, gibt es oft unausgesprochene und unbewusste elterliche Aufträge und familiäre Verstrickungen, die Kinder an ihre Eltern binden und ihrer Ablösung im Weg stehen.

Denn finanzielle Unabhängigkeit ist keine Kleinigkeit, es ist ein Meilenstein auf dem Weg der Ablösung. Vielleicht können Sie sich noch an das erste selbst verdiente Geld erinnern – und den Stolz und das Freiheitsgefühl, das es auslöste. Es ist ein handfester Beweis unserer Selbstständigkeit und dass wir es alleine in der Welt schaffen können.

Aber es gibt auch Menschen, für die scheint beruflicher Erfolg und die damit einhergehende finanzielle Unabhängigkeit nicht vorgesehen zu sein – in manchen Fällen, weil dieser Ablösungsschritt für sie oder andere Familienmitglieder nicht auszuhalten wäre. Familien, in denen Kinder ihre Ausbildung nicht beenden oder darüber hinaus von ihren Eltern finanziell abhängig bleiben, könnten sich fragen, wer von der Abhängigkeit der Kinder am meisten profitiert: Sind es die Eltern, die sich nur so weiterhin wichtig fühlen und einen Sinn in ihrem Leben finden können? Sind es die Kinder, die sich bequem auf der elterlichen Dauerversorgung ausruhen, anstatt sich den Anforderungen des Erwachsenenlebens zu stellen?

Oftmals liegt der Grund für die Entwicklungsblockade in einer unbewussten familiären Verstrickung: Sowohl Kinder als auch Eltern verhindern die Ablösung gemeinsam, weil Schuldgefühle sie aneinander fesseln.

So wie Florian und seine Eltern, die gemeinsam große Anstrengungen unternehmen, um sich finanziell nicht voneinander zu lösen, weil sie unbewusst fürchten, dass die Eltern-Kind-Beziehung sonst keinen Bestand mehr hätte. Florians Eltern haben zeit ihres Lebens im familiären Unternehmen gearbeitet, das die Großeltern väterlicherseits gegründet hatten. Es blieb wenig Zeit für ihren Sohn, der mit Kindermädchen und im Internat aufwuchs. Um ihre Schuldgefühle abzuwehren, verwöhnten sie Florian über alle Maßen. Sie tun es bis heute, und die Abhängigkeit ihres Sohnes wiegt sie in Sicherheit, dass er sie nie verlassen wird – und ihnen nie Vorwürfe machen kann, wie andere Kinder es im Prozess der Ablösung durchaus tun. »Geld gegen abhängiges Schweigen«, lautet der elterliche Deal, für den am Ende alle einen hohen Preis zahlen: Die Unmöglichkeit, einander auf Augenhöhe zu begegnen. Zudem bleibt die Unsicherheit, ob die Bindung auf Liebe oder vor allem auf Abhängigkeit basiert. In Florians Familie regieren also Schuldgefühle, die sich hinter der Großzügigkeit der Eltern und der Abhängigkeit des Sohnes verstecken.

Florians Leben hätte noch ewig so weitergehen können – die Entwicklungsblockade kaschiert, die Lähmung kompensiert mit Ablenkungen –, aber als er sich das erste Mal ernsthaft verliebt und seine Freundin sich von ihm trennt, weil sie ihn zu unreif findet, um mit ihm eine Familie zu gründen, fällt er in eine Depression.

»Mein Leben ist total leer«, sagt er, »ich vermisse meine Freundin, ich kann nicht ohne sie leben.« Sein Trennungsschmerz mischt sich mit der Erkenntnis, zu niemandem eine wirkliche Verbindung zu haben: weder zu seiner Familie noch zu Freunden und nicht einmal zu sich selbst. »Ich weiß eigentlich gar nicht, wer ich bin.« Florians maximale Verunsicherung ängstigt ihn, aber sie ermöglicht es ihm auch, sein bisheriges Leben zu hinterfragen und Veränderungen zuzulassen. Wenn alte Überlebensstrategien nicht mehr funktionieren, fallen wir entweder auf kindlichere

Anteile zurück – oder wir gehen die nächsten notwendigen Entwicklungsschritte. Florian entscheidet sich schließlich, sich um seine kindlichen Anteile zu kümmern und Schritt für Schritt Verantwortung für sein Leben zu übernehmen. Er findet heraus, was ihm wirklich wichtig ist, was ihm wirklich Freude bereitet und was er loslassen muss, um sich weiterzuentwickeln. Statt sich weiterhin mit Verwöhnung zu betäuben, lernt er, seine Gefühle auszuhalten und sie mit anderen zu teilen, erst mit seiner Therapeutin, dann mit einem alten Freund und schließlich mit seiner neuen Freundin. Die Beziehung zu Florians Eltern verändert sich durch seine Entwicklung – es gibt offene Konflikte und Enttäuschungen auf beiden Seiten. Aber es gibt auch eine Annäherung, wachsenden Respekt und eine neue Achtsamkeit im Umgang miteinander, als Florian sich langsam emanzipiert und für sich selbst zu sorgen beginnt.

Es gibt viele Familien, in denen die Kinder altersunangemessen abhängig von den Eltern sind. Wir sehen die blockierte Loslösung bei Nesthocker:innen, bei ewigen Student:innen, bei erwachsenen »Sorgenkindern«, die immer wieder scheitern und die finanzielle Hilfe der Eltern benötigen.

In manchen Familien wird die finanzielle Abhängigkeit der Kinder von einigen oder gar allen Beteiligten als sehr unangenehm erlebt. Kinder schämen sich, noch immer Unterhalt von den Eltern anzunehmen, Eltern sind es leid, sich um ihre Kinder Sorgen zu machen, und wünschen sich, an ihrem Lebensabend für niemanden mehr verantwortlich zu sein.

In vielen Familien kommt irgendwann der Moment, in dem der Leidensdruck zu groß – und somit der Schritt, für den eigenen Lebensunterhalt aufzukommen, unausweichlich wird.

Denn auch wenn alle Kinder während ihrer Ausbildung

auf finanzielle Unterstützung der Eltern angewiesen sind, irgendwann kommt der Moment, sich von den Eltern auch finanziell abzulösen und auf eigenen Beinen zu stehen. Dieser Moment kommt für einige mit leichtem Unbehagen, aber auch mit neu gewonnener Freiheit und dem Stolz, sich selbst versorgen zu können und den Eltern keine Rechenschaft mehr schuldig zu sein. Die Eltern (finanziell) nicht mehr zu brauchen heißt nicht, sie nicht mehr zu lieben oder nicht mehr mit ihnen verbunden zu sein. Es bedeutet lediglich, die ehemals kindlich-bedürftige Rolle hinter sich zu lassen und autonomer zu werden.

Nicht immer sind unabgelöste Menschen auf den ersten Blick zu erkennen; selbst wer längst bei den Eltern ausgezogen und finanziell unabhängig ist, kann emotional auf einer früheren Entwicklungsstufe stehen geblieben sein. Und nicht immer ist die Tatsache, dass längst erwachsene Kinder noch bei ihren Eltern wohnen oder zeitweise finanziell von ihnen unterstützt werden, ein Anzeichen für einen pathologisch unabgelösten Zustand.

Aber wer als Erwachsene:r nie auf eigenen Beinen stand, wer seine Loyalitäten zur Herkunftsfamilie nicht mit etwas Abstand hinterfragen kann, wer nie die alleinige Verantwortung für die eigenen Finanzen, die eigenen Beziehungen, das eigene Leben übernimmt – der wird auf vielerlei Ebenen nicht die nötigen Entwicklungsschritte machen, die für eine gesunde Ablösung nötig sind. Jeder dieser nicht bewältigten Entwicklungsschritte hat Auswirkungen auf unsere Lebensqualität – und nicht zuletzt auf unsere Partnerschaften.

Partnerwahl – bösartiger Keil oder angenehmer Puffer?

Die bürgerliche, zweimal geschiedene US-Amerikanerin Wallis Simpson war in den 1930er-Jahren eine berühmt-berüchtigte Frau. Ihretwegen verzichtete Eduard VIII. 1936 auf den englischen Thron, verließ sein Heimatland und wurde für seine Entscheidung politisch und familiär geächtet. Bei Wallis' und Eduards Hochzeit war kein Mitglied der königlichen Familie anwesend, und Eduards Mutter weigerte sich fortan, ihren Sohn mit seiner in ihren Augen nicht standesgemäßen Gemahlin zu empfangen. Etwa 80 Jahre später wiederholt sich die Geschichte im Hause Windsor gewissermaßen, als ein weiterer Nachkomme der Krone es wagt, gegen die strengen familiären Regeln aufzubegehren: Am 8. Januar 2020 veröffentlichten Prince Harry und seine Frau Meghan Markle auf ihrem Instagram-Account, dass sie sich von ihren Verpflichtungen als Mitglieder der britischen Königsfamilie zurückziehen, finanziell unabhängig werden und einen Teil ihrer Zeit in Nordamerika verbringen wollen. Ein Aufschrei ging durch die britischen Medien – und sicherlich auch durchs Königshaus. Erst hatte sich die geschiedene amerikanische Schauspielerin mit afroamerikanischen Wurzeln den Sonnyboy der britischen Monarchie »geschnappt« und dann, nur zwei Jahre nach rassistischen Anfeindungen und infamen, ihre Privatsphäre verletzenden Nachstellungen der Presse, hatte sie bereits genug vom Leben im goldenen Käfig. Als »Megxit« wurde die Distanzierung des Paares vom Königshaus in den Medien betitelt – und somit klargemacht, dass es nicht Harrys freie Wahl oder eine partnerschaftliche Entscheidung gewesen sein könnte, sich aus dem Königshaus zurückzuziehen: Meghan allein war schuld daran.

Die Wahl von der Familie nicht akzeptierter Partner:innen

kann nicht nur am englischen Hofe einer Kriegserklärung gleichen. Auch in bürgerlichen Familien mit hohen Loyalitätsforderungen finden oft ähnliche Schuldzuweisungen an die Partner:innen statt, wenn das Kind sich plötzlich ablöst. Um das eigene Kind zu schonen, wird die elterliche Wut lieber auf den familiären Neuzugang gerichtet: Der oder die Partner:in hat den Sohn oder die Tochter emotional gekidnappt und gegen die Eltern aufgehetzt; ohne diese manipulierende Person hätte das Kind sich nie abgewendet!

Eltern vergessen oft: Das Kind hat diese Person aus guten Gründen gewählt – und einer davon könnte sein, dass der oder die Partner:in ihm bei der Ablösung hilft. Denn während manche Eltern ihr Schwiegerkind als bösartigen Keil wahrnehmen, empfinden Kinder ihre Partner:innen oft eher als angenehmen Puffer zwischen sich und ihren Eltern.

Kaum etwas kann familiäre Bindungen so grundsätzlich auf die Probe stellen wie Partner:innen, die von den Eltern nicht akzeptiert werden. Eltern, die Schwierigkeiten haben, ihre Kinder loszulassen, zweifeln oft die Gefühle und Entscheidungen ihres Kindes an und versuchen ihm den oder die Partner:in auszureden: »Sie passt nicht zu dir« oder »Er ist nicht gut genug« oder »Siehst du nicht, wie er/sie einen Keil zwischen uns treibt?«. So bringen sie ihr Kind in einen Loyalitätskonflikt – zwischen dem Menschen, den es liebt, und der Familie, die mit dieser Liebe nicht einverstanden ist.

Wer als Paar gegen die Familie oder gleich den Rest der Welt zu kämpfen hat, scheitert entweder am Gegenwind oder hat den stärksten Klebstoff für die Paarbeziehung gefunden. Denn durch »falsche« Partner:innen kann man sich besser von der Familie abgrenzen als zuvor, und die Angriffe von außen können das Wirgefühl enorm bestärken. Eduard VIII. erklärte seine Entscheidung, abzudanken und den Thron seinem jüngeren Bruder zu überlassen, einst mit folgenden Worten: »Es ist mir unmöglich, die schwere Last der Verantwortung zu tragen und meine Pflichten als König zu übernehmen ohne die Unterstützung der Frau, die ich liebe.« Die Ehe von Eduard und Wallis hielt 35 Jahre – bis zum Tod Eduards – und blieb nach Aussage des Paares allen Unkenrufen zum Trotz glücklich. Wie tragfähig Harrys und Meghans Beziehung ist, bleibt abzuwarten. Bei einem Interview im März 2021 gestand Harry, dass er sich ohne seine Frau nicht von seiner Familie distanziert hätte – ihm sei erst durch Meghan aufgefallen, wie unfrei er war.[5] Seine selbst gewählte Priorität sei fortan, seine Frau und seine Kinder zu versorgen und zu beschützen und dafür zu sorgen, den familiären Kreislauf von »Schmerz und Leiden« bei seinen Kindern zu durchbrechen.[6]

Ein 35-jähriger Mann entscheidet sich, mit seiner Frau ein eigenständiges Leben mit eigenen Regeln zu führen – das ist das Verbrechen, das Meghan, und die Dummheit, die Harry vorgeworfen wird. Statt Harrys längst überfällige Ablösung anzuerkennen, wird sie als Verrat, als Bruch mit der königlichen Familie, als Majestätsbeleidigung und persönliche Bankrotterklärung gesehen.

Dabei hat Harry lediglich ein paar wichtige Schritte in Richtung Individuation – seiner Selbstwerdung – unternommen: Er hinterfragt alte familiäre Werte und Normen und entscheidet sich, gemeinsam mit seiner Frau eine Familie zu gründen – nach eigenen Vorstellungen und mit eigenen, neuen Regeln.

Diese Loyalitätsverschiebung (von der Herkunftsfamilie auf die neu gegründete Familie) ist existenziell für unsere Ablösung, aber gerade in Familien, die hohe oder gar uneingeschränkte Loyalität von ihren Kindern fordern, führt sie zu Konflikten, Empörung und Enttäuschung.

Den eigenen Weg zu gehen trotz dieses familiären Drucks und eventueller Verlustängste, erfordert Mut und eine große innere Stärke, die nicht jede:r aufzubringen vermag. Nicht wenige Beziehungen scheitern an einer zu hohen Loyalität gegenüber der Herkunftsfamilie. Denn die ewige Treue zur Familie kann verhindern, dass wir uns wirklich auf eine Paarbeziehung einlassen und in dieser gemeinsame Werte verhandeln. Zu starke familiäre Loyalität macht uns mitunter zu illoyalen Partner:innen. Zu einer gelungenen Ablösung gehört also unbedingt, die Loyalität gegenüber den Eltern zu hinterfragen und sie beizeiten auf den oder die Partner:in und die eigenen Kinder zu übertragen.

Eine:n Partner:in zu wählen, eine Beziehung zu führen und eine eigene Familie zu gründen, gilt für viele Kinder, aber auch für viele Eltern als schwierigster Ablösungsschritt voneinander. An dieser Weggabelung entscheidet sich, ob Familien wachsen und sich erweitern oder ob sie sich selbst zerstören, weil sie Veränderungen ablehnen und sie das sich ablösende Kind und dessen Partner:in schließlich ausschließen.

Was symbiotische Eltern-Kind-Beziehungen für Partnerschaften bedeuten

Die Ablösung eines Kindes kann sich für die gesamte Familie bedrohlich anfühlen, aber sie ist existenziell wichtig für unser Leben und die Qualität unserer Beziehungen. Denn von ihren Eltern unabgelöste Menschen sind nicht die besten Partner:innen. Es sind die »Muttersöhne« und »Vatertöchter«, die sich oft ihr ganzes Leben lang nicht aus den verstrickten Bindungen an den gegengeschlechtlichen Elternteil lösen können und die sich deshalb nicht wirklich auf eine:n Partner:in einlassen können. Kommt es zu Spannungen zwischen Schwiegertochter und Schwiegermutter, steht der Muttersohn hilflos dazwischen, ohne Position zubeziehen – es sei denn für die Mutter, die in seinen Augen nichts falsch machen kann. Die Vatertochter vergleicht ihren Mann fortwährend mit ihrem Vater, ihrem großen Helden, der ihnen zur Hochzeit ein Haus kauft und mit seinem eigenen Schlüssel ein und aus geht, ohne sich anzukündigen, und als ihr Mann sich beschwert, stellt sie sich hinter ihren Vater, sie habe keine Geheimnisse vor ihm, er sei jederzeit willkommen. Generationsgrenzen sind aufgeweicht, verschwommen oder nicht existent, die Paarbeziehungen von unabgelösten Kindern sind deshalb nicht sicher und störungsanfällig. Auch wenn die Ablösung vom gleichgeschlechtlichen Elternteil nicht vollzogen ist oder insgesamt zu starke Loyalitätsbindungen zu den Eltern herrschen, sind Schwierigkeiten vorprogrammiert.

Die Partner:innen dieser unabgelösten Kinder stehen nicht an erster Stelle, sondern konkurrieren mit ihren Schwiegereltern. Das führt zu Spannungen und nicht selten zu tiefer Ablehnung zwischen Schwiegereltern und Schwiegerkindern.

Mangelnde Ablösung kann sich auch auf die nächste Generation auswirken, die oftmals von den Großeltern vereinnahmt wird, was zu weiteren Konflikten mit den Schwiegerkindern führt. Nehmen wir Karl, der bis heute eine sehr enge Beziehung zu seiner Mutter Renate hat. Er telefoniert jeden Tag mit ihr, sie ist seine engste Vertraute. Seine Frau Elena mag ihre Schwiegermutter zwar, findet sie aber latent übergriffig und beschwert sich häufig bei Karl, sie würden eine Beziehung zu dritt führen. Als Elena und Karl ein Kind bekommen, meldet Renate sogleich Besitzansprüche an, sie möchte ihren Enkelsohn Oskar zweimal die Woche betreuen. Elena ist zunächst einverstanden, bis sie feststellt, dass ihre Schwiegermutter sich an keine Abmachungen hält: Sie gibt Oskar Nahrung, die er nicht verträgt, und bringt seinen Schlafrhythmus durcheinander.

Als Renate sich nach einem Vier-Augen-Gespräch mit Elena uneinsichtig zeigt, bittet Elena ihren Mann, ihr beizustehen und seiner Mutter Grenzen zu setzen. Als Karl sich weigert, entstehen erste heftige Konflikte. »Du stehst nicht zu mir. Du stehst nicht einmal zu deinem Sohn«, wirft Elena ihrem Mann vor. »Er bekommt Hautausschlag von Nüssen, und deine Mutter sagt, sie glaube nicht an Allergien, und gibt ihm eine Nuss nach der anderen, das ist gefährlich!«

»Du machst aus einer Mücke einen Elefanten«, findet Karl. Er vertraut seiner Mutter blind und hält Elenas Kritik für überzogen. »Meine Mutter war eine super Mutter«, verteidigt Karl Renate, »sie weiß schon, was sie macht, bei mir hat sie es ja auch gut hinbekommen.« Anstatt Elenas Sorgen ernst zu nehmen, beginnt er, die einst gemeinsam besprochenen Werte und Erziehungsmethoden zu hinterfragen, sogar den Hautausschlag seines Sohnes will er nicht wahrhaben. Es scheint, als wäre seine Mutter unantastbar und dürfe nicht kritisiert werden. Elena, die schon lange unter dem in ihren Augen zu großen Einfluss ihrer Schwiegermutter leidet, hat zum ersten Mal Angst, ihren Mann zu verlieren. »Wenn du dich entscheiden müsstest, würdest du immer zu deiner Mutter halten«, sagt sie ihm eines Abends nach einem Streit traurig.

»Wenn du mich lieben würdest, würdest du gar nicht auf die Idee kommen, dass ich mich zwischen meiner Mutter und dir entscheiden muss«, entgegnet er. Karl hat recht und unrecht zugleich – natürlich sollte er nicht vor die Wahl zwischen seiner Mutter und seiner Frau gestellt werden, aber solange er sich nicht positioniert und solange er die Beziehung zu seiner Frau und seinem Kind nicht priorisiert und schützt, wird er seiner Verantwortung als erwachsener Mann, als Vater und als Sohn nicht gerecht. Denn es ist seine Aufgabe, gemeinsam mit seiner Frau einen stabilen Rahmen für ihre Beziehung und ihre neu gegründete Familie zu schaffen und gemeinsame Regeln aufzustellen, die sich durchaus von denen aus ihren jeweiligen Herkunftsfamilien unterscheiden können. Und diese Regeln sollte er nach außen klar kommunizieren und durchsetzen, selbst wenn seine Mutter damit nicht einverstanden ist. Denn Großeltern können zwar wichtige Bezugspersonen für ihre Enkelkinder sein, und sie können ihre eigenen Kinder dadurch immens unterstützen, aber die Regeln hinsichtlich der Erziehung und Versorgung eines Kindes stellen die Eltern auf und nicht die Großeltern.

Und auch wenn Renate einst eine wunderbare Mutter war – als Großmutter hat sie nicht die gleichen Rechte wie Oskars Mutter. Karl jedoch ist so unabgelöst von seiner Mutter, dass er sich nicht erlaubt, Renates unangemessenes Verhalten wahrzunehmen, geschweige denn zu kritisieren. Bevor er einen Konflikt mit seiner Mutter riskiert, nimmt er lieber in Kauf, die Beziehung zu seiner Frau zu strapazieren.

Erst als Oskar im Alter von drei Jahren aufgrund eines allergischen Schocks im Krankenhaus behandelt werden muss, weil Renate ihm trotz Elenas wiederholter Ermahnungen Nüsse zu essen gab, erwacht Karl schlagartig aus seiner Loyalitätslethargie. Ihm wird bewusst, dass die Verantwortung seinem Sohn gegenüber schwerer wiegt als das Bedürfnis, seine Mutter zu schonen. Zum ersten Mal in seinem Leben führt er ein kritisches Gespräch mit seiner Mutter, in dem er ihr klare Grenzen aufzeigt und somit das Wohl seines Sohnes über das seiner Mutter stellt.

»Du warst immer das Wichtigste im Leben für mich, und ich dachte, ich wäre auch das Wichtigste für dich«, sagt Renate am Ende des Gesprächs verunsichert. Karl weiß im ersten Moment nicht, wie er reagieren soll. Wut und Schuldgefühle vermischen sich mit der Sorge um seinen Sohn. Er kann es seiner Mutter gegenüber noch nicht aussprechen, aber er spürt, dass sich etwas in ihm verändert hat: Die Angst, seinen Sohn zu verlieren, hat ihm gezeigt, dass Oskar – neben seiner Frau Elena – für ihn der wichtigste Mensch in seinem Leben ist. Er liebt seine Mutter. Aber er hat verstanden, dass er sein Kind als Vater nicht nur lieben, sondern auch beschützen muss. Im Zweifel sogar vor dessen eigener Großmutter.

Nicht alle unabgelösten Menschen lernen es, bevor der Partner oder die Partnerin sich getrennt hat oder die Beziehung zum eigenen Kind gefährdet wird: Wer eine erwachsene Beziehung führen möchte, muss in der Lage sein, diese Beziehung zu schützen und sich abzugrenzen von anderen – auch von den eigenen Eltern, so wohlmeinend sie auch sein mögen.

Je unabgelöster wir sind, desto schwieriger gestaltet sich auch unsere Partnerwahl – entweder wählen wir gar nicht und bleiben Single, oder wir wählen unbewusst unglücklich: Um die Eltern nicht »verlassen« zu müssen, verlieben wir uns zielgerichtet in verheiratete Menschen, oder wir haben eine unbefriedigende Affäre nach der anderen. Oder wir wählen den perfekten Schwiegersohn oder die perfekte Schwiegertochter, also Partner:innen, die besser zu unserer Familie passen als zu uns selbst.

Aber wir sollten uns nichts vormachen: Auch Menschen, die keine symbiotischen Beziehungen zu ihren Eltern führen, sind sowohl in ihrer Partnerwahl als auch in ihrer Beziehungsführung maßgeblich von den Eltern beeinflusst. Denn wir wählen unsere Partner:innen nach elterlichen Vorbildern aus. Wir wählen sie aufgrund unserer Bindungsfähigkeit, die maßgeblich in der Kindheit und in der Interaktion mit unseren Eltern entstanden ist, und aufgrund unserer Sehnsüchte, die ungestillt geblieben sind. Oft inszenieren wir in unseren Partnerschaften unsere Kindheitsdramen – all die Zurückweisungen, Verletzungen und unverdauten Konflikte werden nun gemeinsam mit dem Partner oder der Partnerin nacherlebt, wobei ihnen die Rolle der Eltern zugeschrieben wird, während wir erneut darum kämpfen, von ihnen gesehen, gehört und geliebt zu werden.

Je weniger uns diese Reinszenierungen und Verwechslungen bewusst sind, desto häufiger und heftiger finden sie statt: Mühselige und aussichtslose Schattenboxkämpfe, in denen sich die alten Elternbilder vor unsere Partner:innen schieben.

Aber auch wenn die Eltern unsere Bindungs- und Kommunikationsfähigkeit, unsere Partnerwahl und unsere Beziehungen ganz automatisch prägen, heißt das nicht, dass alles vorgegeben ist. Wir können jederzeit die Weichen unserer Beziehungen und somit unseres gesamten Lebens verändern. Ablösung bedeutet, seinen eigenen Weg zu finden – unabhängig davon, ob die Eltern zustimmen oder nicht.

Aber natürlich ist es leichter, wenn unsere Eltern uns bei unserer Ablösung unterstützen. Sollten Eltern ihren Kindern deshalb grundsätzlich zustimmen, auch wenn sie glauben, dass sie Fehler machen? Auf keinen Fall. Es ist Kindern im Prozess der Ablösung zuzumuten, die widersprechende Meinung der Eltern zu hören, genauso wie es Eltern zuzumuten ist, dass ihre Meinung für die Kinder nicht mehr maßgeblich entscheidend ist.

Ihr sinkender Einfluss mag Eltern kränken oder gar verärgern, die fortschreitende Autonomie der Kinder kann Sinnfragen und Verlustängste aufwerfen und traurig machen. Aber die gesunde Ablösung der Kinder beweist Eltern auch, dass sie ihrer Verantwortung gerecht geworden sind: Sie haben ihre Kinder darin begleitet, selbstständig und autonom zu werden. Sie sind ihren Kindern ausreichend gute Eltern gewesen.

Ablösung ist keine Einbahnstraße

Alan Querry wollte, »dass seine Kinder immer nur von den untersten Ästen sprangen«, schreibt James Wood in seinem Familienroman *Upstate*. Querrys Töchter sind längst erwachsen, aber seine Ohnmacht im Hinblick auf die potenziellen Gefahren ihrer Ablösung ist unverändert: »Sie heranwachsen zu sehen, hieß zu erkennen, dass sie nur immer höher und höher hinaufklettern würden und er nichts weiter tun konnte, als stumm mitanzusehen, wie sie sprangen.«[7]

Manche Eltern sind besser in der Lage als andere, ihre Kinder loszulassen, egal, ob es sich um die Partnerwahl oder andere autonome Entscheidungen handelt. Andere halten mit aller Macht an ihren Kindern fest und machen ihnen das Leben schwer. Und natürlich auch sich selbst, denn wer sich gegen die natürliche Ablösung seiner Kinder stemmt, muss viel Energie aufwenden und erlebt einigen Kummer. Vielen Eltern ist nicht einmal bewusst, dass sie der Ablösung ihrer Kinder im Weg stehen. Oder dass der Ablösungsprozess der Kinder die Eltern mit ihren eigenen misslungenen Ablösungsschritten konfrontieren kann: Denn wenn das Kind die Schritte macht, die die Eltern in ihrem eigenen Leben nicht in der Lage waren zu gehen, werden Eltern nicht selten von extremen Gefühlen wie beispielsweise Angst, Wut oder Ohnmacht überflutet – wie damals, als sie selbst in ihrer Entwicklung verunsichert oder behindert wurden.

Während wir bisher untersucht haben, was im Inneren von erwachsenen Kindern abläuft, die sich mit ihrer Ablösung schwertun, lassen Sie uns nun einen Blick auf die Eltern von unabgelösten Kindern werfen: Eltern, die mit keiner Partnerwahl der Kinder einverstanden sind; Eltern, die ihre Enkelkinder am liebsten selbst aufziehen würden, weil sie es ihrem Kind nicht zutrauen; Eltern, deren Kinder noch im

Erwachsenenalter bei ihnen wohnen oder die ihre Kinder bis zu ihrem Lebensende finanziell unterstützen. Manchen von ihnen ist durchaus ein wenig unwohl aufgrund ihrer nicht nachlassenden elterlichen Verantwortung, andere reagieren auf jede Autonomiebestrebung ihres Kindes ängstlich bis kritisch. Für die meisten Eltern jedoch kommt irgendwann der Punkt, an dem sie ihre eigene Selbstständigkeit wieder leben und ihre zeitlichen, finanziellen und emotionalen Ressourcen nicht mehr vorrangig ihren Kindern schenken möchten. Es kommt zu einem Moment der elterlichen Ablösung, ab dem Eltern gesunden Egoismus walten lassen – wenn sie sich etwa eine Traumreise gönnen, anstatt das Geld ihren Kindern zu vererben, oder wenn sie sich lieber ihrem zeitaufwendigen Hobby widmen, statt täglich als Babysitter für die Enkelkinder abrufbar zu sein. Für manche Kinder kommt diese elterliche Ablösung überraschend, schließlich waren sie gewohnt, dass die Eltern sie versorgen und stets für sie da waren. Aber Eltern können nicht ewig für ihre Kinder da sein – nicht zuletzt, weil es der natürliche Lauf der Dinge ist, dass sie vor ihren Kindern sterben. Ablösung ist also auch eine Vorbereitung auf den letzten Abschied von den Eltern. Denn obwohl der Tod der Eltern für die meisten Kinder schmerzhaft ist, kommt er für manch unabgelöstes Kind wie ein Schock, von dem es sich kaum erholen kann. Wenn erwachsene Kinder ihre Eltern nicht loslassen und in ihrer Entwicklung und Ablösung deutlich hinterherhinken, kann die Bürde einer nicht nachlassenden Verantwortung für Eltern sehr leidvoll sein.

Nun ziehen nicht alle Eltern, deren Kinder sich weigern, erwachsen zu werden, wie die Rotondos aus den USA vor Gericht. Manche reden aus Scham mit niemandem darüber, andere suchen oftmals erst nach einer langen Periode der langsam schwindenden Hoffnung auf Veränderung therapeutische Hilfe. So wie Karen und Matthias, die um einen

Termin baten, weil ihr 28-jähriger Sohn Jan sich – ähnlich wie Michael Rotondo – weigerte, sein Elternhaus zu verlassen.

»Wie reagiert Ihr Sohn denn, wenn Sie ihm Ihren Wunsch mitteilen?«, fragte ich. Es stellte sich heraus, dass Karen und Matthias ihrem Sohn noch gar nicht so konkret gesagt hatten, was sie sich wünschen. »Er soll ja nicht denken, dass wir ihn nicht mehr lieb haben.«

Wann ist der richtige Zeitpunkt, die Kinder aus dem Nest zu werfen? Darf man das überhaupt als liebende Eltern? Und aus welchen Gründen? Matthias und Karen fühlten sich ein wenig egoistisch, dass sie ihre Wohnung wieder für sich haben wollten. Karen fand eigentlich, dass ihr Sohn alt genug sei, auszuziehen, Matthias war unsicher. Auf der einen Seite wünschte er sich, dass der Sohn endlich auf eigenen Beinen steht, auf der anderen Seite wollte er ihn nicht ins kalte Wasser schubsen.

»Ins kalte Wasser schubsen« ist eine interessante Formulierung in Bezug auf einen 28-jährigen Mann, der sich weigert, aus seinem Kinderzimmer auszuziehen. Ich fragte mich, wie Matthias' eigene Ablösung von seinen Eltern einst verlaufen war – ob sie auch ins Stocken geraten war oder ob er selbst vielleicht zu früh ins kalte Wasser geschubst wurde. Nicht selten nämlich inszeniert sich ein Konflikt oder eine Störung eine Generation später erneut, wie als Erinnerung an das, was damals nicht ausreichend bewältigt wurde. Anders gesagt: Entwicklungsblockaden der Kinder können mit ehemaligen Ablösungsschwierigkeiten der Eltern zu tun haben. Die Ablösung der Kinder bringt also auch eine Auseinandersetzung mit der eigenen Ablösung mit sich. Sie gibt Hinweise darauf, wie gut diese gelungen oder ob sie eben misslungen ist, und welche Auswirkungen dies nun auf die Kinder hat.

Um zu verstehen, welche Erfahrungen Matthias bei seinem eigenen Auszug machte, fragte ich ihn, wann und unter welchen Umständen er selbst bei seinen Eltern ausgezogen war.

»Ich war 16 und habe eine Lehre in einer anderen Stadt begonnen«, antwortete Matthias. »Ich habe mich sehr allein gefühlt. Meine Familie habe ich nur alle paar Wochen gesehen. Ich musste auf einen Schlag erwachsen werden.« Matthias will seinem Sohn das eigene Schicksal ersparen. Er soll sich Schritt für Schritt ablösen dürfen, etwas, das Matthias nicht vergönnt war. Sein Sohn sollte es besser haben als er.

Ich bedankte mich für sein Vertrauen und seine Offenheit und überlegte: »Wie viele Schritte und wie viele Jahre wird Ihr Sohn wohl noch brauchen, bis Sie ihm vertrauen, dass er schwimmen kann?«

Er zuckte mit den Schultern und schaute mich hilflos an. Ich wurde deutlicher: »Wie viele Jahre und wie viel Vertrauen in Ihren Sohn werden *Sie* noch brauchen, damit Sie loslassen können?«

Aber nicht nur Matthias, auch Karen war ambivalent. Einerseits schämte sie sich vor den Nachbarn und fand, dass es nun wirklich an der Zeit wäre, dass Jan erwachsen würde, andererseits wusch sie seine Wäsche, kochte für ihn, hörte sich seine Sorgen an und steckte ihm hin und wieder etwas Geld zu, damit er mit seiner Freundin ausgehen konnte. Matthias und Karen steckten fest in einem Zirkel der Überverwöhnung, des Nicht-loslassen-Könnens und des Gefühls, dass etwas nicht mehr stimmte. Ihr Sohn sollte sich bewegen. Aber warum? Er nahm nicht an den gemeinsamen Sitzungen teil, und ich konnte es ihm nicht verdenken. Er hatte ja keinen Leidensdruck. Seine Eltern litten, weil sie nicht wussten, wie sie ihren Sohn dabei unterstützen konnten, den notwendigen nächsten Schritt zu machen: auszuziehen. Es bedurfte einiger Sitzungen, in denen Karen und Matthias sich darüber klar wurden, dass das, was sie sich wünschten, kein feindseliger, liebloser Verrat war, der ihrem Sohn den Boden unter den Füßen wegziehen würde, sondern ein angemessener Wunsch – mehr noch, ein notwendiger Schritt in die Selbstständigkeit. Also hieß es, nicht weiter darauf zu warten, dass Jan sich aus seinem komfortablen Nest verabschieden würde, sondern selbst in Aktion zu treten. Und zwar, indem sie nichts mehr für ihn taten. Abendessen fanden nicht mehr zu dritt statt, stattdessen kochten sie nur noch für zwei. Statt wie bisher Jans Wäsche zu waschen, schrieb Karen ihm eine Gebrauchsanweisung für die Waschmaschine und verlangte dann wie im Waschsalon 5 Euro für jeden Waschgang.

Darüber hinaus forderten die Eltern, dass Jan sich ab sofort an den Kosten für Kost und Logis beteiligen sollte. Aus einem 5-Sterne-Rundum-sorglos-Paket wurde ein Dach über dem Kopf, für das der Sohn Miete zahlen sollte.

Sie können sich vorstellen, wie Jan reagierte: Er zog alle Register, er jammerte, er schmollte, er versuchte, seine Eltern gegeneinander auszuspielen, er warf ihnen vor, Rabeneltern zu sein, und eine Weile sprach er gar nicht mehr mit ihnen. Aber nach sieben Monaten, in denen die Eltern bewundernswert konsequent blieben, hatte er einen Job, der ihm genug Geld einbrachte, um sich ein WG-Zimmer bei Bekannten leisten zu können. Und dann zog er aus.

Wir sehen – obgleich Ablösung vordergründig von den Kindern vorangetrieben und gestaltet wird, ist sie auch eine wechselseitige Dynamik – Ablösung ist immer auch ein Zusammenspiel zwischen Eltern und Kindern. Denn Eltern tragen viel zur gelingenden Ablösung ihrer Kinder bei, die schon im Kindesalter beginnt: Jeder autonome Schritt des Kindes erfordert ein vertrauensvolles Loslassen der Eltern. Jede Entwicklungsblockade des Kindes erfordert die feinfühlige Unterstützung der Eltern, die ihm das nötige Selbstvertrauen vermittelt, selbstständiger zu werden. Auch die elterlichen Fähigkeiten, klar zu kommunizieren und Grenzen zu setzen, sind äußerst hilfreich in diesem Prozess.

Wenn Eltern Schwierigkeiten haben, ihre Kinder in die Welt zu entlassen, müssen Kinder mehr Energie für die Ablöseschritte aufwenden. Oftmals entstehen so gelähmte oder zu starke Ablösungsprozesse, begleitet von Scham- und Schuldgefühlen auf beiden Seiten: Die Eltern fürchten, als Eltern versagt zu haben, die Kinder schämen sich für ihre Abhängigkeit. Oftmals werden diese unangenehmen Gefühle abgewehrt. Rationale Gründe für die Situation werden gefunden, ohne den Ursachen für die Blockaden auf die Spur zu kommen. Anstatt sich ehrlich zu fragen: Wer bindet hier wen und warum? – bleiben Kinder und Eltern oft völlig unbewusst miteinander verstrickt.

Ablösung ist keine Einbahnstraße, denn der Ablösungsprozess birgt sowohl Entwicklungsaufgaben für Kinder als auch für Eltern: Während Kinder sich ablösen müssen, müssen Eltern ihre Kinder gehen lassen. Gehen lassen heißt nicht, gleichgültig ob des Abschieds der Kinder zu sein oder sie gar auszustoßen, sondern den eigenen Verlustschmerz anzuerkennen, ohne den Kindern Schuldgefühle zu machen.

Aber wie geht das, wenn einen der Schmerz zu zerreißen droht? Wenn man sich vor der Einsamkeit und dem Nicht-mehr-gebraucht-Werden fürchtet? Wenn man das Gefühl hat, vom Kind zurückgestoßen und nicht mehr geliebt zu werden, weil es den nächsten Entwicklungsschritt in die Selbstständigkeit macht? Wenn Eltern von diesen und ähnlichen extremen Gefühlen überflutet werden, sind sie wahrscheinlich in ihr Kind-Ich abgerutscht. Ihr inneres Kind rebelliert mit allen Mitteln dagegen, »verlassen« zu werden. Alte Ängste und Verzweiflung, Wut, Enttäuschung und Sehnsüchte aus der Kindheit steigen wieder auf. Ihr Kind-Ich reagiert blind vor Angst – und konfrontiert die Nachkommen schlimmstenfalls mit Forderungen, die eigentlich den eigenen Eltern galten, wie beispielsweise: »Bitte verlass mich nicht, ich brauche dich!«

Um solche Verwechslungen auszuschließen und bestmöglich mit dem Ablösungsprozess der heranwachsenden Kinder umgehen zu können, ist es auch für Eltern wichtig, ihre verletzten kindlichen Anteile zu erkennen und alte Wunden zu versorgen. Auf diese Art erhalten Eltern wieder Zugriff auf ihre reifen, erwachsenen Anteile. Sie können sich beruhigen und sogar freuen über den natürlichen Lauf der Dinge, dass Kinder autonomer werden. Wem es nicht gelingt, sich in dieser aufwühlenden Phase selbst zu beruhigen, der sollte sich bei anderen Erwachsenen Hilfe holen, statt sich den Kindern weiterhin unreflektiert zuzumuten, ihnen Schuldgefühle einzuflößen oder sie gar in eine Rollenumkehr hineinzumanipulieren.

Es ist ein großer Unterschied, ob Eltern traurig sind, weil ihr Kind auszieht, oder ob sie sich vernichtet fühlen und in Depressionen versinken; ob sie sich mal Sorgen um ihre Kinder machen oder das Leben ihrer Kinder kontrollieren; ob sie mit manchen Entscheidungen ihrer Kinder nicht einverstanden sind oder ihnen mit Liebesentzug drohen, wenn sie sich nicht wunschgemäß verhalten.

Eltern sollten irgendwann die Hoffnung aufgeben, dass ihre Kinder genauso werden, wie sie es sich vorgestellt hatten. Statt mit vorgefertigten Ideen und Schablonen können sie ihren Kindern mit Achtsamkeit und Neugier begegnen und erfahren, wer sie wirklich sind, wer sie sein möchten, und sie auf ihrer Reise ins Erwachsenenleben wohlwollend und auf Augenhöhe begleiten.

Die Ablösung der Kinder ist für Eltern eine große Chance, die Beziehung zu ihnen auf lange Sicht zu stärken: In dieser wichtigen Phase können Eltern ihren Kindern ein Vorbild sein, die eigenen Gefühle wahrzunehmen, ohne andere darin zu verstricken. Sie können vorleben, wie es gelingt, mit Veränderungen positiv umzugehen und existenzielle Sinn- und Lebensfragen nicht aufzuschieben, sondern bewusst zu beantworten und sich dadurch weiterzuentwickeln.

Je bewusster Eltern auf die Ablösung ihrer Kinder vorbereitet sind, desto leichter wird es für alle Beteiligten. Denken Sie an die Mütter, die bei der Kita-Eingewöhnung ihrer Kinder so leiden, dass die Kinder wiederum den Trennungsschmerz der Mutter übernehmen und sich an ihr festklammern, oder die Väter, die es nicht ertragen oder gar verbieten, wenn ihre Töchter sexuell aktiv werden, und sie dadurch in ihrer Sexualität beschämen und verunsichern.

Ich will es nicht verharmlosen, so mancher Ablösungsschritt von Kindern verlangt den Eltern einiges ab: Sie müssen gelassen bleiben und vertrauen, obwohl sie sich Sorgen machen, weil sie ihre Kinder nicht vor allen Gefahren und Fehlern beschützen können. Sie müssen sich mit der schwindenden eigenen Bedeutung und der damit einhergehenden Kränkung und eventueller Verlustangst auseinandersetzen, wenn ihre Kinder sie weniger brauchen. Sie müssen Lebensentscheidungen der Kinder akzeptieren, sei es der »falsche« Beruf oder »unpassende« Partner:innen. Aber es gibt keine andere Wahl, wenn Eltern hilfreich für ihre Kinder sein und weiterhin guten Kontakt zu ihnen haben möchten. Denn wer seine Kinder in ihrer Ablösung nicht altersgemäß unterstützt und loslässt, dämpft das Selbstvertrauen von Kindern und trägt eventuell zu Entwicklungsblockaden bei, die für das Kind – und letztlich das gesamte familiäre System – ungünstig sind.

Wer sein Kind liebt und wirklich das Beste für es will, übt sich beizeiten im Loslassen. Wahre Mutterliebe, so schrieb Erich Fromm Mitte der 1950er-Jahre in *Die Kunst des Liebens*, zeige sich zum einen in bedingungsloser Liebe und zum anderen darin, dass die Mutter dem Kind erlaubt, die Symbiose mit ihr zu verlassen: »Wahre Mutterliebe besteht darin, für das Wachstum des Kindes zu sorgen, und das bedeutet, daß sie [die Mutter] selbst wünscht, daß das Kind von ihr loskommt.« Fromm betonte: »Die Mutter muß nicht nur die Loslösung des Kindes dulden, sie muß sie sogar wünschen und fördern.«[8]

Egal ob Mutter oder Vater: Liebende Eltern unterstützen ihre Kinder bei der Ablösung.

Und natürlich macht es auch für die Eltern einen großen Unterschied, ob sie sich wie passiv Verlassene fühlen oder wie aktiv Loslassende.

»Können Sie im Leben Ihres Kindes jetzt noch etwas verändern?«, frage ich Eltern von erwachsenen Kindern, die Schwierigkeiten haben loszulassen, immer wieder. Bei genauer und ehrlicher Einschätzung des eigenen Einflusses kann es nur eine Antwort geben: »Nein.« Eltern haben viele Jahre Zeit, ihre Kinder zu begleiten und ihnen alles mit auf den Weg zu geben, was sie wichtig finden. Und dann kommen viele weitere Jahre, in denen sie auf ihre eigenen früheren Bemühungen und das Lebenstalent ihrer Kinder vertrauen müssen. Natürlich bleiben Eltern für immer Eltern, und sie können in Notfällen bedingungslos für ihre Kinder da sein. Aber grundsätzlich gilt, dass Eltern ihre Kinder Schritt für Schritt in die Selbstständigkeit und Eigenverantwortung entlassen müssen. Dazu gehört, zu akzeptieren, dass Kinder Entscheidungen treffen, die Eltern nicht verstehen oder gutheißen. Dass ihre Kinder anders als sie denken und fühlen. Und dass Eltern ihren Kindern zugestehen, ein freies Leben zu führen – auch wenn dies deutlich von den elterlichen Wünschen abweicht.

Die Kränkung zu überwinden, weniger gebraucht zu werden, ist eine Entwicklungsaufgabe von Eltern; es ist nicht die Aufgabe von Kindern, ihre Eltern zu schonen.

Gesunde Ablösung bedeutet übrigens nicht, seine Kinder zu verlieren. Im Gegenteil, wenn Kinder sich altersgemäß ablösen, beweist dies, dass man ihnen genug Selbstvertrauen mit auf den Weg gegeben hat, eigenständige Entscheidungen zu treffen, obwohl sie nicht immer auf die Zustimmung von anderen stoßen. Und dass die Bindung stark genug ist, Konflikte zu überstehen.

Ablösung ist ein langer Prozess, es ist im Grunde ein lebenslanger Weg zu sich selbst. Und Eltern können eine ganze Menge dafür tun, ihre Kinder darin zu unterstützen. Insofern ist dieses Buch nicht nur für Kinder, die Schwierigkeiten haben, sich abzulösen, sondern auch für ihre Eltern: Denn vielleicht sind auch die Eltern noch nicht vollständig abgelöst und möchten noch ein paar entscheidende Schritte in die emotionale Unabhängigkeit wagen. Für sich selbst – und für ihre Kinder.

ZWEI

»Ganz allmählich begann er zu ahnen, dass er jahrzehntelang mit einem Irrtum gelebt hatte. Es war gar nicht wahr, dass Abgrenzung hieß, sich abzuschirmen und einzumauern wie in einer inneren Festung. Worauf es ankam, war etwas ganz anderes: dass man, wenn die anderen es erfuhren, furchtlos und ruhig zu dem stand, was man im Innersten war.«

PASCAL MERCIER, PERLMANNS SCHWEIGEN

Elterliche Erwartungen und Verpflichtungen hinterfragen: Was bin ich meinen Eltern wirklich schuldig?

Sie haben uns das Leben geschenkt, sie hatten wegen uns schlaflose Nächte, sie haben eine Summe zwischen Luxusklassewagen und Eigenheim in uns investiert, sie haben sich nötige und unnötige Sorgen gemacht und womöglich ihr Bestes gegeben – können wir das je wiedergutmachen, oder stehen wir bei unseren Eltern deshalb in ewiger Schuld?

Weder noch, denn sowohl Wiedergutmachung als auch Schuld sind gänzlich unpassende Begriffe, die die Beziehung zu unseren Eltern belasten und uns in unserer gesunden Ablösung hindern.

Nein zur Schuldfrage sagt auch die Schweizer Philosophin Barbara Bleisch in ihrem Buch *Warum wir unseren Eltern nichts schulden* und erteilt den sogenannten filialen Pflichten, die sich allein dadurch ergeben, dass wir Tochter oder Sohn von jemandem sind, eine deutliche Absage. Familienbeziehungen seien zwar durchaus bedeutungsvoll und könnten sogar von unermesslichem Wert für uns sein, aber: »Sie schaffen keine speziellen Pflichten über das hinaus, was wir allen schulden.«[9] Während ein respekt- und würdevoller Umgang in jeder Art von Beziehung wünschenswert sei, gebe es keine Verpflichtungen darüber hinaus.

Wer glaubt, dass Kinder bei ihren Eltern in einer Schuld stehen, stellt sich Beziehungen wie eine Excel-Tabelle vor, die irgendwann ausgeglichen sein muss. Schuld, so Barbara

Bleisch, mache eine Beziehung »zu einem Pensum, das es abzuarbeiten gilt. Das Gemeinsame wird dabei aufgetrennt in ein hierarchisches Verhältnis von Schuldner und Gläubiger.«[10] Die Frage »Wann ist die Schuld beglichen?« könne jedoch in familiären Beziehungen kaum beantwortet werden, denn während Eltern verpflichtet sind, für ihre Kinder zu sorgen, könne man diese Pflicht nicht einfach umdrehen.

Aber warum fühlen sich viele Kinder dann so schuldig, wenn sie den Erwartungen der Eltern nicht entsprechen? Warum fällt es vielen von uns so schwer, auch überhöhte oder sogar unzulässige Forderungen der Eltern zurückzuweisen? Warum sind Ablösungsschritte oft mit Schuldgefühlen verbunden, als würden wir die Eltern mit unserer fortschreitenden Autonomie verletzen? Warum erscheint manch gesunde und längst überfällige Grenze wie ein Verrat an den Eltern?

Weil wir schon früh erfahren, wie wichtig es ist, »ein gutes Kind« zu sein, das sich an die Bedürfnisse und Wünsche der Eltern anpasst. Gesellschaftliche Normen und familiäre Erwartungen formen die Gesetze, nach denen wir uns verhalten. Und oftmals zieht uns eine starke Loyalität in den Bann der Eltern, auch wenn wir schon längst erwachsen sind.

Dies alles zu hinterfragen, gehört zum Erwachsenwerden dazu. Als Erwachsene können wir endlich den vorgezeichneten Weg verlassen und uns eigene Ziele suchen. Das Spannungsfeld aus Initiative und Schuldgefühl, das Kinder laut Erikson zwischen dem vierten und fünften Lebensjahr erleben, während sie ihre wachsende Selbstständigkeit auskosten, weitet sich im Laufe des Lebens kontinuierlich aus – wir lernen, Verantwortung zu übernehmen und unseren Lebensaufgaben gerecht zu werden. Menschen, bei denen Eigeninitiative jedoch Schuldgefühle hervorruft, vermeiden es,

Entscheidungen zu treffen, stattdessen herrscht gelähmte Unentschlossenheit, die schlimmstenfalls in Depressionen gipfeln kann.

Leben heißt, aktiv zu sein, und dazu gehört auch, die Beziehung zu unseren Eltern immer wieder neu zu verhandeln, uns abzugrenzen und trotzdem liebevoll und erwachsen aufeinander zuzugehen. Erst wenn wir uns gesund ablösen und uns selbst treuer werden als unseren Eltern, können wir kraftvoll und selbstbestimmt das eigene Leben gestalten.

Denn Ablösung bedeutet, nicht die zu sein, die unsere Eltern sich wünschen, sondern die zu werden, die *wir* sein wollen.

Zwischen Schuld und Schuldgefühlen

In unserer Kultur sind Verpflichtungen und vorauseilende Schuldgefühle gegenüber den Eltern tief verwurzelt, schon in der Bibel heißt es in den Zehn Geboten: Du sollst Vater und Mutter ehren.

Kinder scheinen grundsätzlich in der Schuld der Eltern zu stehen, und so spricht man auch sehr viel öfter von undankbaren Kindern als von schlecht versorgenden Eltern. Von Kindern wird Dankbarkeit den Eltern gegenüber erwartet und oftmals auch eine Art Wiedergutmachung der ersten Jahre. »Ich will später im Alter nicht allein sein«, höre ich immer wieder als entscheidenden Grund, Kinder in die Welt zu setzen, als ob Eltern ein Recht darauf hätten, von ihren Kindern im Alter (emotional) versorgt zu werden.

Sogar gesetzlich ist eine Sorgeumkehr-Forderung verankert: Kinder müssen für die Pflegekosten der Eltern aufkommen, wenn diese dazu nicht in der Lage sind. 2014 klagte ein Sohn gegen die Aufforderung des Amtes, angefallene Pflegekosten des Vaters zu begleichen, da er von seinem Vater nach

18 Jahren verlassen und später von diesem enterbt worden war. Das Gericht jedoch wies die Klage des Sohnes ab: Die Tatsache, dass der Vater seinen Sohn verstoßen hat und seinen Vaterpflichten nicht mehr nachgekommen ist, entbindet den Sohn laut Bundesgerichtshof noch längst nicht von seiner Sohnes- und der damit zusammenhängenden Sorgepflicht. Ausnahmen von der Pflicht des sogenannten Elternunterhalts werden nur gewährt bei »schweren Verfehlungen« der Eltern, etwa bei Misshandlungen minderjähriger Kinder. Diese allerdings gilt es zu beweisen, was im Nachhinein oft schwierig ist, wenn es sich beispielsweise um seelische Misshandlung handelt, und wir können uns die Ohnmacht jener Kinder vorstellen, die von ihren Eltern zeit ihres Lebens emotional vernachlässigt wurden und dann später – oftmals sogar nach vielen Jahren des Kontaktabbruchs – finanziell für ihre Eltern sorgen sollen.

Die Ungerechtigkeit, die bei der finanziellen Versorgungspflicht mitunter klar auf der Hand liegt, ist jedoch weniger greifbar, wenn es um emotionale Wiedergutmachung geht. Denken wir an alte, einsame Menschen in Pflegeheimen, die von ihren Kindern nur selten oder gar nicht besucht werden. Bemitleiden wir nicht automatisch die Alten, während wir deren Kinder als egoistisch oder lieblos empfinden? Die emotionale Qualität der Eltern-Kind-Beziehung, die eventuell massiven Verletzungen, die die besuchsfaulen Kinder von den Eltern erfahren haben – all das wird nicht bedacht oder tritt in den Hintergrund, weil die Kinder gegen die gesellschaftliche Norm verstoßen.

Stellen wir uns ein paar grundsätzliche Fragen: Darf man die Wünsche der Eltern ablehnen, wenn sie den eigenen Bedürfnissen zuwiderlaufen? Darf man das eigene Wohl vor das der Eltern stellen? Was, wenn die Eltern keine guten Eltern waren und trotzdem hohe Forderungen an ihre Kinder stellen? Gehört es nicht zur Kindespflicht, den Eltern ihre Fehler zu verzeihen? Und sollten wir nicht grundsätzlich mit gutem Beispiel vorangehen – also auch dann ein gutes Kind sein, wenn die Eltern keine guten Eltern waren? Ist man den Eltern nicht ohnehin eine ganze Menge schuldig, allein deshalb, weil man ohne sie nie geboren wäre?

Fast automatisch schleichen sich in die Betrachtung filialer Beziehungen selten hinterfragte Moralvorstellungen ein. Die weitverbreitete Überzeugung lautet: Kinder sollen einen Generationenvertrag achten, den sie vielleicht weder mitverhandelt noch unterschrieben haben. Und zwar ungeachtet der tatsächlichen »Leistungen« der Eltern. Außerhalb familiärer Zusammenhänge würde man von einem unlauteren Vertrag sprechen.

Heißt das, dass Kinder sich als Erwachsene von ihren Eltern abwenden, sie nicht unterstützen und rein egoistisch nur noch das eigene Wohl im Blick haben sollten? Natürlich nicht. Aber wer in emotionalen Beziehungen auf Rechte und Pflichten pocht, glaubt nicht an die gesündeste und stabilste Grundlage von Beziehungen: Liebe.

Wenn wir filiale Beziehungen mit Schuld aufladen, verzerren wir sie zum einen, zum anderen entwerten wir sie regelrecht. Es geht dann nämlich nicht mehr um tiefe Bindungen, echte Nähe und gesunde Loyalität. Es geht bei der Schuldfrage vielmehr um ein scheinbar moralisch legitimiertes Einfordern von Verbundenheit und emotionaler Versorgung.

Aber wir können Nähe und Liebe nicht einfordern. Als Eltern können wir uns aus ganzem Herzen liebevolle Beziehungen zu unseren Kindern wünschen, und wir können alles in unserer Macht Stehende dafür tun. Aber wir können aus (selbstverständlicher) elterlicher Fürsorge keine filialen Schuldscheine machen. Wer es dennoch tut – und glauben Sie mir, es passiert in vielen Familien –, nimmt sich selbst und seinen Kindern die Chance, sich wirklich liebevoll und frei zu begegnen.

Egal, wie wir es drehen und wenden, rein rational betrachtet sind Kinder ihren Eltern nichts schuldig, denn: Unsere Existenz ist reiner Zufall. Unsere Eltern haben uns zwar das Leben geschenkt, und wenn wir Glück hatten, haben sie uns in unserer Kindheit ausreichend gut versorgt, aber wir hatten weder Einfluss auf die Tatsache, dass wir geboren wurden, noch darauf, bei welchen Eltern wir aufgewachsen sind oder wie gut sie sich um uns kümmerten.

Der Psychoanalytiker Sándor Ferenczi stellte bereits Ende der 1920er-Jahre unser jüdisch-christliches Denken auf den Kopf und widersprach dem (biblischen) Gebot, dass Kinder ihre Eltern ehren müssten: »Das Kind muß durch ungeheuren Aufwand, Liebe, Zärtlichkeit und Fürsorge dazu gebracht werden, es den Eltern zu verzeihen, dass sie es ohne seine Absicht zur Welt brachten, sonst regen sich alsbald die Zerstörungstriebe.«[11] Ferenczi rückte die Verantwortlichkeiten einer Familie ins richtige Licht: Es sind die Eltern, die ein Kind in die Welt setzen und es deshalb liebevoll in dieser begleiten müssen, um seinen Lebenswillen und Lebensmut zu stärken.

Fassen wir zusammen: Kein Kind steht in der Schuld seiner Eltern, wohl aber können wir unsere Eltern lieben und ihnen dankbar sein. Im Idealfall können wir uns ihnen eng verbunden fühlen und gleichzeitig auch den Eltern zuwiderlaufende eigene Bedürfnisse wahrnehmen und gesunde Grenzen setzen – und zwar ganz ohne Schuldgefühle.

Leider reichen die überzeugendsten rationalen Argumente häufig nicht aus, um quälende Schuldgefühle den Eltern gegenüber aufzulösen. Denn Schuldgefühle entstehen nicht nur aus gesellschaftlichen und rechtlichen Vorgaben. Sie entstehen vor allem im Rahmen der Familie. Schuldgefühle werden häufig von den Eltern schon früh im Kind angelegt. Oft geschieht dies unbewusst aus einem einfachen Grund: um die Kinder an ihre Eltern zu binden.

Wie Schuldgefühle entstehen

»Warum fühle ich mich meiner Mutter gegenüber so schuldig?«, fragt mich die 36-jährige Meike in einer unserer Sitzungen. »Immer, wenn ich nicht genau das mache, was sie sich wünscht, fühle ich mich wie der schlechteste Mensch der Welt.«

Meikes Mutter wünscht sich, dass ihre Tochter alles stehen und liegen lässt, wenn sie anruft oder zufällig gerade in der Nähe ist und Lust auf einen Kaffee hat. Meike ist selbstständige Grafikerin und arbeitet von zu Hause aus, ein Umstand, der der Mutter suggeriert, dass ihre Tochter jederzeit frei verfügbar sei. »Sie akzeptiert nicht, dass ich ein tägliches Pensum und Abgabetermine habe, sie ist wirklich sauer, wenn ich morgens nicht ans Telefon gehe. Sie ruft dann so lange an, bis ich mürbe bin, und dann macht sie mir Vorwürfe, dass sie mir nicht wichtig sei, dass ich mich nie melden würde, dass sie sich Sorgen um mich mache, und überhaupt, sie ist gleich in der Nähe und möchte mich gern zum Essen einladen, Mittag essen müsse ja jeder.«

Meike teilt das Schicksal vieler Kinder von emotional bedürftigen Eltern. Schuldgefühle entstehen immer dann, wenn diese Kinder es wagen, ihre eigenen Bedürfnisse vor die ihrer Eltern zu stellen. Grenzen zu setzen wird so zu einer Mut- oder Zerreißprobe. »Dieser enttäuschte Blick und das Wissen, dass sie mir mein Nein wieder und wieder vorhalten wird – das kann ich nicht ertragen. Oft ist es einfacher, auf ihre Wünsche einzugehen und meine eigenen runterzuschlucken. Sie ist doch meine Mutter.«

Sie ist doch meine Mutter; er ist doch mein Vater – so viel steckt in diesem Satz. Von echter Dankbarkeit bis zum bohrenden Schuldgefühl, von brennender Wut bis zur lähmenden Resignation, von unerfüllter Sehnsucht bis zum Gefühl, von Liebe und Erwartungen erdrückt zu werden. Aber oft schimmert auch die Hoffnung durch, doch noch eine bessere Beziehung zu den Eltern führen zu können. Eine Beziehung, die auf Augenhöhe und ohne Schuldgefühle stattfinden kann.

Schuldgefühle entstehen nicht erst, wenn Kinder ausziehen oder eigene Familien gründen. Meikes Schuldgefühle wurden ihr bereits von ihrer Mutter in die Wiege gelegt. »Deinetwegen konnte ich meine beruflichen Träume nicht erfüllen«, diesen Satz hat Meike in ihrer Kindheit und Jugend immer wieder gehört. Die Mutter gab nach Meikes Geburt ihren Beruf auf und wurde Hausfrau und Mutter, wie es damals üblich war. Meike weiß heute natürlich, dass sie keine Schuld an den unerfüllten Träumen ihrer Mutter hat, aber immer dann, wenn die Mutter ihr Vorwürfe macht, fühlt sie die schwere Kette, die die Mutter zwischen ihnen geschmiedet hat: Das Schuldgefühl hängt wie eine Eisenkugel an ihr.

Meike war ein Wunschkind, sie wurde geliebt und versorgt, nur mit dem Loslassen hatte die Mutter ihre Schwierigkeiten. Nachdem sie ihren geliebten Beruf als Assistentin der Geschäftsleitung aufgegeben hatte, stürzte sie sich voller Elan in die Mutterrolle. Während andere Mütter die fortschreitende Autonomie ihrer Kinder mit Stolz und Erleichterung beobachteten, rief jeder Schritt Meikes in die Selbstständigkeit bei ihrer Mutter Verlustangst hervor. Schon in der ersten Klasse graute ihr vor Meikes Schulabschluss. »Was soll ich bloß machen, wenn du erst mal ausgezogen bist?«, fragte sie wieder und wieder. Später, als Meike sich auf das Abitur vorbereitete, klammerte die Mutter sich immer stärker an sie. »Musst du schon wieder weg?«, fragte sie Meike oft vorwurfsvoll, wenn diese abends Freund:innen besuchen wollte. »Du ziehst doch bald aus, dann bin ich ganz allein, lass uns doch die letzte Zeit gemeinsam genießen.«

»Ich war hin- und hergerissen«, sagt Meike. »Draußen wartete mein Leben auf mich, das Studium, meine Freunde, aber hier saß meine Mutter am Küchentisch, sie war ganz blass und weinte, und ich hatte das Gefühl, ich würde sie umbringen mit meinem Auszug.«

Also sagte Meike viele ihrer Verabredungen wieder ab, um mit der Mutter gemeinsam zu kochen und vor dem Fernseher zu sitzen. »Es war schon immer schwer, sich ihr zu widersetzen«, erinnert sie sich. Erschrocken wird ihr klar, dass sie sich in den letzten zwanzig Jahren kaum weiterentwickelt hat in ihrer Fähigkeit, ihrer einsamen und übergriffigen Mutter angemessene und gesunde Grenzen zu setzen.

Nun ist es durchaus nachvollziehbar, dass es nicht einfach ist, die Wünsche von grundsätzlich liebevollen Eltern zurückzuweisen. Aber Schuldgefühle können auch entstehen, wenn Eltern ihre Kinder vernachlässigt haben. Selbst unerwünschte oder ungeliebte Kinder können voller Schuldgefühle sein. Das unerwünschte Kind fühlt sich vielleicht schuldig, weil der Vater ihm suggeriert, dass er seinetwegen die falsche Frau heiraten musste; das ungeliebte Kind hört immer wieder, dass es nicht gut genug sei, dass es störe und den elterlichen Träumen im Weg stehe, dass es undankbar sei, zu viel wolle, zu wenig gebe und so weiter und so fort. Ein Kind, das nicht geliebt wird, glaubt, dass es selbst schuld daran sei und dass es sich mehr anstrengen müsse, um die Liebe der Eltern zu verdienen.

Schuldgefühle können auch auf verdrängten Hass- und Rachegefühlen basieren. Ein vernachlässigtes oder misshandeltes Kind muss seine Aggressionen gegen die Eltern unterdrücken, um die Beziehung zu ihnen nicht noch mehr zu gefährden. Also richtet das Kind die Aggressionen schließlich gegen sich selbst, sodass Schuldgefühle und Selbstabwertungen entstehen: »Ich bin ein böses Kind, das die Liebe der Eltern gar nicht verdient hat.« Dieser Glaubenssatz kann dazu führen, dass Menschen sich selbstzerstörerisch verhalten, indem sie beispielsweise massiv über Grenzen gehen. Es können auch psychische Störungen wie beispielsweise Süchte, ein Burn-out oder Depressionen entstehen.

Wenn Eltern schwere Traumata erfahren haben, können Kinder ebenfalls Schuldgefühle entwickeln, weil es ihnen auch unter Selbstaufgabe nicht gelingt, die Eltern vor ihren Erinnerungen zu retten. Zwischen traumatisierten Eltern und ihren Kindern entstehen oft frühe und unbewusste Verstrickungen, weil die Kinder die abgewehrten Gefühle der Eltern spüren und sie übernehmen und weil sie versuchen, das schwere Schicksal für die Eltern etwas leichter zu machen, indem sie ihnen übermäßig viel Verantwortung abnehmen. Die eigenen Ablösungswünsche stehen dann oft in direktem Widerspruch zu den Verlustängsten der Eltern. Und wie in vielen Familien, in denen Eltern ihre Kinder zu stark oder symbiotisch binden, geht Ablösung für alle Beteiligten mit unangenehmen Gefühlen einher.

»Ich fühle mich schuldig«, höre ich immer wieder, wenn Menschen anfangen, eigene Entscheidungen zu treffen, die ihre Eltern nicht gutheißen. In Familien, in denen Autonomie einer Loyalitätsverletzung gleichkommt, herrscht oft viel Leid, sowohl bei den Kindern als auch bei den Eltern. Ablösung wird dann zu einer schweren Aufgabe, zu einem eigentlich verbotenen Weg, der heimlich oder mit einem schlechten Gewissen eingeschlagen wird. Überzeugungen wie »Wenn ich gehe, lasse ich meine Mutter mit meinem schwierigen Vater allein«, »Wenn ich meinen Vater nicht jedes Wochenende besuche, wird er lebensmüde«, »Wenn wir meine (überkritischen, kalten, überfordernden) Eltern

Weihnachten nicht zu uns holen, sind sie ganz allein und unglücklich« binden uns nicht nur aus Liebe an die Eltern, sondern oftmals auch aus übermäßigem Pflicht- und Schuldgefühl. Als Folge dieser »Ich bin verantwortlich für meine Eltern, und ich bin schuld an ihrem Unglück«-Glaubenssätze werden oft Entscheidungen getroffen, die den Bedürfnissen der Betroffenen massiv zuwiderlaufen. Aufgrund von Schuldgefühlen wird dann ein Kontakt initiiert oder gehalten, der nicht stimmig ist, der nicht auf echter Nähe und Zuneigung basiert und der freudlos ertragen wird, was oft zu noch mehr Schuldgefühlen führt.

Wir sehen: Die Quelle von unangemessenen Schuldgefühlen liegt in der Beziehung zu den Eltern. Oftmals sind Eltern sogar die unbeabsichtigten Urheber dieser Schuldgefühle, wenn sie ihre Kinder aufgrund ihrer eigenen emotionalen Bedürftigkeit zu stark an sich binden.

Zu guter Elternschaft gehört jedoch, das Kind altersgemäß in die Selbstständigkeit zu entlassen: es weder zu überfordern noch einzuengen. Es zu unterstützen, ein selbstbestimmter, liebevoller, bindungs- und konfliktfähiger Mensch zu werden.

Diese Balance zwischen Fürsorge und Loslassen ist nicht einfach, und sie setzt voraus, dass Eltern sich mit ihrer eigenen Geschichte der Ablösung auseinandergesetzt haben. Wer sich selbst nur schwer von den eigenen Eltern ablösen konnte, trägt diese Unreife oft auch in die Beziehung zu den eigenen Kindern hinein. Überhöhte Erwartungen, unter denen man selbst einst litt, werden häufig an die Kinder vererbt. Wer sich bei den Eltern verbiegen musste, um ihnen zu gefallen, wird dies vielleicht auch von den eigenen Kindern erwarten. Wer nie eigene Regeln für sein Leben machen durfte, wird es seinen Kindern vielleicht übel nehmen, wenn sie es wagen, sich den familiären Regeln zu widersetzen.

Wer sich nie von den Eltern geliebt gefühlt hat, erwartet diese Liebe und lebenslange Hingabe vielleicht von seinen Kindern und ist gekränkt, wenn sie irgendwann flügge werden und eine eigene Familie gründen.

Wie so häufig hat elterliches Fehlverhalten eine transgenerationale Komponente, es ist oftmals eine Wiederholung dessen, was die Eltern selbst in ihrer Kindheit an Mangel erfahren haben. Und so werden unversorgte Kinder zu unversorgenden Eltern, die ihre Kinder nicht selten in eine Rollenumkehr zwängen – die Kinder sollen dann die Eltern versorgen. Wenn die Kinder mit dieser Umkehr des Eltern-Kind-Verhältnisses naturgemäß überfordert sind, hagelt es Vorwürfe. Und genau so entstehen Schuldgefühle.

Auch Meikes Schuldgefühle entstanden aus den zu starken Nähewünschen ihrer Mutter, die selbst einst ein unversorgtes Kind war. Meikes Mutter wurde von ihren Eltern emotional vernachlässigt, sie war eine unerwünschte Nachzüglerin und verbrachte viel Zeit allein. Das einsame Kind wünschte sich von ganzem Herzen eine liebevolle Familie, in der es beachtet und versorgt werden würde. Als sie dann später ihre Tochter Meike in den Armen hielt, schien ihr Traum wahr geworden zu sein, nun konnte ihr Leben endlich beginnen, nun gab es einen Menschen, der sie nie verlassen würde. Für Meike ein unerfüllbarer Auftrag, der ihr das Erwachsenwerden erschwerte. Bis heute quälen sie massive Schuldgefühle, weil die Mutter – genauer gesagt, der vernachlässigte kindliche Anteil der Mutter – sich ständig von ihr enttäuscht und im Stich gelassen fühlt. Denn den reifen, erwachsenen, fürsorglichen Anteilen der Mutter ist durchaus klar, dass ihre Tochter sich lösen muss. Es ist das innere Kind der Mutter, das es nicht aushält, verlassen zu werden, und das bis heute die Tochter mit ihren Eltern verwechselt und deshalb unpassende und überhöhte Anforderungen an Meike stellt.

Eine emotionale Verstrickung zwischen Eltern und Kindern ist deshalb so schwer aufzulösen, weil sie auf einer unbewussten kindlichen Ebene stattfindet: Es sind nicht reife Erwachsene, sondern die inneren Kinder, die sich begegnen und miteinander ringen.

Schuld bindet an die Eltern, aber auf eine unangenehme, schwere Art und Weise. Eltern, die ihre Kinder an deren Schuldigkeit erinnern, versuchen, etwas Unmögliches aufzurechnen – die elterliche Sorge soll beizeiten wiedergutgemacht und zurückgegeben werden. Schlimmstenfalls gehen Eltern davon aus, dass sie mit ihren Kindern lebenslang eine Rechnung offen haben. Das vergiftet nicht nur die Eltern-Kind-Beziehung, es erschwert es den Kindern auch, eine eigene Familie zu gründen. Denn wenn wir zeit unseres Lebens vorrangig für unsere Eltern verantwortlich sind, können wir es uns – auf allen erdenklichen Ebenen – nicht leisten, eigene Kinder in die Welt zu setzen. Es sei denn, wir übergeben ihnen die gleiche schwere und ungesunde Bürde der Rollenumkehr, die wir von unseren Eltern einst bekamen: »Du musst lebenslang für mich sorgen.«

Wenn also Kinder in Beziehung zu ihren Eltern starke Schuldgefühle entwickeln, ist dies weniger eine Aussage über die Kinder, sondern eher über ihre Eltern: Der Schuldbegriff wird vor allem von jenen eingesetzt, die ihre Kinder über die Maßen stark an sich binden wollen, weil sie nicht darauf vertrauen, dass ihre Kinder sie lieben und ein echtes und somit wandelndes Bedürfnis nach Nähe zu ihnen haben.

Man könnte auch sagen, wer in familiären Beziehungen von Rechten und Pflichten spricht, spricht aus einer unsicheren Bindung heraus. So bestehen unsichere Eltern auf moralischen Kindespflichten, sie fordern Garantien und wedeln vorwurfsvoll mit Schuldscheinen, um die Kinder daran zu erinnern, was sie ihnen schuldig sind. So erklärt sich auch die Dynamik zwischen Meike und ihrer Mutter, der es nicht gelang, sich selbst zu versorgen und die Tochter aus der überzogenen Verantwortung zu entlassen. Anstatt ihre Einsamkeit Schritt für Schritt aufzulösen, sich einen Freundes- und Bekanntenkreis aufzubauen, sich ein Hobby oder einen Beruf zu suchen, konzentrierte sich die Mutter vollkommen auf Meike und wurde ihr gegenüber immer bedürftiger und fordernder.

»Das heißt, meine Mutter ist eigentlich schuld an meinen Schuldgefühlen«, sagt Meike nachdenklich, nachdem wir ihre Familiengeschichte auf reale Schuld und übernommene Schuldgefühle untersucht haben. »Wenn sie mehr Verantwortung für ihr Leben übernommen hätte, hätte sie mich von meiner Schuld freisprechen können.«

»Eine Schuld, die nie real war«, betone ich.

Denn wir verwechseln oft Schuld mit Schuldgefühlen. Selbstverständlich können wir reale Schuld auf uns laden, wenn wir geplant und bewusst andere Menschen verletzen. Schuldgefühle können jedoch auch entstehen, ohne dass wir den geringsten Fehler gemacht haben. Denken wir an ein Kind, das von seinem Vater missbraucht wird. Der Vater sagt: »Das, was wir tun, darf niemand erfahren. Du bist schuld, dass es passiert, und wenn du jemals jemandem davon erzählst, komme ich ins Gefängnis, und Mama wird dann ganz traurig und allein sein.« Eine perfide Dynamik der Schuldverschiebung entsteht: Die Schuld am Missbrauch trägt allein der Vater, aber die abgewehrte väterliche Schuld landet in Form von Schuldgefühlen beim Kind – es fühlt sich schuldig, obwohl es ein unschuldiges Opfer ist.

Kinder können also aus den unterschiedlichsten Gründen ungerechtfertigte Schuldgefühle entwickeln: wenn sie die abgewehrte Schuld der Eltern übernehmen; wenn sie den oftmals überhöhten Erwartungen der Eltern nicht entsprechen oder gegen familiäre Gesetze verstoßen, gleichgültig ob diese Gesetze sinnvoll oder schädlich sind; wenn sie die Eltern nicht retten können, beispielsweise wenn diese psychisch erkrankt sind.

Kindliche Schuldgefühle entstehen oftmals aus einer zu starken Loyalität, die nicht hinterfragt werden darf.

Viele Schuldgefühle sind auch eine automatische Reaktion auf ein vorwurfsvolles Verhalten unserer Eltern – oder die bereits internalisierten elterlichen Stimmen, die in der Kindheit in uns entstanden sind und die uns fortan durchs Leben begleiten.

Diese ungerechtfertigten Schuldgefühle können auch im Erwachsenenalter noch wie eine Autoimmunerkrankung wirken – sie brechen immer wieder aus und erschweren unser Leben. Sie haben die Macht, uns und unsere Beziehungen zu vergiften. Sie lähmen uns, nehmen uns Spontaneität und Lebensfreude, behindern uns in unserer Freiheit, zu lieben und Grenzen zu setzen. Sie schreiben uns in unserer Kind-Rolle fest und verbieten uns, unabhängiger von unseren Eltern zu werden. Und so binden filiale Schuldgefühle zwar dauerhaft an die Eltern, aber sie verhindern das, was sich sowohl Eltern als auch Kinder eigentlich wünschen: Eine liebevolle, lebendige Beziehung, in der sich die Beteiligten vertrauen und miteinander wohlfühlen.

Warum wir familiäre Gesetze und unser Schweigen brechen müssen, um unsere Schuldgefühle zu verringern

»Kann ich jemals eine unbelastete Beziehung zu meiner Mutter führen? Kann ich meine Schuldgefühle irgendwann ablegen?«, fragt Meike mich in einer unserer Sitzungen und fügt hinzu: »Ich möchte so gerne frei werden und mich leichter fühlen.« Meike spricht aus, was sich viele wünschen, die unter Schuldgefühlen leiden.

Glücklicherweise gibt es Mittel und Wege, unangemessene Schuldgefühle einzudämmen: Indem wir sie erst einmal als solche identifizieren und bestimmten Personen und Situationen zuordnen. Indem wir innehalten, statt unmittelbar auf den moralischen Druck zu reagieren, der von den Eltern oder der Gesellschaft ausgeübt wird. Indem wir ein wenig Abstand zu unseren Schuldgefühlen schaffen und sie einordnen: Habe ich wirklich Schuld auf mich geladen, oder binden mich ungesunde Glaubenssätze an meine Eltern, die verhindern, dass ich mein eigenes Leben lebe?

Da Schuldgefühle oft bei Regelübertretungen entstehen, ist es wichtig, festzustellen, wer die Regeln aufgestellt hat und wie viel Einfluss wir auf die Regeln hatten: Hatten wir echte Wahlmöglichkeiten oder ein Mitspracherecht? Was hat uns dazu bewogen, eine bestimmte Regel zu brechen? Ist die Regel vielleicht nicht mehr stimmig oder tragbar für uns? Und: Was hat uns bisher davon abgehalten, mit unseren Eltern offen darüber zu sprechen und neue, für uns passendere Regeln zu verhandeln? »Die Angst, meine Eltern zu enttäuschen oder ihre Wut auf mich zu ziehen«, ist eine typische Antwort, wenn wir unsere kindlichen, unabgelösten Anteile befragen. Die Angst vor einer eventuell unangenehmen Reaktion der Eltern hindert uns dann daran, eine Beziehung mit ihnen zu führen, die für uns angenehmer wäre. Anstatt also anzusprechen, was uns stört und was wir uns wünschen würden, unterwerfen wir uns lieber, oder brechen passiv-aggressiv die elterlichen Regeln und entwickeln anschließend Schuldgefühle. Sollten unsere Eltern tatsächlich wütend, vorwurfsvoll oder enttäuscht auf unser Verhalten reagieren, wäre es sinnvoll, zu überprüfen, ob die elterlichen Vorwürfe in Relation zu unserem »Regelbruch« standen. Und wie weiterhin damit umgegangen wurde: War es uns möglich, uns zu entschuldigen? Aus welchen Gründen haben wir um Verzeihung gebeten – weil wir unsere Schuldgefühle lindern wollten oder aus echter Reue? Wurde unsere Entschuldigung angenommen? Gibt es in unserer Familie grundsätzlich die Möglichkeit, sich zu entschuldigen, zu verzeihen und loszulassen? Oder wird an alten Verletzungen festgehalten und werden sie immer wieder hervorgeholt, wenn wir andere Wünsche als unsere Eltern haben?

Wenn Sie die letzte Frage mit Ja beantworten, könnte es sein, dass Ihre Eltern Sie bewusst oder unbewusst manipulieren. Wenn Eltern nicht bereit sind, ihre Kinder loszulassen, erwarten sie oftmals deren Gehorsam und reagieren ungehalten, gekränkt oder verzweifelt, wenn die Kinder eigenständiger werden. Eltern, die ihren Kindern auf dem Weg der Ablösung immer wieder Vorwürfe und ein schlechtes Gewissen machen, signalisieren: »Sei brav und angepasst und komm mir nicht mit eigenen Bedürfnissen.« Diese elterliche Erwartung ist natürlich sittenwidrig, denn sie würde eine gesunde Ablösung der Kinder für alle Zeiten verhindern.

Zwischen Schuld und Schuldgefühlen zu unterscheiden, ist oftmals ein mühsamer Prozess. Um uns von Schuldgefühlen zu befreien und uns gesund ablösen zu können, müssen wir vieles infrage stellen und die neuen Antworten und die damit einhergehenden Gefühle aushalten: unsere Unsicherheit, unsere Ängste, unseren Widerstand und unsere Wut.

Denn hinter lähmenden Schuldgefühlen den Eltern gegenüber lauert nicht selten Wut, die wir bisher unterdrücken mussten, um die Beziehung zu ihnen nicht zu gefährden. Dies erlebt auch Meike: Als sie beginnt, ihre Schuldgefühle bewusst auf deren Auslöser zu untersuchen, und immer wieder feststellt, wie sehr sie sich in das Lebensunglück ihrer Mutter und deren Bedürftigkeit hat verstricken lassen, steigt ihre Wut. Ein Teil der Wut richtet sich gegen die Mutter, ein anderer Teil richtet sich gegen sie selbst.

»Meine Mutter will mich nicht loslassen. Und ich lasse mich festhalten«, fasst sie zusammen.

Meikes Wutgefühle sind ein wichtiger Schritt, um sich aus der alten Schuldgefühl-Spirale zu befreien. Anstatt die Mutter weiterhin zu schonen, beginnt Meike, nicht nur ihre eigene, sondern auch die Verantwortung ihrer Mutter zu hinterfragen. »Warum muss ich für alles herhalten? Warum trifft sie sich mittags nicht mit einer Freundin? Und wie kommt sie darauf, mir jedes Nein zum Vorwurf zu machen? Ich bin es satt, mich mit Schuldgefühlen zu quälen, die mich fertigmachen, diese Beziehung ist total ungesund für uns beide.«

An dieser Stelle mag in manchen von uns ein wenig Unwohlsein oder gar Angst entstehen: Was würde passieren, wenn wir auf unsere Eltern wütend werden, anstatt sie weiterhin zu schonen? Würden wir und unsere Eltern mit dieser Wut umgehen können? Ist es uns überhaupt erlaubt, auf unsere Eltern wütend zu sein, nachdem sie so viel für uns getan haben? Und was würde wohl geschehen, wenn wir familiäre Verantwortungen so klar zuordnen könnten, dass wir eines Tages keine Schuldgefühle mehr hätten? Stünden wir dann vor den Scherben der Beziehung? Hätten wir dann vielleicht gar keinen Kontakt mehr zu unseren Eltern? Obacht: Die ängstliche Stimme, die wir gerade hören, ist die gleiche Stimme, die auch unsere Eltern gut kennen und die dazu geführt hat, dass sie uns (unbewusst) Schuldgefühle übermittelt haben. Es ist die Stimme, die wenig Vertrauen in Bindungen hat. Es ist die Stimme, die Fehler scharf verurteilt und deshalb Schwierigkeiten hat, Verantwortung dafür zu übernehmen, und eine etwaige Schuld lieber von sich weist. Es ist die Stimme, die glaubt, nicht liebenswert zu sein, und die Konflikte um jeden Preis vermeidet, weil sie befürchtet, dass eine Dissonanz einen Bruch bedeutet. Wer auf diese Stimme hört, darf nicht fühlen, was wirklich ist.

Also schweigen, verdrängen und verleugnen wir unsere Gefühle. Statt Grenzen zu setzen, die gesunde Beziehungen überhaupt erst möglich machen, schreitet die Verstrickung fort. Und somit verstärken sich auch die Schwierigkeiten in den Beziehungen zu den Eltern, denn wenn Loyalitäts- und Harmonieforderungen schwerer wiegen als unsere Gefühle und unsere Bedürfnisse, graben wir uns unseren Beziehungsboden ab: Wir bleiben (als Familie) von außen zwar starr vereint, im Inneren sind wir jedoch einsam und unverbunden. Wir haben uns immer weniger zu sagen, und wir fühlen uns immer unwohler miteinander. Auszusprechen, was uns bewegt, scheint oft unmöglich. Entweder weil uns gar nicht bewusst ist, was uns bedrückt, oder weil wir unseren Eltern unsere Gefühle nicht zumuten möchten.

Als eine Gruppe Psycholog:innen von 2009 bis 2013 im Auftrag des Bundesministeriums für Bildung und Forschung die Generation der Kriegskinder in Bezug auf die Spätfolgen von Bombenangriffen und Flucht untersuchte, stellten sie fest, dass viele der Befragten »ein Muster auffällig starker Loyalität mit den Eltern« zeigten. Die Schlussfolgerung der Wissenschaftler:innen war eindeutig: »Dass in den Schilderungen überhaupt keine Konflikte angesprochen wurden, ist Zeichen einer Beziehungsstörung.« [12]

Keine Konflikte anzusprechen, immer einer Meinung zu sein oder sich so zu verhalten, wie die Eltern es sich wünschen, ist also kein Gütekriterium für eine gute, funktionierende Beziehung oder eine heile Familie, im Gegenteil: Es zeigt, dass wir uns nicht sicher (genug) fühlen, etwas anzusprechen, was uns nicht gefällt.

Starke Loyalität ist nicht immer gleichbedeutend mit starken Beziehungen. Vor allem dann nicht, wenn Loyalität nicht hinterfragbar ist und über allen anderen Werten steht, und erst recht nicht, wenn sie kranken Regeln folgt, wie es beispielsweise in Missbrauchs- und Gewaltfamilien oft der Fall ist.

Denn in Familien, in denen Gewalt herrscht, herrschen meist auch Schweigegebote, und Kinder brauchen oft lange Zeit, bis sie es wagen, das Schweigegelübde zu brechen, das sie zu Geiseln ihrer Eltern machte. Oftmals kämpfen diese Kinder mit schweren Schuldgefühlen, wenn sie sich anderen anvertrauen. Aber Gesetze, die Eltern schützen und Kinder verletzen, sind falsch. Manche elterlichen Regeln *müssen* von den Kindern gebrochen werden, um (emotional) überleben und sich aus dem familiären Gefängnis befreien zu können.

Virginia Satir[13], eine der Begründerinnen der Familientherapie, nannte fünf Regeln, die häufig in dysfunktionalen Familien herrschen:

1. Es ist nicht in Ordnung, zu sehen und zu hören, was ist.
2. Es ist nicht in Ordnung zu fühlen.
3. Es ist nicht in Ordnung, zu sagen, was man fühlt und denkt.
4. Es ist nicht in Ordnung zu fragen, um seine Bedürfnisse befriedigt zu bekommen.
5. Es ist nicht in Ordnung, Risiken einzugehen.

Jede dieser Regeln führt dazu, dass wir Kontakt verlieren – erst zu uns selbst und anschließend zu anderen. Wenn wir nicht wahrnehmen, fühlen und kommunizieren dürfen, sind wir isoliert, wir können weder Selbstvertrauen noch Vertrauen in andere entwickeln. Und wenn wir keine Risiken eingehen dürfen, bleiben wir gefangen in Situationen und Beziehungen, die uns nicht guttun. Schlimmstenfalls passen wir uns auf immer und ewig den Erwartungen unserer Eltern an, anstatt erwachsene Verantwortung für unser Leben zu übernehmen.

Unangemessene Aufträge erkennen und zurückweisen

Neben destruktiven Gesetzen und Regeln gibt es in jeder Familie auch Erwartungen – sogenannte Aufträge –, die Kinder erfüllen sollen. Aufträge können leistungsbezogen (»Werde erfolgreich«) oder emotionaler Art sein (»Bleib bei mir und sorg für mich« oder »Sei selbstständig und stör mich nicht«). Alle Eltern haben bestimmte Wünsche und Erwartungen an ihre Kinder. Aber je unbewusster und starrer diese Aufträge sind, desto schwieriger wird es für alle Beteiligten, damit umzugehen – und sie bei Bedarf loszulassen.

Die verheerendsten Aufträge sind die, die das Kind unter keinen Umständen erfüllen kann: Aufträge, die widersprüchliche Doppelbotschaften beinhalten, wie beispielsweise »Mach uns stolz und sei erfolgreich, aber bleibe abhängig von uns!«. Solche Doppelbotschaften können entstehen, weil Eltern jeweils entgegengesetzte Aufträge formulieren, aber sie werden nicht selten auch von einem Elternteil allein gesendet. Diese Aufträge verstricken Betroffene oft auf qualvolle Weise mit ihren Eltern, und es bedarf großer Anstrengungen, sie zu erkennen und zurückzuweisen. Solange diese Aufträge ungehindert wirken, ist eine Ablösung von den Eltern zum Scheitern verurteilt, da wir im zwangsläufig erfolglosen Versuch, ihnen gerecht zu werden, an die Eltern gebunden bleiben.

Aber auch eindeutige elterliche Aufträge können schädlich sein: Wenn sie nicht zu uns passen, wenn sie uns überfordern oder wenn wir sie nicht zurückweisen dürfen. Oftmals wirken diese unpassenden, überfordernden Aufträge so lange, bis unser Leidensdruck zu groß wird und wir gezwungen sind, sie zu hinterfragen.

»Ich fühle mich wie gelebt«, sagt die 55-jährige Bianca und drückt damit ein Lebensgefühl aus, das nicht wenige Erwachsene kennen. Gebunden an die mitunter unbewussten Aufträge der Eltern, die überfordernd oder schlicht nicht passend sind, leben diese Menschen eine von den Eltern bestimmte Lebensversion, die sie immer weiter von sich selbst und ihrem Glück entfernt.

Bianca hat ihr Elternhaus zwar früh verlassen, aber die elterlichen Stimmen und Aufträge verfolgen sie bis heute. Beruflich ist sie unerfüllt geblieben. Ihren großen Traum, Schauspielerin zu werden, musste sie früh aufgeben, weil sie während der Ausbildung eine Angststörung entwickelte.

»Welche Funktion mag Ihre Angst damals gehabt haben?«, frage ich Bianca.

Bianca überlegt eine Weile. »Die Angst wurde immer heftiger. Sie schränkte mich so ein, dass ich nicht mehr allein leben konnte und zurück zu meinen Eltern zog. Ich musste mit der Schauspielausbildung aufhören, und mein Vater hat mir dann eine kaufmännische Lehrstelle im Nachbarort besorgt.«

»Das heißt, dass Ihre Angst dafür sorgte, dass Sie wieder enger zu Ihren Eltern rückten. Was wäre wohl passiert, wenn Sie Ihren Traum in die Realität umgesetzt hätten und Schauspielerin geworden wären?«

»Ich wäre erst einmal in Berlin geblieben. Der Langzeitplan war, ans Theater zu gehen, ich hätte also ein Nomadenleben geführt mit unterschiedlichen Engagements in unterschiedlichen Städten. Ich hätte natürlich sehr viel weniger Kontakt zu meinen Eltern gehabt. Wahrscheinlich hätten wir uns auseinandergelebt. Wenn ich es mir genau überlege, hätten wir uns dann wahrscheinlich gar nichts mehr zu sagen gehabt, sie konnten meinen Traum ja nie verstehen und haben sich damals oft über meine ›Hollywood-Flausen‹ lustig gemacht.«

Biancas Angststörung zerstörte also ihre beruflichen Träume, stabilisierte aber die Beziehung zu ihren Eltern. In der systemischen Therapie verstehen wir Probleme oder Symptome auch als Versuche, das jeweilige Beziehungssystem zu stützen. Wir konzentrieren uns also weniger auf die Defizite des Individuums – wie beispielsweise Biancas Angst –, sondern eher auf die Beziehungen, in denen das Problem oder Symptom entstanden ist und in denen es aufrechterhalten wird. Und die Beziehung, die sich durch Biancas Symptome zunächst maßgeblich entspannte, war die Beziehung zu ihren Eltern: Die alte Eltern-Kind-Hierarchie war wiederhergestellt, und Biancas Lebensweg orientierte sich nicht mehr an ihren eigenen Träumen, sondern an den Erwartungen der Eltern. Die Beziehung zu sich selbst jedoch geriet mehr und mehr in den Hintergrund, auch weil Bianca ihre Angst nicht verstand, sondern sie vor allem loswerden wollte, was nur gelang, indem sie sich in das altbekannte Lebensmodell ihrer Eltern fügte.

In der Lebensmitte bilanzieren wir oftmals mehr oder weniger unbewusst, Bianca spürt schon seit einigen Jahren eine tiefe Unzufriedenheit, als ob sie sich auf ihrem Lebensweg »verlaufen« hätte. In ihren Augen führt sie ein »zutiefst langweiliges, vorhersehbares« Leben, im Grunde das Gegenteil von dem, was sie sich einst für sich erhofft hatte. Viele Lebenstüren blieben ungeöffnet, viele Lebensräume sind bis heute leer. Es ist Zeit für Bianca, die unerfüllten Träume ihrer Vergangenheit bewusst zu betrauern und gleichzeitig zu überlegen, welche Visionen sie heute und für die nächsten Jahre hat.

»Wenn Sie mich zu Ihrem 100. Geburtstag wieder aufsuchen und mir berichten, wie schön und zufriedenstellend Ihr Leben in den letzten 45 Jahren verlaufen ist, was genau berichten Sie mir dann?«, frage ich sie.

»Dass ich kreativ war. Dass ich mutig war. Dass ich mit

55 Jahren angefangen habe, das zu tun, was ich will, egal, was andere dazu sagen.«

Bianca beginnt, ihre Träume umzusetzen: Sie nimmt Gesangs- und Tanzstunden und spürt ihre Lebensfreude zurückkehren. Zu einer unserer letzten Sitzungen bringt Bianca mir einen Flyer mit – die Laienschauspielgruppe, der sie sich vor einiger Zeit angeschlossen hat, hat einen Auftritt. »Ich habe furchtbare Angst«, gesteht sie mir, »aber dieses Mal verkrieche ich mich nicht, dieses Mal gehe ich auf die Bühne und zeige mich, und danach bin ich stolz auf mich und werde, bis ich 100 Jahre alt bin, daran denken, dass ich mein Leben selbst in die Hand nehmen kann.«

Bianca hat Glück, denn sie kann in einem zweiten Anlauf einen Lebenstraum verwirklichen. Sie hat aus der Vergangenheit gelernt und verstanden: Auch wenn wir die Zeit nicht zurückdrehen können, haben wir immerhin noch die Gegenwart und die Zukunft, in der wir für uns passendere Entscheidungen treffen können.

To live life to the fullest, wie es im Englischen so schön heißt – das Leben ausgiebig zu leben, unsere eigentliche Lebensaufgabe zu erfüllen, verpassen viele von uns: Weil die Erwartungen der Eltern uns daran hindern, vor allem aber, weil wir uns entscheiden, es nicht zu wagen, unsere Eltern zu enttäuschen. Solange wir aber lieber brave Kinder als abgelöste Erwachsene sind, verstellen wir uns selbst den Weg zu unserem Glück. Denn zur Ablösung gehört auch, die Eltern zu enttäuschen, um sich selbst treu zu bleiben.

Besonders dramatisch ist die durch einen Auftrag bedingte verpasste altersgemäße Ablösung, wenn Lebenstüren sich schließen und das Verpasste sich nicht mehr erleben oder aufholen lässt.

So wie bei Tamara, die mit 49 Jahren »vor den Scherben ihres Lebens steht«, wie sie sagt. Ihre Mutter ist schwer erkrankt und wird nicht mehr lange leben. »Ich habe ihr immer alles recht gemacht«, schluchzt sie. »Mach dich nie von einem Mann abhängig, hat sie immer wieder gesagt, also habe ich nie geheiratet, nicht einmal zusammengezogen bin ich mit meinen Partnern.« Tamara ist nie längere Beziehungen eingegangen, Kinder standen außer Frage, auch weil die Mutter ihr immer wieder eingeschärft hatte, dass Kinder ihrer Karriere im Wege stehen würden.

»Also habe ich mir einen tollen Beruf gesucht.« Tamara ist im Management einer internationalen Firma tätig, sie hat alles erreicht, was möglich war. »Und jetzt?«, fragt sie mich, als ob ich eine Antwort auf ihre Frage wüsste.

»Was ist jetzt?«, frage ich sanft, weil sie wieder zu weinen begonnen hat.

»Jetzt hat meine Mutter Krebs. Sie wird nicht mehr lange leben. Und wissen Sie, was sie vor ein paar Tagen zu mir gesagt hat? Dass es die größte Enttäuschung ihres Lebens war, dass ich ihr nie Enkelkinder geschenkt habe.« Tamara sieht aus, als möchte sie etwas kaputt machen, und ich kann ihre Wut gut verstehen. Sie hat ihr ganzes Leben in den Dienst der Erwartungen ihrer Mutter gestellt und ist ihren Warnungen gefolgt, nur um am Ende zu erfahren, dass sie doch nicht das Richtige getan hat. Das ist die Gefahr, wenn wir nicht immer wieder überprüfen, was wir selbst wollen. Wie wir leben möchten. Ob unsere Entscheidungen uns entsprechen oder eher den Wünschen der Eltern. Für Tamara – und für viele andere – ist es irgendwann zu spät, den Weg zu ändern. Und dann? Was dann bleibt, ist Frieden zu schließen mit dem von den Eltern vorgegebenen Weg, den wir uns nicht getraut haben zu verlassen.

Tamara visualisiert in vielen Sitzungen unterschiedlichste Lebensverläufe: Welchen ihrer Partner hätte sie gern geheiratet? Mit wem wäre sie gern zusammengezogen? Bei wem wäre sie gern geduldiger geblieben, auf wen hätte sie sich gern vertrauensvoller eingelassen? Gab es einen Kinderwunsch, den sie übersehen oder negiert hatte? Und wenn ja, wie alt wäre ihr ungeborenes Wunschkind zum heutigen Zeitpunkt? Tamara lässt sich auf diese alternativen Lebensverläufe ein, sie spürt großen Kummer, weil sie einen Mann zu früh verlassen hat, als dieser mehr Verbindlichkeit von ihr wollte. »Mit ihm hätte ich Kinder bekommen können«, denkt sie. Aber mit der Zeit, nachdem sie die verschiedensten verpassten Chancen und vermeintlichen Fehlentscheidungen betrauert hat, stellt sich heraus, dass sie eigentlich ganz zufrieden ist mit ihrem Leben. »Ich hätte das damals nicht anders entscheiden können, ich war einfach nicht bereit, mich wirklich zu binden, auf meinen Beruf zu verzichten. Und wenn ich ehrlich bin, hat es mir nicht gepasst, dass mein damaliger Freund ein so ausgeprägt traditionelles Rollenverständnis hatte. Selbst wenn wir zusammengezogen wären, geheiratet und eine Familie gegründet hätten, wären wir wahrscheinlich nicht lange zusammengeblieben, weil das alles überhaupt nicht meinen Vorstellungen entsprach. Es hätte mich wahnsinnig gemacht.«

»Wie gut, dass Ihnen klar geworden ist, dass Sie beinahe wieder in die Falle der mütterlichen Erwartung getappt wären«, sage ich, nachdem sie erleichtert festgestellt hat, dass sie es nicht als Unglück empfindet, nie Mutter geworden zu sein. Dass es ihr sogar entspricht, keine Verantwortung für ein Kind zu tragen. Und dass es an der Zeit ist, sich nun um sich selbst zu kümmern und fortan ganz genau zu schauen, welche Lebensentscheidungen für sie passen und sie glücklich machen.

Warum es uns schwerfällt, die Erwartungen der Eltern zu enttäuschen

Es heißt, Eltern lieben ihre Kinder bedingungslos. Umgekehrt stimmt dieser Satz in jedem Fall: Kinder lieben ihre Eltern bedingungslos. In unserer Kindheit sind die Eltern unsere Götter. Sie können alles, sie wissen alles, und ohne sie wären wir völlig aufgeschmissen. Wir haben nur eine Mutter und nur einen Vater, und was sie sagen und uns vorleben, prägt uns wie nichts anderes. Im Regelfall tun wir zunächst einmal alles dafür, von ihnen geliebt zu werden. Wenn unsere Eltern also etwas von uns erwarten, werden wir uns anstrengen, ihre Erwartungen zu erfüllen. Selbst wenn diese Aufträge unangemessen, unerfüllbar oder gar verrückt sind. Sogar wenn diese Aufträge uns für immer an die Eltern binden und unsere Ablösung verhindern.

»Nichts hat einen stärkeren psychischen Einfluss auf die Kinder als das ungelebte Leben der Eltern«, so Carl Gustav Jung. Und tatsächlich gibt es nicht wenige Eltern, die ihren Kindern folgenden Auftrag geben: »Lebe das Leben, das mir verwehrt blieb!« Was sich anhört wie ein großzügiger Wunsch, ist bei genauerem Hinsehen ein Auftrag, der das Leben des Kindes in den Dienst des ungelebten Lebens der Eltern stellt. Das Kind darf nicht sein eigenes Leben wählen, sondern es soll das Leben der Eltern ausfüllen und besser ausgestalten.

»Dir soll es besser gehen als mir!« – Was kann man gegen einen solchen elterlichen Wunsch einwenden? Genau hier liegt die Krux: dass auch gut gemeinte Aufträge Schuldgefühle hervorrufen können, wenn wir sie nicht erfüllen können oder wollen. Das Kind, das vermeintlich großzügig ins Leben geschickt wird, bleibt nämlich in seiner Mission den Eltern verpflichtet, denn *sie* entscheiden, wie dieses »bessere« Leben aussieht.

Und dann gibt es noch eine spezielle Art von Aufträgen,

die das Kind versteckt auffordern, kein besseres Leben zu führen als die Eltern: »Werde nicht glücklicher oder erfolgreicher als ich.« Diese sogenannten Überrundungsverbote[14] können bei Kindern eine verzweifelte Lähmung auslösen, deren Ursache oft lange unbewusst bleibt. Dass die eigenen Eltern solch einen destruktiven Auftrag geben, ist zunächst undenkbar und für Betroffene sehr schmerzhaft.

Überrundungsschuld: Darf es mir besser gehen als meinen Eltern?

Haben Sie das Gefühl, dass Ihre Eltern sich nicht mit Ihnen oder für Sie freuen können?

Kritisieren oder entwerten Ihre Eltern Sie oft, wenn Sie sich gerade besonders wohlfühlen, wenn Sie besonders erfolgreich oder glücklich sind?

Gibt es ein Gefälle zwischen Ihnen und Ihren Eltern hinsichtlich Bildung, finanziellem Erfolg oder generellem Lebensglück, und fühlen Sie sich deshalb schuldig? Oder haben Sie Ihr Leben vielleicht sogar unbewusst danach ausgerichtet, dass es Ihnen nicht bedeutend besser geht als Ihren Eltern – indem Sie Chancen ausgeschlagen, ungünstige Entscheidungen getroffen haben und insgesamt unter Ihren Möglichkeiten geblieben sind?

Wenn Sie eine oder mehrere dieser Fragen mit Ja beantworten, kann es sein, dass in Ihrer Familie ein Überrundungsverbot wirkt. Allgemein nehmen wir an, dass Eltern sich immer das Beste für ihre Kinder wünschen, und in den meisten Familien stimmt das auch. Aber es gibt auch Eltern, die es aufgrund eines extrem instabilen Selbstwertgefühls nicht ertragen, wenn ihre Kinder sie überflügeln. Um den eigenen Minderwertigkeitsgefühlen vorzubeugen, verankern sie selbstwertschädigende Glaubenssätze in ihren Kindern. Die Kinder wachsen dann mit der Überzeugung auf: »Ich schaffe es nicht allein. Ich bin nicht gut genug. Ich darf nicht glücklich, erfolgreich und unabhängig werden.« Es sind oft narzisstische, leicht kränkbare Eltern, die diese destruktiven, bindenden Aufträge erteilen – und zwar völlig unbewusst.

So wie bei Julian, der als Erster in seiner Familie studiert hat. Seine Eltern arbeiteten in dem Geschäft, das sein Großvater väterlicherseits gegründet hatte. Aber die Zeiten haben sich verändert, das Geschäft läuft Jahr für Jahr schlechter, und als sie in Rente gehen, steht der Konkurs bevor. »Ihr ganzes Leben haben sie geschuftet«, sagt Julian, »und eigentlich hätten sie es gerne gesehen, wenn ich den Laden übernommen hätte.« Julian jedoch hatte andere Pläne für sein Leben, und nach vielen Kämpfen gaben die Eltern sich geschlagen, nicht ohne ihm eine düstere Zukunft zu prognostizieren. Julian aber ist erfolgreich, so erfolgreich, dass er schon während seines Studiums sein erstes Unternehmen gründet, das er gewinnbringend verkauft. Mit Mitte dreißig hat er ein weiteres Unternehmen aufgebaut und führt ein finanziell sorgenloses Leben. Er teilt sich eine Wohnung mit seiner Freundin Elsa, die er vor vier Jahren bei der Arbeit kennengelernt hat. Als Elsa schwanger wird, schlägt sie ihm vor, in eine Wohnung mit Garten umzuziehen. Bekannte von ihnen bieten gerade ihre Traumwohnung an, fünf Zimmer, Südwest-Ausrichtung in ihrem Lieblings-Stadtviertel. Obwohl Julian und seine Freundin sich die Wohnung ohne Weiteres leisten könnten, zögert Julian. Er findet, dass sie keine fünf Zimmer brauchen, drei Zimmer würden es doch auch tun. Der Garten scheint ihm plötzlich zu groß, das Stadtviertel zu fein.

»Was ist denn auf einmal in dich gefahren?«, fragt ihn Elsa. »Wir wollen doch eine Familie gründen. Wir wollen doch zwei, vielleicht sogar drei Kinder haben. Wenn wir diese Wohnung jetzt nicht nehmen, müssten wir in ein paar Jahren wieder umziehen, das wäre doch Quatsch.«

»Kinder können sich auch ein Zimmer teilen«, sagt Julian.

»Natürlich könnten sie das, wenn es sein müsste. Aber wir haben doch genug Geld, warum sollten wir dann nicht diese wunderschöne Wohnung nehmen, ich verstehe dich nicht.«

Julian lässt nicht mehr mit sich reden, er hat sich entschieden, und um nicht weiterdiskutieren zu müssen, nennt er die Ansprüche seiner Freundin »maßlos«.

»Womit verbinden Sie dieses Wort?«, frage ich Julian, als die beiden verzweifelt in meiner Praxis sitzen.

»Mit Geld rausschmeißen, statt es zu sparen«, sagt er.

»Wofür würden Sie das Geld gerne sparen?«, frage ich nach.

»Um für später etwas zu haben!«, sagt er aufgebracht.

»Wann ist für Sie später, und wie viel hätten Sie dann gerne?«, frage ich weiter.

Jetzt schaut er mich an. »Sie wollen es wohl ganz genau wissen. So genau habe ich darüber noch nie nachgedacht, das kann ich jetzt nicht auf die Schnelle sagen.«

»Okay, dann nehmen Sie sich so viel Zeit, wie Sie brauchen. Das ist ja ein wichtiges Anliegen: dass Sie später nicht in finanzielle Bedrängnis geraten – so wie Ihre Eltern.« Als ich ihm ansehen kann, dass er sich von mir nicht angegriffen fühlt, spreche ich weiter. »Wie ist es für Sie, dass Ihre Eltern in finanziellen Schwierigkeiten sind?«, frage ich.

»Das ist mir unangenehm. Es fühlt sich nicht gut an. Ehrlich gesagt, fühle ich mich irgendwie schäbig, wenn ich in so eine Riesenwohnung ziehe, während meine Eltern kaum über die Runden kommen.«

»Sie vergleichen also Ihre finanziellen Möglichkeiten mit denen Ihrer Eltern. Und Ihre Wohnung mit der Wohnung Ihrer Eltern.«

»Ja, und das fühlt sich nicht richtig an. Sondern maßlos.«

»Das heißt, wenn es Ihnen finanziell besser geht und Sie nach Ihren Möglichkeiten leben, haben Sie das Gefühl, maßlos zu sein – weil Sie über den Maßen Ihrer Eltern leben?«

»Das hört sich jetzt blöd an, aber es stimmt.«

Das Maß der Dinge ist also nicht die finanzielle Realität von Julian und Elsa, auch nicht die Tatsache, dass sie eine Familie gründen wollen und mehr Platz brauchen, es spielt auch keine Rolle, dass Elsa gern mehr Platz hätte. Das Maß sind Julians Eltern, die ihm nicht verziehen haben, dass er ihren Vorgaben nicht gefolgt ist – und dass er sie nun mit seinem Erfolg auch noch überflügelt, anstatt leidvoll und reumütig zu scheitern. Also bestrafen sie ihren Sohn, indem sie ihre Missbilligung offen zeigen. Anstatt sich über seinen Erfolg zu freuen, äußern sie sich abschätzig darüber: Als Julian ihnen nach Studienabschluss stolz sein Diplom zeigt, werfen sie ihm vor, mit seiner Bildung anzugeben. Als er für seine expandierende Firma ein größeres Büro anmietet, finden sie es protzig, und sowohl seine Geschäfts- als auch seine Privatreisen sind in ihren Augen übertriebener Luxus. Ihre Geringschätzung betrifft auch Elsa: Seit sie erfahren haben, dass Elsas Vater Arzt ist, nennen sie Elsa nur noch »die Tochter vom Herrn Doktor«. Als Julian seine Eltern gemeinsam mit Elsas Eltern zur Einweihungsparty der ersten gemeinsamen Wohnung einlädt, sagen sie ab, sie seien so hohe Gesellschaft nicht gewohnt und wollten nicht stören. Elsa ist gekränkt und wütend: »Wieso wollen sie meine Eltern nicht kennenlernen? Wir sind doch jetzt eine Familie.«

Julian verteidigt seine Eltern: »Sie meinen es nicht so, sie fühlen sich schnell unwohl, das hat nichts mit dir oder deinen Eltern zu tun.«

Julian hat recht, denn tatsächlich hat die Absage seiner Eltern vor allem mit ihnen selbst zu tun: mit ihren eigenen Minderwertigkeitsgefühlen und der Scham über ihren Bankrott. Der Erfolg ihres Sohnes führt ihnen den eigenen Misserfolg umso schmerzlicher vor Augen. Anstatt nun mit all diesen unangenehmen Gefühlen umzugehen, wehren die Eltern sie ab und projizieren sie nach außen: »Die anderen sind uns nicht wohlgesonnen und schauen auf uns herab, also bleiben wir fern und distanzieren uns.« Sogar der eigene Sohn wird als feindselig empfunden – weil er sich ihrem unbewussten Überrundungsverbot nicht unterworfen hat.

Narzisstische Eltern benutzen ihre Kinder entweder als Erweiterung ihres Selbst und profitieren von deren Erfolgen – oder aber sie halten deren Erfolge nicht aus. Der Sohn ist sportlicher als der Vater? Also wird er verhöhnt, dass er ein Dummkopf sei. Der Sohn ist gebildeter als der Vater? Also wird er verspottet, dass er kein Tor schießen könne. Die Tochter ist schlanker als die Mutter? Also wird ihr gesagt, dass sie wie eine Schlampe rumlaufe, immer dann, wenn ihre Figur erkennbar ist. Die Tochter ist glücklicher in ihrer Beziehung als die Mutter? Also wird sie gewarnt, sie solle nur abwarten, auch ihr Mann werde sie irgendwann betrügen, sie sei naiv, wenn sie glaube, ihr Leben würde weiter auf einer rosaroten Wolke verlaufen. Und immer dann, wenn die Kinder sich ein wenig ablösen und sich erlauben, es sich besser gehen zu lassen als den Eltern, kommt eine warnende Entwertung: Glaubst du, dass du besser bist als wir? Glaubst du, dass du etwas Besseres verdient hast als der Rest der Familie?

Wenn Eltern sich durch den Erfolg ihrer Kinder gekränkt fühlen, setzt oft eine Spirale der Entwertung ein: Eltern »vergessen«, welchen Beruf die Kinder haben oder wo sie in welcher Stellung arbeiten, oder sie degradieren sie beiläufig, aber regelmäßig. Die eigene Kränkung, vom Kind überholt worden zu sein, wird so an das Kind weitergegeben, welches nachvollziehbarerweise verletzt ist, wenn die Eltern sich nicht für seine Erfolge freuen oder es mit demonstrativem

Desinteresse oder sogar Verachtung strafen. Die elterliche Bestrafung kann bis zum Kontaktabbruch führen – wobei es letztlich meist die Kinder sind, die den letzten Schritt gehen, nachdem die Eltern den emotionalen Kontakt schon längst abgebrochen haben.

Auch Julian spürt die fortschreitende Entfernung zu seinen Eltern, und er fühlt sich ohnmächtig, weil er nichts daran ändern kann. Er erinnert sich an seine Kindheit, in der er mit seinen Eltern innig verbunden war, und wünscht sich, die alte Nähe wiederherzustellen. Ihm wird schmerzhaft bewusst, dass seine Eltern ihn vor eine unmögliche Wahl stellen: Entweder er stellt sein Leben für die familiäre Harmonie in ihren Schatten, oder er zahlt für seine Selbstständigkeit und sein Lebensglück einen hohen Preis – den Verlust der liebevollen Beziehung zu seinen Eltern.

Wie die meisten Eltern handeln auch Julians Eltern nicht aus bösartigem Kalkül, sondern aus einer tiefen persönlichen Unsicherheit heraus. Denn viele Eltern, die Überrundungsverbote aussprechen, vertrauen nicht auf die sichere Bindung zu ihrem Kind, eine Bindung, die von den jeweiligen Lebensumständen unabhängig ist, egal, ob das Kind in einen Palast zieht, drei Professorentitel hat und eine:n Adlige:n heiratet, mit dem oder der es wahnsinnig glücklich wird. Sie sehen nur das Trennende, das, was sie nicht erreicht haben. Sie spüren nur den Neid, die Eifersucht und den Mangel im eigenen Leben. Oftmals wiederholen sie auch das, was ihre eigenen Eltern ihnen vorgelebt haben: die ängstliche, lieblose Kritik an den Kindern, wenn diese es wagen, ein freieres, glücklicheres Leben zu führen.

Eltern, die ein Überrundungsverbot aussenden, neigen zudem wie Julians Eltern oft zu Ausstoßungstendenzen: »Wenn du weiter so überheblich bist, brauchst du uns nicht mehr zu besuchen.« – »Du mit deinen Akademikerfreunden, die alles verkomplizieren und im Elfenbeinturm hocken, das ist ja peinlich, wie gestelzt du sprichst, da sind wir dir wohl nicht intelligent genug.« – »Jetzt, wo ihr Millionäre seid und im eigenen Haus wohnt, sind wir euch sicherlich nicht mehr fein genug.«

Die Kränkung hört man nur dann aus diesen Sätzen heraus, wenn man mit denen, die die Aussage treffen, nicht verwandt oder bekannt ist. Kinder hören aus diesen Sätzen vor allem eines: »Du bist falsch, egal, was du machst, wir lieben dich nicht.« Sie hören weder die elterlichen Minderwertigkeitsgefühle oder die Scham, nicht mithalten zu können, noch die Angst, vom Kind verlassen zu werden, sobald es erkennt, dass es den Eltern überlegen ist, man letztlich in anderen Welten lebt und sich vielleicht bald nichts mehr zu sagen hat. Denn hinter Überrundungsverboten – so grausam sie in ihrer Wirkung auch sind – verstecken sich vor allem Verlustängste. Überrundungsverbote sollen das Kind an die Eltern binden, sie sollen das Kind verpflichten, die Eltern für alle Zeiten an die erste Stelle zu setzen. Das kann so weit gehen, dass von Kindern erwartet wird, sich für die Eltern zu opfern.

Die Kinder geraten daraufhin in eine Zwickmühle: Immer dann, wenn sie für sich selbst sorgen, enttäuschen sie ihre Eltern. Dass deren Forderungen unangemessen sind, bleibt oft unerkannt – weil Kinder sich bereits daran gewöhnt haben und ihnen der Blick von außen fehlt, zudem bindet sie oftmals eine überstarke Loyalität an die Eltern. Ohnehin haben viele Kinder elterliche Überrundungsverbote bereits so verinnerlicht, dass ihre Weiterentwicklung und die damit einhergehende Ablösung dauerhaft behindert werden. Statt erwachsen und unabhängig zu werden, bleiben sie auf ihre Eltern und deren Zustimmung angewiesen.

»Bei allem, was ich tue, sehe ich mich erst mal mit den Augen meiner Eltern«, sagt Julian. »Protzig. Maßlos. Übertrieben. Das macht es mir schwer, zu genießen.«

»Wie würden Ihre Eltern denn reagieren, wenn Sie ihnen etwas schenken oder sie vielleicht sogar dauerhaft ein wenig unterstützen würden?«, frage ich, um zu verstehen, ob und wie in Julians Familie gegeben und genommen werden darf und ob diese Idee Julians Schuldgefühle verringern würde.

»Darüber habe ich natürlich auch schon nachgedacht. Das würden sie nie annehmen. Als ich ihnen zum 25. Hochzeitstag eine Reise in ein Wellnesshotel geschenkt habe, fanden sie es übertrieben und haben mich gebeten, ihnen nichts mehr zu schenken, sondern mein Geld zusammenzuhalten.«

Julians Eltern stellen ihren Wert, asketisch zu leben, über das Bedürfnis ihres Sohnes, ihnen ein besonderes Geschenk zu machen. Auch wenn ihre Zurückweisung Julian verletzt hat – es ist eine legitime Entscheidung der Eltern, ein als unpassend empfundenes Geschenk nicht anzunehmen.

Aber nicht nur Eltern dürfen sich von ihren Kindern oder deren Werten abgrenzen – auch Kinder sollten dazu in der Lage sein: Genauso wie Julians Eltern nach ihren Werten leben dürfen, sollte auch Julian für seine Werte einstehen. Die Voraussetzung dafür ist, dass Julian herausfindet, was er wirklich will. Und sich anschließend die Erlaubnis gibt, sein Leben so zu leben, wie es ihm gefällt. Denn Julian ist längst erwachsen und nicht mehr auf die Erlaubnis seiner Eltern angewiesen.

»Ja, ich brauche kein Okay mehr von meinen Eltern«, stimmt Julian zu. »Aber die Missbilligung meiner Eltern und deren Rückzug machen mir trotzdem zu schaffen. Es ist ja nicht so, dass ich mich ihnen immer unterwerfe. Ich versuche eher, die goldene Mitte zu finden, sodass es mir und Elsa gut geht und ich gleichzeitig meine Eltern nicht völlig verliere.«

»Die goldene Mitte«, wiederhole ich. »Was war denn die goldene Mitte, als Sie dem Wunsch Ihrer Eltern, in das Familienunternehmen einzusteigen, nicht nachgekommen sind und sich stattdessen selbstständig gemacht haben?« Ich möchte Julian mit meiner Frage daran erinnern, dass es Momente in seinem Leben gab, in denen er weniger mit den Wünschen seiner Eltern, sondern eher mit seinen eigenen Wünschen beschäftigt war und diesen auch folgte.

Julian schaut mich überrascht an. »Das war damals etwas anderes.«

»Was war anders? Was hat Ihnen damals geholfen, eine Entscheidung zu treffen, die gegen den ausdrücklichen Willen Ihrer Eltern ging?«

Julian überlegt lange. »Ich hatte damals keine andere Wahl. Der Wunsch zu studieren war so groß, es war wie ein Grundbedürfnis. Ich würde ja auch nicht auf meine Eltern hören, wenn sie mir verbieten würden, Wasser zu trinken.«

Zu stark an die Eltern gebundene Kinder vergessen es oft, weil sie es so gewohnt sind, sich den Wünschen der Eltern anzupassen oder nach der goldenen Mitte zu suchen, um die Eltern nicht zu verärgern – aber es gibt wie in Julians Leben meist ein paar Ausnahmen, besondere Momente, in denen sie sich selbst treuer waren als den Eltern.

Es ist sehr hilfreich, sich diese Momente ins Gedächtnis zu rufen, in denen uns niemand von unserem inneren Weg abbringen konnte. Diese innere Klarheit und das darauffolgende entschiedene Handeln machen uns selbst, aber auch unseren Eltern das Leben auf Dauer leichter. Julian erkennt dies, als ich ihm eine Frage stelle, die über sein eigenes Leben hinausweist: »Stellen Sie sich vor, dass Sie in 25 Jahren Ihr Unternehmen an Ihren Sohn übergeben möchten – und Ihr Sohn weigert sich, in Ihr Unternehmen einzusteigen, weil er lieber etwas völlig anderes mit seinem Leben anstellen möchte. Wie würden Sie sich dabei fühlen?«

»Das wäre völlig in Ordnung, das habe ich ja auch getan«, antwortet Julian, ohne groß zu überlegen.

»Und was, wenn es Ihrem Sohn mit seiner Entscheidung,

den Wunsch des Vaters zurückzuweisen, besser gehen würde als Ihnen heute? Wenn Ihr Sohn in 25 Jahren keine Schuldgefühle hätte, weil er ein freies, unbelastetes Leben lebt, obwohl Sie heute so schwer unter Schuldgefühlen Ihren Eltern gegenüber leiden?«

Julian hat Tränen in den Augen. »Das wäre cool. Das würde ich mir sehr für ihn wünschen.«

Julian hat sich somit zwei wichtige Antworten gegeben: Er spricht seinen Sohn von der Verantwortung frei, sein Leben fortzuführen, und bindet ihn nicht mit einem Überrundungsverbot an sich. Im Gegenteil: Julian wünscht seinem Sohn alles Gute – egal, wohin dessen Weg ihn führen mag.

Das, was wir unseren Kindern wünschen, sollten wir uns selbst auch erlauben: frei zu sein und uns von Schuldgefühlen zu lösen, die unsere Eltern uns vermittelt haben. Denn niemand wird geboren, um die Erwartungen seiner Eltern zu erfüllen.

Für uns alle kommt irgendwann die Zeit, in der wir uns weniger an den Erwartungen der Eltern als an unseren eigenen Lebenswünschen ausrichten sollten. Als Erwachsene haben wir die Freiheit und das Recht – mehr noch, sogar die Pflicht –, eigene, selbstbestimmte Entscheidungen zu treffen. Und mit jeder dieser bewusst getroffenen Entscheidungen geschieht etwas Wunderbares: Wir befreien uns von unserer Verstrickung, unseren ungerechtfertigten Schuldgefühlen – und gleichzeitig befreien wir unsere Eltern von ihrer Schuld. Denn die größte Verantwortung, die Eltern haben, und die größte Leistung, die Eltern vollbringen können, ist, ihre Kinder zu mündigen Erwachsenen zu erziehen, die ihre Bedürfnisse und ihre Grenzen spüren und danach leben – auch und manchmal sogar gerade *wenn* sie gegen die Wünsche der Eltern handeln.

Überlebendenschuld: Warum wir unsere Eltern nicht retten können, indem wir ihnen ins Unglück folgen

»Kummer ist keine Einkaufstasche, die man an einem Henkel tragen kann. Aber als Kind versuchte ich ständig, einen Henkel von meinen Eltern zu übernehmen«, erinnert sich die Schriftstellerin Lize Spit. Schon als Kind sorgte sie sich über die Maßen um ihre Eltern und geriet in eine Rollenumkehr: »Dieses große Verantwortungsgefühl hat meine Kindheit wie eine falsche Note übertönt. Nie war ich sorglos.« Mit 17 Jahren begann sie, in Brüssel zu studieren – weit weg von zu Hause. »Aber in der ersten Zeit fühlte ich mich sehr schuldig. Immer, wenn ich nach dem Wochenende wieder von zu Hause wegfuhr, tat es mir weh, meine Eltern in ihrem Elend und ihrer Einsamkeit zurückzulassen.« Lize entschied sich, das Schuldgefühl zu unterdrücken: »Ich schaltete um und verschloss mich davor. Aber das Schuldgefühl ist immer noch an einem kalten Ort in meinem Körper eingesperrt, ich kann es sozusagen anfassen.«[15] Andere Kinder gehen einen anderen Weg: Sie versuchen, ihre Schuldgefühle den Eltern gegenüber in Schach zu halten, indem sie sich nicht erlauben, dass es ihnen gut geht. Denn es sind nicht immer die Eltern, die Überrundungsverbote geben – mitunter geben Kinder sie sich auch selbst. Besonders bei Eltern, die Furchtbares in ihrem Leben erfahren haben, haben Kinder oft Schwierigkeiten, sich abzulösen, da sie fürchten, die Eltern allein zu lassen. Kinder von traumatisierten oder psychisch kranken Eltern übernehmen oft unbewusst zu früh und zu viel Verantwortung: indem sie fehlende, verstorbene Personen im Familiensystem ersetzen; indem sie zum Partnerersatz werden; oder indem sie in einer sogenannten Rollenumkehr die Rolle der Eltern einnehmen. Wer nie richtig Kind sein konnte und früh Verantwortung für die eigenen Eltern übernahm, bleibt in dieser Rollenumkehr oft stecken und glaubt, zeit seines Lebens für die Eltern sorgen zu müssen – mitunter sogar auf Kosten des eigenen Wohlbefindens. Denn nicht selten entwickeln Kinder Schuldgefühle, wenn sie sich ablösen und es ihnen anschließend besser geht als den Eltern. Es ist, als ob ein unsichtbares Band sie an das unglückliche Schicksal der Eltern fesselte, und so tragen sie die familiären emotionalen Lasten auf ihren eigenen Schultern – ohne die Eltern dadurch zu erleichtern.

Wer sich entscheidet, den Eltern ins Unglück zu folgen, tut dies meist nicht bewusst. Wenn Kinder ihren Eltern auf Gedeih und Verderb treu bleiben und sich nicht erlauben, ein besseres Leben zu führen, bindet sie eine zu starke Loyalität. Das Unglück der Eltern bestimmt und begrenzt dann auch das eigene Leben, selbst wenn die Eltern sich nichts mehr wünschen, als dass es ihren Kindern gut geht. Für diese unglückselige Loyalität gibt es sogar einen Namen: Überlebendenschuld.

Manche Menschen, die ein Unglück überleben, während andere sterben, leiden anschließend unter der sogenannten Überlebendenschuld. Sie quälen sich mit der Frage, warum gerade sie verschont blieben. Insbesondere, wenn die Verstorbenen ihnen emotional nahestanden, empfinden sie ihr eigenes Überleben als schuldhafte Ungerechtigkeit und finden nicht zu ihrer Lebensfreude zurück. Es ist, als ob sie das Recht zu leben verwirkt hätten – und sie über ihr Schuldgefühl mit den Toten verbunden blieben.

Auch Kinder von psychisch kranken oder traumatisierten Eltern können eine Art Überlebendenschuld entwickeln. Die 33-jährige Pari hat seit ihrer Kindheit depressive Schübe, sie fühlt sich wertlos, das Leben erscheint ihr sinnlos. Immer wieder lässt sie sich in psychiatrische Kliniken einweisen, wo sie für einen Moment neuen Lebensmut schöpft, bis sie die nächste Krise ereilt. Sie sucht mich auf, weil sie mit mir gemeinsam ihr Genogramm – eine grafische Darstellung ihres Familienstammbaums hinsichtlich des emotionalen

Erbes – erstellen möchte. In ihrer Familie gibt es viele traumatische Erfahrungen: Vorfahren, die gefoltert und die aus ihrer Heimat vertrieben wurden; Tote, die nie betrauert wurden; Kinder, die mit traumatisierten Eltern aufwuchsen und nie erfuhren, was emotionale Sicherheit bedeutet, und die die Traumata und Ängste ihrer Eltern mit der Muttermilch in sich aufsogen. Ich erfahre, dass Paris Mutter seit Paris Geburt unter schweren Depressionen leidet. Dass die Eltern ihre Heimat verließen, um ihren Kindern in Deutschland ein besseres Leben zu ermöglichen. Dass sie ihre beiden Töchter über alles lieben und alles für sie tun würden. »Uns soll es besser gehen als ihnen, das sagen sie immer wieder. Deswegen ist es auch doppelt schlimm, dass ich Depressionen habe. Ich fühle mich total schuldig, weil sie so viel für uns getan haben«, sagt Pari geknickt.

»Was für eine Bürde«, sage ich, »keine Depressionen haben zu dürfen, um den Eltern zu beweisen, dass sie alles richtig gemacht haben.«

»Aber Depressionen sind schrecklich!«, sagt Pari. »Ich möchte sie unbedingt loswerden!«

Umso mehr verwundert es, dass Pari sich nicht wirklich auf den therapeutischen Prozess einlässt. Sie erscheint zwar einerseits motiviert zu den Sitzungen, andererseits macht sie ihre »Hausaufgaben« zwischen den Terminen nicht. Mehr noch, sie boykottiert jeden ihrer Fortschritte, jeder kleine Schritt aus der Depression heraus wird nachträglich zunichtegemacht. Und sobald es ihr besser geht, sobald sie wieder Freude an ihrem Leben empfindet, gibt sie alles, was sie stabilisiert, auf: Sie führt kein Stimmungstagebuch mehr, das ihr hilft, zu erkennen, was ihr guttut und was sie lieber vermeiden sollte, sie verpasst ihre geliebten Pilatesstunden, sie »vergisst« ihre positiven Glaubenssätze, sie arbeitet zu viel und schläft zu wenig, sie ernährt sich ungesund – sie tut eine ganze Menge dafür, wieder auszubrennen und abzurutschen.

Unsere Sitzungen sind nicht mehr als ein Tropfen auf den heißen Stein, es ist, als würden wir jedes Mal wieder von vorn beginnen.

»Was würde eigentlich geschehen, wenn es Ihnen wirklich besser gehen würde? Wenn die Depressionen einfach verschwinden und nie wiederkommen würden?«, frage ich Pari nach ein paar Monaten.

»Ich weiß es nicht«, sagt sie. »Dann wäre alles gut?«

»Wie sähe Ihr Leben denn aus, wenn alles gut wäre?«, frage ich.

»Es wäre alles leichter: Meine Beziehung, meine Arbeit, mein Alltag. Ich würde mich meinen Eltern gegenüber nicht mehr so schuldig fühlen«, zählt sie auf. Gute Gründe, um alles dafür zu tun, konsequent gegen ihre depressive Denk- und Verhaltensstruktur anzugehen. Und trotzdem scheint es einen Teil von ihr zu geben, der ihren depressiven Phasen etwas abgewinnen kann und der sie deshalb regelmäßig in die Überforderung, in die Erschöpfung und in die darauffolgenden Schuldgefühle hineinmanövriert. Also spreche ich auch diesen Depressions-bejahenden Teil an: »Und was wäre, wenn Sie Ihre Depressionen einfach akzeptieren würden? Wenn Sie aufhören, dagegen anzukämpfen, wenn Sie sich stattdessen darauf einlassen, dass Sie ein, zwei Mal im Jahr eine depressive Phase erleben?«

Pari schaut mich empört an. »Aber ich bin doch hier, damit es mir besser geht, nicht, um mich mit meiner Depression abzufinden«, sagt sie, und ich bin froh, Widerstand und ein wenig Wut hinter ihren Worten zu spüren. Denn nicht selten stecken hinter Depressionen auch Auto-Aggressionen. Wer sich Wutgefühle anderen gegenüber verbietet, richtet die Aggressionen mitunter gegen sich selbst, beispielsweise in Form von schädigenden Glaubenssätzen und selbstverletzendem Verhalten. Pari, die eigentlich wütend auf ihre Mutter ist, weil diese sich trotz schwerer Depressionen keine professionelle Hilfe sucht, wird lieber *selbst* depressiv, um ihre Wut nicht mehr zu spüren und sie ihrer Mutter nicht zumuten zu müssen. Paris Depressionen haben noch eine weitere Funktion: Indem sie die gleichen Qualen wie ihre Mutter durchlebt, bleibt sie dieser treu und über das gemeinsame Leid verbunden. Anstatt sich abzulösen, gesunde Grenzen zu setzen und gut für sich zu sorgen, wählt sie unbewusst das gleiche Schicksal wie ihre Mutter.

Depressionen haben viele Ursachen, wie beispielsweise eine genetische Vulnerabilität, früh erfahrene Bindungstraumata, eine negative Sicht auf sich selbst und die Welt sowie akute psychosoziale Belastungen. In Paris Fall mögen all diese Faktoren eine Rolle spielen – ihr depressives Verhalten wird jedoch bis heute vor allem aufrechterhalten durch eine zu starke Loyalität gegenüber ihrer depressiven Mutter und den dazugehörigen Glaubenssatz »Es darf mir nicht besser gehen als meiner Mutter«. Kinder von psychisch kranken Eltern, die sich für diese verantwortlich fühlen und an den Rettungsversuchen scheitern (müssen!), entwickeln oft Schuldgefühle den Eltern gegenüber. In der Folge entsteht die transgenerationale Überlebendenschuld mit der dazugehörigen unbewussten Überzeugung: »Solange ich meine Eltern nicht gerettet habe, darf es mir nicht besser gehen als ihnen.« Paris Mutter wäre sicherlich entsetzt, wüsste sie von diesen unbewussten Fesseln, die ihre Tochter regelrecht krank machen. Denn Paris Eltern haben ihr kein Überrundungsverbot, sondern eher einen Überrundungsauftrag gegeben. Der elterliche Überrundungsauftrag und Paris eigene Rettungsfantasien sind jedoch zu einer ausweglosen Falle verschmolzen: Wenn Pari den elterlichen Auftrag »Es soll mir besser gehen als den Eltern« nicht erfüllt, leidet sie unter ihrem Versagen und Schuldgefühlen – geht es ihr aber tatsächlich besser als der Mutter, quälen sie Schuldgefühle, *eben weil* es ihr besser geht als der Mutter.

Es gibt viele erwachsene Kinder, die, ähnlich wie Pari, die eigene Gesundheit und das eigene Glück boykottieren, weil die Eltern ein schweres Schicksal hatten. Das Leben dieser Kinder pendelt dann zwischen vergeblichen Rettungsversuchen und Schuldgefühlen.

»Genauso hat es sich mein ganzes Leben lang angefühlt«, stimmt Pari zu, und dann weint sie den Rest der Sitzung. Sie lässt die Gefühle zu, die sich hinter den Schuldgefühlen verstecken: ihre Ohnmacht, ihre Wut und ihre Traurigkeit, dass sie ihre Mutter nicht retten konnte.

Niemand kann seine Eltern retten. Weder als Kind noch als Erwachsene:r. Es ist schlicht nicht unsere Aufgabe, auch wenn manche Eltern vermitteln, dass es so sei.

Denn egal, wie gut oder schlecht es uns geht und wie gut oder wie schlecht wir die Aufträge unserer Eltern erfüllen, egal, wie sehr wir mit ihnen leiden und versuchen, ihr Leid dadurch zu mindern – wir können nicht nachträglich in den Verlauf der Geschichte eingreifen. Wir können kein Leid ungeschehen oder wiedergutmachen. Wir sind unseren Eltern nicht näher, wenn wir deren leidvolles Leben wiederholen, und wir entlasten sie nicht von ihrem Unglück, wenn wir versuchen, es zu übernehmen. Das (Un-)Glück unserer Eltern liegt allein in ihren Händen, so wie das (Un-)Glück unseres Lebens ab einem bestimmten Zeitpunkt allein in unseren Händen liegt.

Pari gelingt es mit der Zeit, ihre Retter-Rolle abzulegen und sich Schritt für Schritt aus der Verstrickung mit ihrer Mutter zu lösen. Anstatt weiterhin von Schuldgefühlen überflutet zu werden, macht sie regelmäßige Realitäts-Checks: »Ist mein Verhalten oder mein Gefühl oder mein Gedanke für meine Mutter hilfreich?« Meist ist die Antwort Nein. Ihre eigene Bedeutungslosigkeit in Bezug auf die Depressionen ihrer Mutter anzuerkennen hilft ihr, ihren Schuldgefühl-Zyklus zu unterbrechen und sich auf das einzige Leben zu konzentrieren, auf das sie tatsächlich Einfluss hat: auf ihr eigenes.

Seine Eltern zu lieben heißt nicht, auf gesunde Grenzen zu verzichten. Gerade bei psychisch kranken Eltern verschwimmen Grenzen zwischen den Generationen jedoch häufig: Das Leid der Eltern schleicht sich in das Leben ihrer Kinder, es lässt sich kaum verhindern. Aber je älter wir werden, desto bessere Grenzen können wir setzen, und desto eher können wir uns entscheiden, uns von elterlichen Belastungen zu lösen. Wir können entscheiden, unser eigenes Lebensglück unabhängig von dem unserer Eltern zu finden. Gesunde Grenzen zu den Eltern gehören zur Ablösung dazu. Das heißt nicht, dass wir unsere Eltern nicht unterstützen, wenn sie Hilfe brauchen, sondern es heißt, dass wir ein gesundes Maß finden, das uns nicht überfordert. Und dass wir uns erlauben, unser eigenes Leben zu genießen – unabhängig davon, wie schwer es unsere Eltern in ihrem Leben hatten oder haben.

Was möchte ich meinen Eltern noch geben?

Nehmen wir einmal an, Sie haben Ihre Schuldgefühle hinterfragt und sind dabei, sie gemeinsam mit unpassenden elterlichen Erwartungen abzulegen. Sie sind auf dem besten Weg in ein abgelöstes Erwachsenenleben. Aber wie gestalten Sie nun die Beziehung zu Ihren Eltern, wenn es keine von außen auferlegten Verpflichtungen mehr gibt? Wenn kein Schuldgefühl Sie mehr bindet? Wenn Sie gelernt haben, unpassende elterliche Erwartungen zurückzuweisen?

Sie kommen nun an einen der Ausblicke, die ich Ihnen am Anfang des Buches versprochen habe: zu der Erkenntnis, dass Sie sich aussuchen dürfen, was Sie Ihren Eltern noch geben möchten. Aber ist das nicht furchtbar egoistisch, mögen Sie sich vielleicht fragen. Die verinnerlichten familiären und gesellschaftlichen Regeln und Gesetze und eventuell auch ein vorauseilendes Schuldgefühl melden sich erneut: Ist es wirklich in Ordnung, die eigenen Bedürfnisse über die der Eltern zu stellen?

Machen wir ein kleines Gedankenexperiment: Sie selbst sind Mutter oder Vater eines erwachsenen Kindes. Sie dürfen nun aussuchen, ob Sie mit Ihrem Kind in einem guten, echten Kontakt stehen, der durch Liebe, gegenseitige Dankbarkeit und Gleichberechtigung genährt und dessen Ausgestaltung gemeinsam verhandelt wird – oder ob der Kontakt Regeln folgt, die Sie als Eltern einst festlegten und denen nur aus filialen Schuldgefühlen nachgekommen wird.

Natürlich würden Sie sich für die erste Beziehungsversion entscheiden – es sei denn, Sie haben Schuldgefühle Ihren Kindern gegenüber und sind nicht sicher, ob Ihre Kinder Sie lieben und freiwillig den Kontakt zu Ihnen halten. Umso wichtiger wäre es, den Kreislauf aus unsicheren und mit Schuldgefühlen vergifteten Beziehungen endlich zu beenden und bessere Voraussetzungen für Ihre Familie zu schaffen.

Beziehungen ändern sich nicht von allein. Wir selbst initiieren Kontakte, wir gestalten Begegnungen und können unsere Beziehungen beeinflussen. Sogar die mitunter eingefahrene Beziehung zu den Eltern lässt sich zum Positiven verändern, wenn wir bewusst für unsere Bedürfnisse einstehen. Wenn uns dies gelingt, können aus Pflichtveranstaltungen schließlich Begegnungen werden, die auf Freiwilligkeit beruhen und die uns Freude bereiten.

Diese Erfahrung machte auch Georg, nachdem er in vielen Sitzungen die schmerzhafte Beziehung zu seinen Eltern betrauert hatte und er sich von seinen Schuldgefühlen und der quälenden Abhängigkeit verabschieden konnte.

Georg ist 54 Jahre alt, als seine Mutter einen Schlaganfall

erleidet. »Es ist ernst«, sagt sein Vater am Telefon und fordert ihn auf, sofort ins Krankenhaus zu fahren. Georg lässt alles stehen und liegen und rast die 100 Kilometer von seinem Arbeitsplatz zum Krankenhaus. Auf dem Weg dahin überstürzen sich seine Gedanken und Gefühle. Georg zwingt sich, ruhiger zu atmen und sich innerlich zu sortieren, wie er es in unseren Sitzungen gelernt hat: Er hat Angst, erst nach dem Tod der Mutter einzutreffen und sich danach für immer schuldig zu fühlen; er ärgert sich über seinen herrischen Vater, der oft unangemessen dramatisch ist; und er sorgt sich um seine kleine Schwester, die eine enge Bindung zur Mutter hat. Vor allem aber quält ihn die Sorge, sich nicht von seiner Mutter verabschieden zu können. Sobald er sich seiner eigenen Bedürfnisse bewusst wird, beruhigt er sich. Es erleichtert ihn, festzustellen, dass seine Handlung mit seinem Gefühl übereinstimmt: »Es war weniger der Befehl meines Vaters oder reines Pflichtgefühl, sondern tatsächlich mein eigenes Bedürfnis. Ich wollte so schnell wie möglich zu meiner Mutter fahren.«

Im Krankenhaus angekommen, sieht er seinen Vater gramgebeugt vor dem Zimmer seiner Mutter stehen. Als er ihn zur Begrüßung umarmt, wendet der Vater sich ab und sagt: »Geh sofort zu ihr.« Georg spürt einen Stich – und das bekannte Gefühl, vom Vater weggestoßen zu werden. Seine Schwester steht bereits am Bett der Mutter, sie weint und umarmt ihn schweigend.

»Meine Mutter lag reglos mit geschlossenen Augen da und atmete schwer, und ich war froh, rechtzeitig angekommen zu sein. Meine Schwester hielt ihre Hand und strich ihr liebevoll die Haare aus dem Gesicht. Ich stand einfach da und beobachtete die Szene, mit ein bisschen Scham und ein bisschen Neid, weil ich sie nicht anfassen konnte. Ich wäre auch gern zärtlich zu ihr gewesen, aber es ging einfach nicht.«

Dieser schwierige Moment hätte Georg zu Beginn der Therapie in eine innere Krise gestürzt, er hätte starke Schuldgefühle entwickelt, sich nicht wie der perfekte Sohn verhalten zu haben. Georg war als Ältester auf Funktionieren programmiert, die Mutter hatte ihn gemäß Johanna Haarers[16] menschenfeindlicher, an den Nationalsozialismus angelehnter Ideologie erzogen, es gab keine Zärtlichkeiten und wenig Wärme. Wenn er nicht funktionierte – wenn er als Kind in die Hose machte oder seinen Teller nicht aufaß, wenn er seine Hände vor dem Essen nicht wusch oder eine schlechte Zensur nach Hause brachte –, wurde er geschlagen. Die Mutter schlug ihn härter als der Vater, und sie fügte ihm auch seelische Gewalt zu, indem sie keine seiner Grenzen wahrte: Sie bestand darauf, ihn zu waschen, bis er 14 Jahre alt war und sie drang bis zu seinem Auszug in sein Zimmer ein, ohne vorher anzuklopfen. Sie versuchte, jede seiner Autonomiebestrebungen im Keim zu ersticken, und entwertete viele seiner Bedürfnisse, indem sie ihn beschämte.

Wie in so vielen Nachkriegsfamilien waren Zucht und Ordnung die prägenden Erziehungsmotive, und wenn er nicht gehorchte, erfuhr der kleine Georg sowohl körperliche als auch seelische Gewalt. Diese Gewalt und der Druck zu funktionieren entfremdeten ihn von sich selbst: Er wusste sehr genau, was seine Eltern von ihm wollten, und wenig, was er selbst sich wünschte.

Mit 54 Jahren am Totenbett der Mutter zu stehen und wahrzunehmen, dass seine Bedürfnisse vermutlich nicht den Erwartungen der Familie entsprechen, und sich dennoch selbst treu zu bleiben, ist für Georg ein weiterer Meilenstein in seiner Autonomie-Entwicklung. »Ein guter Sohn würde ihre Hand halten und sie zum Abschied küssen wollen«, denkt er, aber sein Gefühl dazu ist eindeutig: »Ich möchte sie nicht berühren.« Er entscheidet sich, sich kongruent zu verhalten, also in Übereinstimmung mit seinen

Gefühlen und Bedürfnissen, und sich nicht wie üblich den Wünschen der Eltern zu unterwerfen.

»Finden Sie, dass ich ein schlechter Sohn bin?«, fragt er mich in unserer nächsten Sitzung.

Wie viele unabgelöste Kinder, die von den Eltern mit Schuldgefühlen gefüttert wurden, glaubt Georg, eine Rückversicherung von anderen »Elternfiguren« – wie zum Beispiel seiner Therapeutin – zu brauchen, um sicherzugehen, dass seine Ablösung erlaubt und er trotzdem liebenswert ist. Aber für Georg ist die Zeit reif, den nächsten Schritt zu gehen: Die Rückversicherung aus sich selbst heraus zu erleben, ohne meine Bestätigung. Aus diesem Grund gebe ich ihm die Frage zurück: »Finden Sie, dass Sie ein schlechter Sohn sind?«

»Von außen sah es bestimmt komisch aus.«

»Und wie hat es sich für Sie angefühlt?«

»Ich hatte keine Wahl«, sagt er. »Ich war froh, dass meine Schwester mit mir im Raum war und dass sie das Herzliche, die körperliche Nähe übernehmen konnte, zu der ich nicht in der Lage war.«

»Sie sagen, Sie hatten keine Wahl«, wiederhole ich. »Heißt das, dass Ihre Arme und Hände gelähmt waren und dass Sie Ihre Mutter nicht hätten berühren können?«, frage ich.

Georg versteht sofort, worauf ich hinauswill: Selbstverständlich hatte er eine Wahl. Er konnte entweder funktionieren – also den guten Sohn spielen, der seine Mutter liebkost – oder genau die Nähe zulassen, die sich für ihn richtig anfühlte.

»Das ist gesunde Ablösung«, sage ich. »Sie haben sich von Ihrer Mutter verabschiedet, und zwar auf Ihre Weise. Sie haben Ihre Gefühle ernst genommen und daraus für Sie stimmige Handlungen abgeleitet. Sie haben Verantwortung für sich selbst übernommen, und das in einer Situation, die für uns alle herausfordernd, wenn nicht gar überfordernd ist.«

Georg nickt. »Ja, und das Schöne ist, ich war nicht wie sonst voller Ärger oder zerrissen. Ich habe mich auch nicht schuldig gefühlt«, sagt er und klingt überrascht und zufrieden zugleich. Georg hat einen langen Weg zurückgelegt, er hat seine Kindheitswunden erkannt und betrauert. Er hat gelernt, seine kindliche Wut und Ohnmacht den Eltern gegenüber nicht weiterhin zu unterdrücken, sondern anzunehmen und sie auf diese Weise zu verringern. Er hat die Erwartungen seiner Eltern und seine Schuldgefühle hinterfragt. Und beim Tod seiner Mutter konnte er sich verabschieden – auf eine Art und Weise, die seinen Gefühlen entsprach. Georg ist eine Feinabstimmung gelungen, die er sich hart erarbeitet hat. Sein eigenes Wohlgefühl ist wichtiger geworden als die Bewertung seines Bildes von außen.

Die beiden Schwestern Maren und Tanja haben ebenfalls viel dafür getan, sich von ihren mittlerweile über 80-jährigen Eltern abzulösen. Sowohl der Vater als auch die Mutter wurden einst von ihren kriegstraumatisierten Eltern vernachlässigt. Auch Maren und Tanja wurden in ihrer Kindheit mehr oder weniger sich selbst überlassen, während die Eltern in ihrem kleinen Schreibwarenladen arbeiteten. Vier einsame, isolierte Menschen bildeten eine Familie. Die überforderten Eltern gaben ihren Töchtern den Auftrag »Kümmert euch um uns«, und drängten sie somit in eine Rollenumkehr, die bis heute anhält.

Denn als die Mutter dement wird und der Vater sich letzten Endes gezwungen sieht, das Geschäft zu schließen, stellen die Töchter fest, dass die Eltern seit Jahren keine Gewinne mehr gemacht haben. Stattdessen haben sie Schulden angehäuft. Maren und Tanja sind geschockt, fassen sich aber schnell wieder: »Wir mussten unser gesamtes Leben für sie sorgen, also räumen wir nun auch diese Geschichte für sie auf.«

»Glücklicherweise können wir es uns leisten, die Schulden unserer Eltern zu begleichen«, sagt Maren. »Wir haben beide gute Jobs und konnten etwas beiseitelegen. Und Kinder haben wir ja keine.«

»Dafür haben wir unsere Eltern«, sagt Tanja. »Sie sind im Grunde wie unsere Kinder, weil sie bis heute nicht wirklich selbstständig sind und wir uns um sie kümmern müssen.«

Als die Auflösung des Geschäfts der Eltern abgewickelt ist und die Schulden bezahlt sind, überlegen die Schwestern, wie es weitergehen kann. Denn die kleine Rente der Eltern reicht nicht einmal aus, um deren Mietkosten zu decken. Tanja ist wütend, Maren ist resigniert. Beide sehen keinen anderen Ausweg, als die Eltern weiterhin zu unterstützen. Der Traum der Schwestern von einem Alterswohnsitz am Meer scheint endgültig zu platzen, weil ihre Ersparnisse nun für die Versorgung ihrer Eltern aufgebraucht werden.

Aber dann entdecken sie während eines Ausflugs an der Küste eine Neubausiedlung, in der noch Wohnungen zu verkaufen sind. Und plötzlich gibt es einen Weg, die Eltern zu unterstützen, ohne ihren Traum aufgeben zu müssen: Sie entscheiden sich, eine Wohnung an der Nordsee zu kaufen und sie den Eltern zur Verfügung zu stellen. Auf die Proteste der Eltern, die nicht aus ihrer Wohnung in der Stadt ausziehen möchten, gehen sie nicht ein. »Ihr habt das mit eurer Vorsorge fürs Alter vermasselt, nicht wir«, stellen die Töchter klar. »Wenn ihr nicht obdachlos werden möchtet, könnt ihr in eine schöne Wohnung am Meer einziehen, für die wir bezahlen.«

Dann organisieren die Schwestern alles Weitere, ohne die Eltern mit einzubeziehen. Die Wohnung wird so gestaltet, als würden Maren und Tanja dort einziehen und nicht die

Eltern. Ab und zu versuchen die Eltern, sich einzubringen, aber die Töchter geben ihnen kein Mitspracherecht: »Im Altersheim hätten unsere Eltern auch nicht über die Größe der Küche oder die Farbe der Fliesen entscheiden dürfen, und da sie kein Geld dazuzahlen und sich wie unsere Kinder verhalten, werden wir sie diesmal auch wie Kinder behandeln.« Was sich von außen vielleicht hart oder unempathisch anhören mag, ist für Maren und Tanja ein wichtiger Abgrenzungsschritt, der späteren Groll verhindert. Sie tun etwas für ihre Eltern, aber sie tun auch etwas für sich. Die Ungerechtigkeitsgefühle, die bisher zu Wut, Ohnmacht und Resignation führten, verringern sich, weil sie selbstbestimmter handeln. Dieses Mal werden sie nicht böse überrascht von einer Schuld der Eltern, die sie wohl oder übel übernehmen müssen, dieses Mal entscheiden sie proaktiv, für die Eltern Verantwortung zu übernehmen, aber in einer Form, die ihnen entspricht und von der sie langfristig sogar profitieren.

»Jetzt fühlt es sich eher so an, als ob wir unseren Eltern unsere Ferienwohnung verdanken, die wir später nutzen können.« Tatsächlich nutzen sie die Wohnung schon viel früher als gedacht: Das Verhältnis zu den Eltern hat sich deutlich entspannt, seit diese in die Wohnung am Meer gezogen sind. Die Töchter besuchen ihre Eltern nun oft am Wochenende und unternehmen lange Spaziergänge mit ihnen. Je klarer und abgegrenzter die Töchter sind, desto weniger Konflikte gibt es mit den Eltern.

Wer wie Tanja und Maren bewusst auf seine Bedürfnisse und Grenzen achtet, kann sich Schritt für Schritt aus der unangenehmen Verstrickung mit den Eltern lösen. Denn als Erwachsene sind wir unseren Eltern und deren Erwartungen und Regeln nicht mehr ausgeliefert – wir dürfen, wir *müssen* sogar mitentscheiden, wie wir unsere Beziehung gestalten möchten. Dazu gehört es, sich selbst neu zu verorten und zu entscheiden:

Welche Erwartungen möchte ich erfüllen und welche nicht?

Welche Form von Kontakt gefällt mir und welche nicht?

Welche Erwartungen habe *ich* an die Beziehung zu meinen Eltern?

Und: Bin ich bereit, mich selbst und meine Bedürfnisse ernst zu nehmen und sie auch im Falle eines Konflikts zu verteidigen?

Wem letzteres gelingt, der hat einen großen Schritt in Richtung gesunde Ablösung getan: Wenn wir Verantwortung für unsere eigenen Bedürfnisse übernehmen, übernehmen wir auch Verantwortung für unsere Beziehungen. Auf diese Art und Weise können wir ungesunde Beziehungsstrukturen verändern und ein neues Gleichgewicht schaffen, in dem alle Beteiligten wichtig sind und in ihren Bedürfnissen gehört werden. Statt sich unterzuordnen oder zu rebellieren, können wir selbstbewusst und empathisch verhandeln. Wir können die Bedürftigkeit unserer Eltern wahrnehmen, ohne die Rollen umzukehren und übermäßige oder überfordernde Verantwortung für diese zu übernehmen. Wir können liebevoll mit unseren Eltern verbunden sein und trotzdem gesunde Grenzen setzen. Wir können Uneinigkeit aushalten, ohne Schuldgefühle zu entwickeln.

Ablösung ist kein leichter Spaziergang, sondern eher eine lange Wanderung mit Höhen und Tiefen – sie fordert uns heraus, sie stellt bisher unumstößliche Denkstrukturen infrage, vor allem gibt sie bisher unterdrückten Gefühlen Raum. Denn sich abzulösen bedeutet nicht zuletzt, die eigenen Gefühle wahrzunehmen und sie nicht gleich wegzuschieben oder zu unterdrücken, wie die Eltern es in unserer Kindheit vielleicht taten. Es geht darum, sich der eigenen

Kapazitäten bewusst zu werden und nicht weiterhin über die Grenzen zu gehen – wie man es vielleicht von den Eltern einst gelernt hat. Es geht darum, authentische Entscheidungen zu treffen, die mit unseren Gefühlen und Werten übereinstimmen. Aus dieser Klarheit können Begegnungen entstehen, die echt und freudvoll sind. In diesem Licht ist es kein unverzeihliches Vergehen mehr, die Eltern zu enttäuschen, sondern ein wichtiger Schritt zu uns selbst – und zu einer Beziehung mit den Eltern, die auf gegenseitigem Respekt basiert. Der Philosoph und Jesuit Michael Bordt schreibt: »Wenn wir unsere Eltern enttäuschen, geht es immer auch darum: als ein selbstbestimmter Mensch, der sich den Eltern gegenüber abgrenzen kann, in eine für uns stimmige Beziehung zu ihnen zu finden.«

Ablösung bedeutet, sich von unangemessenen elterlichen Erwartungen und den daraus entstehenden Schuldgefühlen zu lösen. Zur Ablösung gehört, manche Erwartung der Eltern zu enttäuschen und diese Enttäuschung auszuhalten: wie einen Wachstumsschmerz, den wir annehmen, weil er zum Erwachsenwerden dazugehört. Ablösung – und das damit einhergehende selbstbestimmte Leben – bedeutet, die eigenen Gefühle und Bedürfnisse ernst zu nehmen und sich selbst treu zu werden.

DREI

»Sie gehen vor uns her und gehen zu schnell und vergessen uns, weil sie so sehr in ihre eigenen Gedanken vertieft sind, und früher oder später verschwinden sie. Das einzig Unerfindliche ist, dass wir etwas anderes erwarten.«

MARILYNNE ROBINSON, HAUS OHNE HALT

Kindliche Erwartungen an Eltern hinterfragen: Was sind meine Eltern mir noch schuldig?

Es gibt Eltern, die hören irgendwann auf, Eltern zu sein. Manchmal sind die Kinder noch ganz klein. Manchmal sind sie bereits erwachsen. Dürfen Eltern sich einfach so aus ihren Verpflichtungen verabschieden? Sind Eltern nicht immer Eltern und Kinder nicht immer Kinder? Ganz so einfach ist es nicht.

Während Eltern die ersten Jahre selbstverständlich für ihre Kinder verantwortlich und ihnen idealerweise gute Bindungspartner sind, die ihre Bedürfnisse prompt und feinfühlig befriedigen, werden Kinder im Laufe der Zeit immer selbstständiger und brauchen die Eltern weniger. Ablösung findet im Grunde das ganze Leben lang statt.

Aber es gibt auch Kinder, die entlassen ihre Eltern nicht aus ihrer Verantwortung. Es gibt Kinder, die unreflektierte und unerfüllbare Erwartungen an ihre Eltern haben, auch wenn sie schon längst erwachsen sind und eigene Familien gegründet haben.

Unerfüllbare Erwartungen sind vor allem jene, die die Eltern noch nie erfüllen konnten. Die Enttäuschung über den dauerhaften Mangel führt mitunter zu einer zwanghaften Obsession: Es gibt Menschen, die ihr ganzes Leben darum kämpfen, dass ihre Eltern ihnen doch noch ihre Wünsche erfüllen, obwohl sie immer wieder die Erfahrung machen, von den Eltern enttäuscht zu werden. Sie sehnen und hoffen, sie schimpfen und grollen, sie tun alles, um die Eltern zu verändern. Allerdings kämpfen sie immer noch mit ihren alten Waffen, immer noch mit der alten Strategie und immer noch aus Sicht ihrer verletzten inneren Kinder. Das Unterfangen ist kräftezehrend und tragisch: Es ist zum Scheitern verurteilt.

Besonders Kinder von psychisch kranken Eltern – Kinder von traumatisierten, depressiven, süchtigen oder narzisstischen Eltern – oder Kinder, die vernachlässigt, manipuliert, seelisch oder körperlich misshandelt oder missbraucht wurden, haben große Schwierigkeiten, ihre Wünsche an die Eltern aufzugeben. Zu groß wirkt der Mangel, den sie in ihrer Kindheit erfahren haben, bis heute nach.

Je weniger Eltern in der Lage sind, Brüche zu reparieren und sich in die Bedürfnisse ihrer Kinder einzufühlen, desto mehr Sehnsucht nach den idealen Eltern kann im Kind entstehen – oder im Gegenteil auch der enttäuschte, resignierte Impuls, den Kontakt zu den Eltern abzubrechen.

Vielen Menschen ist nicht bewusst, in welche Kämpfe sie sich verstricken und wie aussichtslos diese sind. Sie stellen deshalb ihr ganzes Leben – ihre Beziehungen, ihren beruflichen Werdegang und alle wichtigen Entscheidungen – in den Dienst der Hoffnung, dass sich ihre Wünsche noch erfüllen mögen.

Zu erkennen, was unsere Eltern uns noch schuldig sind und wo wir zugunsten unserer seelischen Gesundheit und Reife loslassen müssen, ist ein weiterer elementarer Schritt der Ablösung.

Was wünsche ich mir noch von meinen Eltern?

Die 56-jährige Julia sucht mich auf, weil sie ein schlechtes Händchen für Männer hat. Sie bindet sich immer an »die Falschen«, was dazu führte, dass sie weitestgehend Single war. Sie hat nie mit einem Mann zusammengewohnt und keine Kinder, obwohl sie sich eigentlich eine Familie gewünscht hätte. »Irgendwie bekomme ich nie das, was ich brauche oder mir wünsche«, beschreibt sie ihr Lebensgefühl.

Wenn wir in Beziehungen immer wieder das Gleiche erleben, lohnt ein genauer Blick auf das Muster: wie es entstanden ist, und natürlich auch, was wir dazu beitragen, es aufrechtzuerhalten. Oft stoßen wir dabei auf ungelöste Konflikte mit unseren Eltern.

Bei Julia stellt sich heraus, dass sie sich von ihren Eltern, insbesondere von ihrer Mutter Hanne, im Stich gelassen fühlt. »Mein Vater hat uns verlassen, als ich vier Jahre alt war. Er ist dann sehr weit weggezogen und hat eine neue Familie gegründet. Also war meine Mutter meine wichtigste Bezugsperson. Leider gab es auch noch meine ältere Schwester Britta.« Die große Schwester ist das Lieblingskind der Mutter, bis heute leben sie nah beieinander, und die Mutter ist stark in das Leben ihrer ältesten Tochter involviert. Seit sie im Ruhestand ist, versorgt sie ihre beiden Enkelkinder, damit die Tochter arbeiten kann.

Julia lebt seit vielen Jahren in einer Großstadt, die über 300 Kilometer von ihrem Heimatort entfernt ist. Sie besucht ihre Mutter aus Selbstschutz nur selten: »Sie lässt kein gutes Haar an mir. Ich habe keinen Mann, keine Kinder, einen unsicheren Job – in den Augen meiner Mutter bin ich eine absolute Versagerin«, sagt Julia. »Meine Schwester hingegen ist die Tollste. Selbst als sie mir damals meinen Freund ausgespannt hat und mit ihm drei Kinder bekommen hat, war nicht sie schuld, sondern ich. Ich hätte ihn halt netter behandeln sollen, dann wäre das nicht passiert. Meine Schwester hat sich nie dafür bei mir entschuldigt, und meine Mutter sagt, sie möchte sich nicht einmischen. Wenn es umgekehrt gewesen wäre, hätte sie mich zu Kreuze kriechen lassen. Aber meine Schwester ist heilig, selbst wenn sie schlimmste Dinge tut.« Man spürt Julias Kränkung deutlich, obwohl die Trennung schon fast 30 Jahre her ist.

»Lieben Sie den Mann noch?«, frage ich.

»Nein«, erwidert Julia, »das ist ja schon ewig her. Um ihn geht es schon lange nicht mehr. Ich möchte doch nur, dass meine Mutter anerkennt, dass ich hier das Opfer war.«

Im Laufe der Sitzungen wird deutlich, dass Julia große Schwierigkeiten hat, die alte Ungerechtigkeit loszulassen. Sie glaubt, dass ihr dies erst gelingt, wenn die Mutter zugibt, dass die Schwester einen Fehler gemacht hat, und wenn die Mutter einmal, nur ein einziges Mal ihre Partei ergreift.

»Soll ich hinfahren und noch einmal das Gespräch mit ihr suchen?«, fragt Julia mich wieder und wieder. Sie hat schon unzählige Male mit der Mutter gesprochen, und nie hat die Mutter das gesagt, was sie sich gewünscht hätte. Danach geht es ihr jedes Mal schlecht, sie braucht Tage bis Wochen, bis sie sich wieder erholt hat.

»Warum macht sie das? Warum stößt sie mich immer wieder so zurück?«, fragt Julia mich nach diesen unbefriedigenden Treffen, in denen sie sich von ihrer Mutter entwertet und abgelehnt fühlt.

Viele Klient:innen machen seit Jahrzehnten die gleichen Erfahrungen mit ihren Eltern und sind immer wieder aufs Neue erschüttert oder empört, als würden sie gerade von ihren Eltern zum ersten Mal verletzt. Sie reagieren in diesen Momenten nicht als reife Erwachsene, sondern aus einem kindlichen Anteil heraus, der jünger als vier Jahre alt ist.

Denn bis zu diesem Alter herrscht ein kindlicher Egozentrismus, in dem wir davon ausgehen, dass alle Menschen so denken wie wir. Erst ab etwa dem vierten Lebensjahr entwickeln Kinder die Fähigkeit zum Mentalisieren: Sie stellen fest, dass andere Menschen anders denken und fühlen als sie selbst.

Wenn Eltern nicht an therapeutischen Sitzungen teilnehmen können – weil sie oder meine Klient:innen es ablehnen oder weil sie bereits verstorben sind –, gibt es eine weitere Möglichkeit: Man kann sich die Eltern im Raum vorstellen, als wären sie anwesend. Auf diese Weise können wir mit ihnen kommunizieren und Begegnungen ausprobieren, die in der Realität nicht mehr oder noch nicht möglich sind. Ich schlage Julia also vor, sich vorzustellen, dass ihre Mutter zur Tür hereinkäme und in meinem Praxiszimmer auf dem Sessel ihr gegenüber Platz nehmen würde. Anschließend bitte ich Julia, mit ihrer Mutter zu sprechen. Julia sammelt sich eine Minute, dann sagt sie ihrer Mutter alles, was sie sagen möchte, sie sagt es so ruhig wie möglich, sie versucht, der Mutter keine Vorwürfe zu machen und fair zu bleiben. »Ich fühle mich oft nicht wertgeschätzt und würde mir wünschen, dass du mich auch mal lobst. Was mich am meisten trifft, ist, dass du Britta immer in Schutz nimmst, selbst wenn sie Mist gebaut hat. Das war früher auch schon so. Wenn es Streit gab, hast du die Schuld immer bei mir gesucht. Ich würde mir wünschen, dass du einmal anerkennst, dass es für mich schwierig war und ist, dass sie mir damals meinen Freund ausgespannt hat. Ich möchte dir keine Vorwürfe machen, ich möchte nur so gerne einmal das Gefühl haben, dass du mich siehst und dass du auch mal mit mir mitfühlst.« Julia atmet tief ein und aus und lehnt sich dann in ihrem Sessel zurück.

»Wie fühlen Sie sich?«, frage ich sie.

»Angespannt. Wütend. Aber ich habe auch Angst, dass sie wegläuft, wie so oft, oder einfach dichtmacht, deshalb reiße ich mich zusammen und überhäufe sie nicht mit Vorwürfen, wonach mir eigentlich wäre.«

Ich bitte Julia nun, sich auf den anderen Sessel zu setzen und sich in ihre Mutter hineinzuversetzen, deren Körperhaltung einzunehmen, in deren Tonlage und mit deren Worten zu sprechen – also für eine Weile in die Haut ihrer Mutter zu schlüpfen. Als Julia sich in die Rolle ihrer Mutter eingefühlt hat, beginnt sie in einer etwas höheren Tonlage zu sprechen: »Ich bin eine gute Mutter. Und ich weiß gar nicht, was meine Tochter schon wieder von mir will. Sie setzt mich immer unter Druck und sieht nicht, was ich ihr schon alles gegeben habe.«

»Ich verstehe«, sage ich. »Kann es sein, dass Sie sich von Ihrer Tochter angegriffen fühlen? Und das, obwohl Sie finden, ihr viel gegeben zu haben?«

Sie nickt. »Ich habe ihr alles gegeben! Schauen Sie sie doch mal an! Ich habe mich aufgeopfert für meine beiden Mädchen, und bei Julia kommen nur Vorwürfe raus.«

»Das fühlt sich bestimmt nicht gut an. Am besten, Sie sagen Ihrer Tochter einmal genau, was Sie ihr alles gegeben haben, vielleicht weiß sie es gar nicht. Töchter kennen ihre Mütter manchmal nur aus einem bestimmten Blickwinkel, und da ist es gut, wenn Sie ihr helfen, ihren Blick zu weiten.«

»Ich finde dieses Gespräch nicht gut, ich fühle mich nun auch von Ihnen unter Druck gesetzt, ich würde nun gerne gehen.«

»Das tut mir leid, das war nicht meine Absicht. Vielleicht können Sie mir beschreiben, was genau Sie unter Druck setzt, damit ich das ändern kann«, bitte ich sie.

»Wie gesagt, ich war eine gute Mutter, und meine Tochter sieht nur das, was sie angeblich nicht bekommen hat.«

»Ich verstehe. Sie haben Ihrer Tochter alles gegeben, was

Ihnen nur möglich war, Sie waren ihr eine gute Mutter, und Sie fühlen sich unter Druck gesetzt, wenn Ihre Tochter das anspricht, was sie nicht bekommen hat. Nun hat Ihre Tochter Ihnen ja eben auch eine ganze Menge über sich erzählt, wie es ihr geht und was sie sich von Ihnen als Mutter wünschen würde. Verstehen Sie, was Ihre Tochter sich von Ihnen wünscht?«

»Mir ist es ehrlich gesagt egal, was meine Tochter von mir will. Ich bin die Mutter, und ich möchte, dass sie aufhört, mir Vorwürfe zu machen. Mir reicht es jetzt wirklich.« Hanne alias Julia atmet schwer, dann steht sie auf, geht aus dem Raum und schließt die Tür hinter sich. Ich warte, bis Julia wieder eintritt. Sie weint, das Rollenspiel hat sie offensichtlich mitgenommen.

»Ist das ein typischer Gesprächsverlauf?«, frage ich Julia.

Sie nickt. »Ich sage so ruhig wie möglich, worüber ich enttäuscht bin und was ich mir wünsche. Sie schweigt, und dann sagt sie mir, dass sie eine super Mutter war und dass ich aufhören soll, ihr Vorwürfe zu machen. So geht das schon seit Jahren. Ich habe das Gefühl, dass sie mir nie zuhört. Und dass ich sie nerve. Dass meine bloße Existenz sie stört.«

»Wie ging es Ihnen in der Rolle Ihrer Mutter?«, frage ich, als Julia sich etwas gefasst hat.

»Ich habe mich angegriffen gefühlt. Wütend. Und erschöpft. Es ist, als ob meine Tochter mir immer das Gleiche vorwerfen würde, und ich habe keine anderen Antworten. Es ist ermüdend.«

»Es scheint, als ob Sie beide das Gespräch ähnlich erlebt haben: frustrierend. Als ob Ihnen nicht zugehört werden würde. Als ob Sie sich beide nicht verstanden und ausschließlich kritisiert fühlen.«

Es tut Julia gut, in ihrem Leid gesehen zu werden und in mir eine wertschätzende Zeugin zu haben, die ihre Frustration nachvollziehen kann, weil die Mutter sich nicht auf ein konstruktives Gespräch einlassen konnte. Gleichzeitig ist es aus therapeutischer Sicht wichtig, dass Julia sich auch in die Mutter hineinversetzen kann. Dass sie spürt, wie viel Angst die Mutter vor den Vorwürfen ihrer Tochter hat, und dass sie sich so stark davor schützen muss, dass echter Kontakt überhaupt nicht mehr möglich ist.

Julia weint viel in dieser Sitzung. »Das ist ganz schwer auszuhalten, dass meine Mutter so ist.« Ich stimme ihr zu. Es ist sehr schwer auszuhalten, dass unsere Eltern nicht perfekt sind, dass sie mitunter sogar weit entfernt von »gut genug« sind. Aus Julias Verkörperung ihrer Mutter schließe ich, dass diese ein enges Rollenbild von Müttern hat: Mütter geben alles und dürfen deshalb nicht von ihren Kindern kritisiert werden. Und so hat Hanne Schwierigkeiten, ihrer Tochter empathisch zuzuhören und liebevoll auf sie einzugehen. Wie viele Eltern wehrt sie ihre Schuldgefühle lieber ab, anstatt sich einzugestehen, dass keine Mutter der Welt alles richtig und gut machen kann.

»Es ist sehr schwer, die Eltern so zu sehen, wie sie sind«, sage ich zu Julia. »Vor allem, wenn wir uns noch so viel von ihnen wünschen, was sie uns – aus welchen Gründen auch immer – nicht geben können.«

Die nächste Sitzung sagt Julia ab. Die übernächste auch. Ich frage per Mail nach, wie es ihr geht.

»Nicht gut. Ich bin wütend auf Sie«, schreibt sie zurück. »So habe ich mir Therapie nicht vorgestellt. Ich möchte, dass Sie mir helfen, mit meiner Mutter zu sprechen, nicht mich noch hoffnungsloser machen, als ich es ohnehin schon bin.«

Es hat sich etwas in der Therapie wiederholt: Ich habe Julia enttäuscht – wie ihre Mutter. Ich konnte ihr nicht das geben, was sie sich von mir gewünscht hat – wie ihre Mutter. Sie ist wütend auf mich, traut sich aber nicht, es mir direkt und schonungslos mitzuteilen – wie ihrer Mutter. Vor allem aber ist sie ist nach wie vor nicht bereit, die Hoffnung aufzugeben, dass ihre Mutter wie durch Zauberhand noch so wird, wie sie es sich wünscht.

Im Rahmen von therapeutischen Beziehungen findet oft eine unbewusste Reinszenierung von Konflikten statt – und somit entsteht die Möglichkeit, sie bewusst zu bearbeiten. Ich danke Julia also für ihr Vertrauen und ihren Mut, mir ihre Wut mitzuteilen, und lade sie ein, mir mehr darüber zu erzählen. Viele Menschen machen wie Julia im Rahmen einer Psychotherapie erstmalig die Erfahrung, dass sie in Beziehungen auch unangenehme Gefühle haben und Kritik am anderen üben dürfen, ohne dass sie deshalb bestraft, entwertet oder verlassen werden. In unserer nächsten Sitzung erkenne ich Julias Enttäuschung an und weise gleichzeitig ihren unerfüllbaren Auftrag zurück: »Es tut mir leid, dass ich Sie enttäuscht habe. Das, was Sie sich wünschen, kann ich Ihnen nicht geben, und ich verstehe Ihren Ärger und Ihre Enttäuschung darüber. Sosehr ich mir mit Ihnen wünsche, dass Sie einen Weg finden, die Beziehung mit Ihrer Mutter zu verbessern – ich kann Ihre Mutter nicht dazu bringen, sich zu verändern. Was ich tun kann, ist, Sie dabei zu unterstützen, Ihre unerfüllten Wünsche zu reflektieren und einen gesünderen Umgang damit zu finden. Und ich kann Ihnen versprechen, dass ich gemeinsam mit Ihnen Ihre Wut und Ihren Schmerz aushalte.«

Julias Wut hat sich mittlerweile gelegt, stattdessen fühlt sie eine tiefe Enttäuschung und erkennt, dass ihre Gefühle alte Weggefährten sind. In dieser Sitzung lernt sie einen weiteren Teil von sich selbst kennen: Die vierjährige Julia, die von ihrem Vater verlassen wird und die in der Mutter keinen Halt findet. Diese Vierjährige ist verzweifelt, weil der Schoß der Mutter stets von der Schwester besetzt ist. Wenn sie abends Albträume hat und in das Bett der Mutter krabbeln möchte, ist das meist schon von der Schwester belegt. Sie braucht ihre Eltern, fühlt sich aber mutterseelenallein.

Und diese Vierjährige in Julia will von der Mutter hören, dass diese damals Fehler gemacht hat. Dass sie sich mehr um Julia hätte kümmern müssen. Sie will hören, dass sie geliebt wurde und geliebt wird, dass sie wichtig ist für ihre Mutter. Und die Mutter ist so überfordert, dass sie es nach wie vor nicht schafft, Verantwortung zu übernehmen, indem sie ihre Tochter in den Arm nimmt und ihr sagt: »Es tut mir leid, dass du dich von mir im Stich gelassen gefühlt hast. Ich liebe dich, auch wenn ich dir das nicht immer gut zeigen und sagen konnte.«

Wir können weder unsere Kindheit verändern noch unsere Eltern. Aber wir können anfangen, unsere Sehnsüchte kritisch zu hinterfragen. Denn zum Erwachsenwerden gehört es auch, Abschied zu nehmen von jenen Wünschen und Erwartungen an die Eltern, die sie bisher nicht erfüllt haben. Es gilt, anzuerkennen, dass wir das, was wir bis heute von unseren Eltern nicht bekommen haben, sehr wahrscheinlich nie bekommen werden.

Gesunde Ablösung heißt, falsche Hoffnungen aufzugeben. Dieser Part ist sehr, sehr schmerzhaft. Aus diesem Grund geben sich auch längst erwachsene Kinder immer wieder unrealistischen Sehnsüchten hin. Sie wollen es einfach nicht wahrhaben, dass die Eltern nicht in der Lage sind, ihnen die alten Wünsche zu erfüllen.

Wenn Sie erwachsen sind und immer wieder von Ihren Eltern enttäuscht werden, ohne die Hoffnung aufzugeben, dass die Eltern doch noch ideale Eltern werden – wie alt fühlen Sie sich dann? Sicherlich jünger, als Sie jetzt gerade sind. Denn eigentlich wissen wir ab einem bestimmten Alter aus Erfahrung, dass Menschen sich nicht grundlegend verändern. Aber unsere kindlichen Anteile wissen dies noch nicht.

Sie waren existenziell auf die Eltern angewiesen, deshalb durften sie auch die Hoffnung nicht aufgeben, dass die Eltern sie irgendwann doch noch besser versorgen würden. Denn damals ging es ums Überleben. Heute jedoch brauchen wir unsere Eltern nicht mehr zum Überleben. Wir wünschen uns vielleicht, eine bessere Beziehung mit ihnen zu haben, aber wir sind nicht mehr von ihnen abhängig. Wir sind ohne sie lebensfähig. Es sind die kindlichen Anteile in uns, die dies nicht erkennen und uns vorgaukeln, dass wir unsere Eltern noch so wie damals brauchen.

»Was würde sich für Sie verändern, wenn Ihre Mutter einmal sagen würde, dass sie Sie versteht und auf Ihrer Seite ist?«, frage ich Julia.

»Dann würde ich endlich Frieden finden. Dann bräuchte ich sie wahrscheinlich nicht mehr.«

»Wenn Sie Ihre Mutter nicht mehr bräuchten, wie sähe Ihr Leben dann aus?«

Julia denkt lange nach. »Ich glaube, ich wäre ruhiger. Und ich würde nicht mehr so viel an sie denken.«

»Das heißt, dass Sie sich entscheiden, sich umso mehr von Ihrer Mutter abhängig zu machen, je weniger sie Ihnen gibt«, fasse ich zusammen.

Sie schaut mich mit einem trotzigen Gesichtsausdruck an.

»Überprüfen Sie es bitte ganz genau: Brauchen Sie Ihre Mutter heute wirklich noch?«, versuche ich noch einmal, ihr für einen Moment ihre erwachsene Entscheidungsfähigkeit zu spiegeln. Sie zuckt mit den Schultern, und wir spüren es beide: Ein Teil von ihr ist noch nicht bereit, die Hoffnung loszulassen, dass ihre Mutter für sie noch »brauchbar« wird.

Wenn Menschen sich so abhängig machen von ihren Eltern, ist es wichtig, die Dynamik dahinter – genauer gesagt: das eigene Zutun – aufzudecken. Wenn nötig, greifen wir Therapeut:innen zu provokanten Interventionen. Irvin Yalom, ein bekannter US-amerikanischer Psychotherapeut, beschrieb einmal, wie einer seiner Kollegen eine 45-jährige Patientin zu einem Dialog mit ihrer toten Mutter aufforderte, in dem sie mehrmals den Satz wiederholen sollte: »Ich werde mich nicht ändern, Mutter, bis du mich anders behandelst als damals, als ich 10 Jahre alt war.« Die Patientin sollte auf diese Weise »mit der Absurdität ihrer Situation und ihrer tragischen und unsinnigen Aufopferung eines Lebens auf dem Altar des Trotzes« konfrontiert werden.[17]

Auch Julia hat sich in so ein Dilemma hineinmanövriert: Sie wird sich nicht ändern, bis ihre Mutter sie anders behandelt als damals, als sie vier Jahre alt war. Julias Pakt lautet: »Ich werde nicht loslassen von meinen Wünschen, bis du, Mutter, sie mir erfüllst. Ich werde die Hoffnung niemals aufgeben und gelobe, mich lieber weiterhin von dir enttäuschen zu lassen, als die Realität zu betrauern, dass du mir diese und keine andere Mutter sein kannst. Ich bleibe lieber klein und an dich gebunden, als mich von dir zu lösen und mit der Enttäuschung leben zu lernen.«

Außenstehenden ist klar, dass Julia auf diese Art und Weise nie zu ihrem Ziel kommen wird, die Mutter zu verändern. Aber seien wir ehrlich: In dieser Zwickmühle stecken viele von uns. Wir wünschen uns mit aller Macht, dass unsere Eltern sich in einigen Punkten anders, besser verhalten. Und um zu diesem Ziel zu gelangen, überlassen wir unseren verletzten inneren Kindern die Führung, die mit ihrer alten Enttäuschung und ihren alten Mitteln darum kämpfen, endlich gesehen zu werden. Wir binden uns immer weiter an den erfahrenen Mangel, anstatt uns zu entscheiden, bewusst aus dem alten, unbefriedigenden Drama auszusteigen.

Aber wie funktioniert das Aussteigen? Und warum fällt es uns eigentlich so schwer, unsere Sehnsucht nach idealen Eltern aufzugeben?

Wie wir unrealistische Hoffnungen aufgeben

Menschen, die von ihren Eltern noch übermäßig abhängig sind, erkennt man oft nicht von außen. Sie können eigene Familien und eigene Unternehmen gegründet haben, sie können auf allen erdenklichen Ebenen erfolgreich sein, aber im Inneren herrschen ihre enttäuschten kindlichen Anteile über sie. Sie sind nach wie vor emotional abhängig von ihren Eltern, Getriebene aus Sehnsucht, endlich die Liebe und Wertschätzung zu erfahren, nach der sie immer gesucht haben. So wie der 45-jährige Eric, der mit dem Gedanken spielt, den Kontakt zu seinem Vater abzubrechen.

»Ich halte es einfach nicht mehr aus«, sagt er mir in der ersten Sitzung. »Wenn wir uns treffen, will er alles über meine Erfolge hören. Aber er bekommt kein Lob über die Lippen, kein anerkennendes Wort. Er steht irgendwann abrupt auf und verlässt den Raum. Oder er liest die Zeitung weiter. Wie früher, er bestimmt, wann die Audienz bei ihm vorbei ist.«

Ich verstehe Erics Ärger und Enttäuschung. Er fühlt sich wie eine Tankstelle für den Vater – sobald dieser narzisstisch satt geworden ist von dem Erfolgs-Rapport seines Sohnes, zieht er sich aus dem Kontakt zurück. Eric hingegen geht leer aus, er bekommt nichts von seinem Vater zurück, jedenfalls nicht das, was er sich wünscht: Wertschätzung und Anerkennung.

Er hat schon oft versucht, mit seinem Vater zu sprechen, aber der Vater wird dann wütend und noch abweisender. »Er ist der Alleinherrscher über unsere Beziehung, und ich ertrage das nicht mehr. Wenn meine Mutter nicht wäre, hätte ich den Kontakt zu ihm schon längst abgebrochen. Er war schon immer kalt und abweisend.«

Zu erkennen, dass der Vater noch nie so war, wie Eric es sich gewünscht hätte, ist eine wichtige Feststellung. Jedes erwachsene Kind, das noch drängende unerfüllte Erwartungen an die Eltern hat, sollte sich folgende Fragen stellen: Waren die Eltern jemals so, wie ich es mir gewünscht habe? Oder jage ich seit meiner Kindheit der Illusion von idealen Eltern hinterher, die es so nie gab? Welche Beweise habe ich, dass meine Eltern sich zwischenzeitlich weiterentwickelt haben und mir nun doch das geben können, was ich brauche?

Wenn es nicht wahrscheinlich ist, dass unsere Eltern unsere Wünsche erfüllen können, ist es an der Zeit, unsere Hoffnung aufzugeben.

Denn genauso wie wir uns aus den Erwartungen der Eltern lösen dürfen, ist es wichtig, die Eltern irgendwann auch von unseren Erwartungen freizusprechen. Jedenfalls dann, wenn sie unsere Erwartungen offensichtlich nicht erfüllen können oder wollen. Solange wir uns etwas Unmögliches von ihnen wünschen, bleiben wir in unserer Kindheit gefangen, in der wir von ihrem Verhalten abhängig waren. Ich sage nicht, dass Sie Ihren Eltern nicht deutlich mitteilen sollten, was Sie sich wünschen. Aber wenn Sie es tausendmal probiert haben ohne Erfolg, ist es Zeit, die Realität anzuerkennen. Und dann auf dieser Basis die Beziehung zu den Eltern anders zu gestalten. Ohne falsche Hoffnung, dafür aber mit einer neuen, bewussten eigenen Beteiligung. Dazu gehört, zu überprüfen, inwieweit wir selbst zur Nicht-Erfüllung unserer Wünsche und der gleichmäßig schlechten Beziehung zu unseren Eltern beitragen.

»Wenn Sie sagen, dass Ihr Vater in Ihren Augen allein über die Art von Kontakt entscheidet – was tun genau Sie, um ihm das zu erlauben?«, frage ich Eric, damit er sich für einen Moment auf *seinen* Beitrag konzentriert und ein Gefühl für sein Mitspracherecht bekommt. Denn wenn sich die unglückliche Beziehung zu unseren Eltern über Jahre hinweg chronifiziert hat, ist uns oft nicht mehr bewusst, dass wir selbst auch ein Teil der Beziehung sind, dass wir an ihr teilnehmen, uns alten Regeln unterwerfen oder mitspielen, im wahrsten Sinne des Wortes »gute Miene zum bösen Spiel machen«.

Eric fällt auf, dass er sich bereits auf dem Weg zu seinen Eltern alle Erfolge der letzten Wochen überlegt, um sie dem Vater dann wunschgemäß präsentieren zu können.

»Wie geht es Ihnen auf dem Weg zu Ihren Eltern, wenn Sie sich so akribisch auf das Gespräch mit Ihrem Vater vorbereiten?«

»Schlecht«, ruft Eric. »Manchmal würde ich am liebsten umdrehen. Aber natürlich habe ich das noch nie getan.«

Denn Eric ist ein braver Sohn. Und er will noch etwas von seinem Vater. Die Sehnsucht, einen noch offenen Wunsch von den Eltern erfüllt zu bekommen, kann ähnlich stark an sie binden wie Schuldgefühle.

Also frage ich ihn, was auf dem Weg zu seinen Eltern passieren müsste, damit er richtig Lust bekäme, sie zu besuchen.

»Ganz einfach: Wenn mein Vater sich ändern würde«, sagt Eric. Es ist die typische Antwort, die uns allen spontan in den Sinn kommt: Um eine unangenehme Situation zu verbessern, sollte der oder die jeweils andere sich ändern. Die Veränderung des anderen wäre der größte Liebesbeweis für uns, und oftmals halten wir an dieser Hoffnung fest, weil es die einzige Möglichkeit ist, die Verbindung nicht abbrechen zu lassen. Leider hält genau diese Erwartung die alte Beziehung – und auch die alte Dynamik – aufrecht, denn wir legen die Macht zu hundert Prozent in die Hände der anderen und machen uns selbst zum Opfer.

»Dass Ihr Vater sich von heute auf morgen ändert, wäre natürlich am schönsten«, stimme ich zu. »Aber höchstwahrscheinlich wird das nicht passieren. Was könnten *Sie* also anders machen?«

Eric überlegt, seinem Vater aus dem Weg zu gehen oder sich nicht mehr auf seine Antworten vorzubereiten. Tatsächlich kommt er zunächst nicht auf die Idee, das Frage-und-Antwort-Spiel mit seinem Vater ganz zu unterbinden. Denn auch für ihn hat das Spiel eine Bedeutung: Es ist der Versuch, den Vater dazu zu bringen, ihm seine Wünsche zu erfüllen. Er ist gemeinsam mit seinem Vater in einem »Wenn-dann-Konstrukt« gefangen: Wenn der Sohn alles richtig macht, dann wird er vom Vater geliebt.

Eric erinnert sich plötzlich an ein Gefühl, das er als Kind hatte: Wenn er genauso werden würde, wie der Vater es sich wünscht, dann würde er ihn endlich lieb haben und ihm Aufmerksamkeit schenken. »Ich habe mein ganzes Leben versucht, ihm zu gefallen«, sagt Eric erschüttert. Er fühlt zum ersten Mal bewusst, wie sehr er sein Leben auf den Vater ausgerichtet hat. »Das macht mich total wütend«, sagt er nach einer Weile. »Auf meinen Vater, der mich benutzt. Aber auch auf mich selbst, dass ich das so lange mitgemacht habe.«

Wut ist häufig der erste Impuls beim Aufdecken der Verstrickungen. Hinter der Wut steckt oft eine tiefe Traurigkeit – die Traurigkeit, nicht um unserer selbst willen geliebt worden zu sein, sondern sich die Liebe der Eltern hart verdienen zu müssen.

Erst wenn wir diese Traurigkeit zulassen, wenn wir Mitgefühl entwickeln für uns selbst als Kind, für den Kummer über das, was uns zustand und was wir trotzdem nicht bekamen, erst dann können wir anfangen, unsere alten Wunden zu versorgen. Und dann können wir uns auch Schritt für Schritt aus dem alten Spiel lösen, das wir mit unseren Eltern unbewusst noch immer spielen. Denn wenn unsere Eltern bis heute nicht verstehen, was wir als Kind gebraucht hätten, ist die Chance gering, dass sie es uns jemals geben können.

Am Ende entsteht die Erkenntnis, dass *wir* es sind, die unser Leben nun in die Hand nehmen müssen. Dass wir es nicht weiterhin unseren Eltern oder unseren kindlichen Anteilen überlassen können, sondern dass wir selbst mit unseren reifen, erwachsenen Stimmen den Kurs vorgeben müssen.

Also frage ich Eric noch einmal, wie er das nächste Treffen mit dem Vater gestalten möchte, sodass er mir anschließend berichten könnte: »Die Begegnung mit meinem Vater hat mir gutgetan.«

»Ich glaube, ich würde gern mit ihm über Bücher sprechen«, sagt Eric. »Wir beide lesen gern historische Bücher. Das ist eine der wenigen Gemeinsamkeiten. Oder wir könnten gemeinsam mit meinem zweijährigen Sohn im Garten spielen.«

»Das wäre ein anderes, ein leichteres Spiel«, sage ich und füge hinzu: »Ein neues Spiel – und Sie haben es ausgesucht.«

Jede Idee, die Eric für die Begegnungen mit seinem Vater hat, ist ein Ausweg aus der alten unangenehmen Situation. Und jede daraus entstehende Veränderung beweist ihm, dass er die Macht hat, die Beziehung zu seinem Vater zu beeinflussen. Im Laufe der Zeit probiert Eric viele neue Spiele mit seinem Vater aus. Nicht auf alle lässt der Vater sich ein, und gerade am Anfang versucht er immer wieder, den Sohn in das alte Wenn-dann-Spiel zu verstricken. Aber Eric bleibt wachsam, er wechselt das Thema oder verlässt den Raum und beendet dadurch für ihn unangenehme Interaktionen.

»Es ist längst nicht alles gut, aber es ist viel besser«, fasst Eric die letzten Treffen mit seinem Vater zusammen. Er hat gelernt, dass er selbst die Begegnungen beeinflussen kann, dass er nicht darauf warten muss, dass der Vater etwas verändert. Und dann ist es für Eric an der Zeit, den Wunsch aufzugeben, vom Vater etwas zu bekommen, das er sich mittlerweile selbst geben kann: Anerkennung und Wertschätzung.

Insbesondere, wenn die Eltern sehr kritisch sind oder ihrerseits Schwierigkeiten haben, uns loszulassen, ist es wichtig, sich Schritt für Schritt unabhängiger von ihrem Urteil zu machen. Denn für Erwachsene ist es nicht mehr entscheidend, dass die Eltern ihrer Meinung sind. Entscheidend ist, dass wir unseren Weg gehen – unabhängig davon, wie die Eltern diesen bewerten.

Warum Eltern nicht alles toll finden müssen, was wir entscheiden

Die fünfjährige Tochter einer Freundin kommt alle paar Minuten in die Küche und dreht sich im Kreis wie eine Ballerina: »Mama, schau mal, kann ich das nicht toll?«

»Ganz toll«, sagt meine Freundin und lächelt sie an. Liebevoll spiegelt sie die Fortschritte, die die Tochter seit ihrer ersten Tanzstunde vor ein paar Tagen gemacht hat. Weil wir wissen, dass es normal ist, dass Kinder in diesem Alter viel Aufmerksamkeit einfordern, nehmen wir die Störungen gelassen hin und loben die Fünfjährige, wie toll sie sich drehen kann. Wir wissen, dass sie irgendwann »satt« sein wird, wenn sie sich ausreichend gesehen und bestätigt fühlt. Denn Kinder brauchen den »Glanz in den Augen der Mutter«, wie es der Psychoanalytiker Heinz Kohut[18] ausdrückte, sie brauchen Eltern, die loben und ihren »Selbstwerttopf« auffüllen, wie die Familientherapeutin Virginia Satir[19] immer wieder betonte. Unser Selbstwertgefühl entsteht nicht im leeren Raum, sondern ist zunächst abhängig von unseren ersten Bindungspersonen, unseren Eltern. Indem sie uns in unserer Kindheit einfühlsam spiegeln, helfen sie uns, ein gesundes, stabiles Selbstwertgefühl zu entwickeln. So wie die

Fünfjährige, die gerade die Freude zu tanzen mit ihrer Mutter teilt und dabei die Erfahrung macht: »Ich bin wichtig. Mama interessiert sich für mich. Sie ist stolz auf mich.«

Stellen wir uns nun einmal vor, die Tochter ist nicht mehr fünf, sondern 35 Jahre alt und kommt alle paar Minuten ins Zimmer und ruft: »Mama, schau mal, kann ich das nicht toll?«

Eine ziemlich verrückte Vorstellung. Die wenigsten Erwachsenen melden sich bei ihren Eltern in so geringen Abständen wie Fünfjährige, aber je weniger Selbstwertgefühl wir haben und je abhängiger wir von unseren Eltern sind, desto mehr Aufmerksamkeit, Lob und Zustimmung brauchen wir von ihnen. Um ihre Anerkennung zu erhalten, richten wir – zum Teil vollkommen unbewusst – unser Leben gemäß den Wünschen der Eltern aus. Die Kränkung, wenn die Eltern unsere Bemühungen oder unsere Erfolge nicht ausreichend honorieren, ist schmerzhaft, also strengen wir uns noch mehr an, um ihnen endlich zu genügen und gelobt zu werden.

Wer hingegen ein gutes Selbstwertgefühl hat, braucht weniger Lob und Zuspruch von außen. Menschen mit gesundem Selbstwertgefühl spüren ihren Wert aus sich selbst heraus und müssen sich nicht für andere verbiegen, um ihnen zu gefallen. Sie sind weniger leicht kränkbar, sie sind kritikfähiger und haben weniger Angst vor Konflikten. Menschen mit einem guten Selbstwertgefühl wurden nicht als narzisstische Erweiterung der Eltern missbraucht, sie mussten also ihr Leben nicht in den Dienst der Wünsche der Eltern stellen, sie durften sich frei entwickeln und wurden von den Eltern in ihren Bedürfnissen erkannt und in ihren Talenten gefördert, ohne überfordert zu werden. Menschen mit einem stabilen Selbstwertgefühl haben weniger Entwicklungsblockaden als andere, nicht zuletzt, weil ihre Eltern sie unterstützt haben – auch in ihren Ablösungsschritten auf dem Weg in die Selbstständigkeit.

Tobias ist 32 Jahre alt, sein Bankkonto ist selbst bei guter Auftragslage meist im Minus, ab und zu muss er sich bei seinen Eltern Geld leihen, das er bisher nie zurückgezahlt hat. Seit drei Monaten hat er eine neue Freundin und bittet seine Eltern, sich mit ihm allein in einem Café zu treffen.

»Wir sind schwanger!«, sagt er fröhlich, noch bevor der erste Kaffee kommt.

»O Gott!«, sagt die Mutter mit vor Schreck geweiteten Augen, der Vater hält sich schweigend am Tisch fest.

Tobias würde am liebsten aufstehen und wieder gehen und nie wieder ein Wort mit seinen Eltern sprechen. Er hätte sich denken können, dass sie sich nicht für ihn freuen, sie behandeln ihn noch immer wie ein Kind, er kann es nicht mehr ertragen, er ist schon lange erwachsen, und nun wird er Vater – wie viel Beweise brauchen die Eltern noch?

Zwei im Schock ausgesprochene Worte führen in dieser Familie zum Bruch. Tobias steht tatsächlich auf und lässt seine bestürzten Eltern im Café zurück. Auf ihre Anrufe reagiert er zunächst nicht; erst als die Eltern vorschlagen, eine Familientherapeutin aufzusuchen, treffen die drei sich zwei Monate später das erste Mal nach dem verunglückten Cafébesuch in meiner Praxis wieder. Gemeinsam versuchen wir zu verstehen, was den Konflikt heraufbeschworen hat, und stellen fest: Die Eltern reagieren so, wie besorgte Eltern es leider oft tun – sie sehen nur die Risiken und die Vergangenheit, in der Tobias seiner Verantwortung als Erwachsener nicht immer gerecht geworden ist, und nicht die Chance, dass er an der Vaterschaft wachsen könnte.

Der Sohn reagiert so, wie unabgelöste Kinder es leider oft tun – er reagiert aus der verletzten Kind-Rolle heraus mit all der Ohnmacht und Enttäuschung, die sich in ihm angesammelt haben, weil die Eltern ihn noch immer wie ein Kind behandeln.

In der gemeinsamen Sitzung schildern die drei viele Geschichten aus der Vergangenheit, in denen sie sich bewiesen haben, dass sie weder ausreichend gute Eltern noch ein ausreichend gutes Kind waren.

Für mich wiederum scheint es, als hätten die drei versucht, alle möglichen Erwartungen zu erfüllen, und jegliches Scheitern überkompensiert. Tobias ist ein Einzelkind, auf dem alle Hoffnungen der Eltern lagen. Sie hätten alles für ihren Sohn getan, aber insgeheim wünschten sie sich auch, dass er alles für sie tun solle. Tobias entschied sich, Musiker zu werden, konsequent verfolgte er seinen Traum, was bedeutete, dass er finanziell immer wieder auf die Unterstützung seiner Eltern angewiesen war.

Eine unbewusste Verstrickung entstand, die die Ablösung verhinderte. Denn während die Eltern fanden, dass ihr Sohn nicht die klügste Berufswahl getroffen hatte und deshalb unter seinem finanziellen Potenzial lebte, was sie ihm hin und wieder vorwurfsvoll mitteilten, schafften sie es nicht, ihn loszulassen und wirklich auf eigenen Füßen stehen zu lassen. »Wir hatten das Gefühl, schlechte Eltern zu sein, wenn wir ihn nicht immer wieder finanziell unterstützt hätten, obwohl es sich irgendwie nicht richtig anfühlte.«

Tobias hingegen hatte einerseits eine erwachsene berufliche Entscheidung getroffen, für die er andererseits aber bis heute nicht wirklich erwachsen einstand. Denn wenn es eng wurde, suchte er sich nicht wie seine Kolleg:innen einen Nebenjob, um über die Runden zu kommen, sondern bat seine Eltern um Hilfe und gab ihnen somit die unbewusste Einladung, die alten Rollen festzuschreiben: Sie blieben die versorgenden Eltern, er blieb das tendenziell abhängige Kind.

Erst Tobias' Enttäuschung über die negative Reaktion

seiner Eltern auf seine Ankündigung, Vater zu werden, gibt ihnen allen Anlass, dieses unbewusste ambivalente Arrangement zu hinterfragen. Der Konflikt ist also gleichzeitig eine Chance für die Familie, sich neu und unabhängiger voneinander aufzustellen und sich erwachsener zu begegnen.

Ich frage Tobias in einem Einzelgespräch, ob ihn die Reaktion seiner Eltern genauso verletzt hätte, wenn er von ihnen finanziell unabhängig wäre. Ob es ihm dann eher gelungen wäre, ihnen gelassen und selbstsicher gegenüberzutreten: »Ihr müsst euch keine Sorgen machen. Ich schaffe das.«

Tobias stimmt zu: »Die Reaktion meiner Eltern hat mich wahnsinnig getroffen, weil ich ja tatsächlich in manchen Bereichen noch nicht ganz selbstständig bin.« Diese Einsicht ist ein wichtiger Schritt zur Ablösung. Indem Tobias die Verstrickung mit seinen Eltern erkennt, kann er seine eigene Reaktion in Zukunft besser von deren Reaktionen entkoppeln. Gleichzeitig wird ihm klar, dass es höchste Zeit ist, mehr Verantwortung zu übernehmen und sich finanziell auf eigene Füße zu stellen.

Wir sehen wieder einmal: Ein nicht gelungener Entwicklungsschritt macht sowohl die weiteren Ablösungsschritte als auch die Beziehung zu den Eltern weitaus schwieriger. Je abhängiger wir voneinander sind und je verstrickter unsere Beziehungen sind, desto anfälliger sind wir für Kränkungen und Enttäuschungen.

In der nächsten gemeinsamen Sitzung stelle ich Tobias und seinen Eltern viele Fragen, um ihren Blick auf die entstandene Dynamik zu schärfen, und auch, um ihre Annahmen von Richtig und Falsch kritisch zu hinterfragen.

»Warum ist es Ihnen so wichtig, dass Ihre Eltern einverstanden sind, dass Sie ein Kind bekommen?«, frage ich Tobias.

»Es geht mir nicht um ihr Einverständnis, ich kann machen, was ich will. Es geht mir darum, dass sie sich nie für mich freuen.«

»Wenn Sie allein über Ihr Leben entscheiden und das Einverständnis Ihrer Eltern nicht brauchen, warum ist es dann so wichtig für Sie, dass Ihre Eltern sich freuen?«, möchte ich wissen.

Tobias schaut mich verdutzt an. »Würden Sie sich das nicht auch von Ihren Eltern wünschen, dass sie sich für Sie freuen? Wünscht sich das nicht jedes Kind?«, spielt er mir den Ball zurück, indem er die Frage verallgemeinert und sein Verhalten normalisiert.

»Bestimmt ist es schöner für uns alle, wenn unsere Eltern mit unseren Entscheidungen einverstanden sind und sich sogar noch für uns freuen«, sage ich. »Aber was ändert es in Ihrem Leben, wenn Ihre Eltern sich nicht freuen?«

»Es enttäuscht mich«, sagt Tobias und schaut seine Mutter an. Die Mutter hat Tränen in den Augen, natürlich will sie ihren Sohn nicht enttäuschen, aber das ändert nichts an ihrer Sorge, dass er sich verfrüht in eine Verantwortung stürzt, die er ihrer Meinung nach nicht überschauen kann.

»Gut«, sage ich, und nun schauen mich alle drei überrascht an. »Sie als Sohn sind enttäuscht von Ihren Eltern. Genauso, wie Sie als Eltern immer mal wieder von Ihrem Sohn enttäuscht sind. Diese Enttäuschung – dass wir alle nicht so sind, wie die anderen es sich wünschen würden – gehört zum Erwachsenwerden dazu. Die Frage ist, wie gehen wir damit um? Versuchen wir, die anderen davon zu überzeugen, dass sie falschliegen und sich unseren Vorstellungen unterwerfen sollten? Oder halten wir unsere Enttäuschung und unsere Traurigkeit über die Disharmonie aus und lassen diese Gefühle auch den anderen – und zwar ohne uns dafür verantwortlich zu fühlen?« Ich wende mich an Tobias: »Warum dürfen Ihre Eltern nicht ein wenig schockiert sein?

Warum haben sie nicht das Recht, Ihre Entscheidung völlig überstürzt zu finden? Wenn Sie *wirklich* kein Einverständnis Ihrer Eltern für Ihre Entscheidungen mehr brauchen, dann wäre der Einwand Ihrer Eltern für Sie so gut wie bedeutungslos, nicht wahr?« Ich versuche mit meinen provokanten Fragen neue, gesündere Grenzen zwischen den Generationen aufzuzeigen und Tobias klarzumachen, dass *er* es ist, der seinen Eltern viel zu viel Macht gibt.

Dann richte ich mich an die Eltern: »Ich weiß aus unserem letzten Gespräch, dass Ihnen Ihre spontane Reaktion leidtut, dass Sie sich aber nach wie vor Sorgen um Ihren Sohn machen und befürchten, dass ihn die Verantwortung für ein Kind überfordern wird. Nun ist Ihnen natürlich klar, dass Sie kein Mitspracherecht mehr über das Leben Ihres Sohnes haben. Das Einzige, was Sie tun können, ist, Ihrer Verantwortung als Eltern gerecht zu werden. Und da scheint es einige Unklarheiten zu geben, nicht wahr?«

»Wie meinen Sie das?«, fragt mich die Mutter. Ich habe ihre Angst, keine gute Mutter zu sein, getriggert. Auch der Vater schaut alarmiert.

»Was würden gute Eltern Ihrer Meinung nach tun, wenn ihnen der 32-jährige Sohn eröffnet, dass er in wenigen Monaten selbst Vater wird?«, frage ich die Eltern.

»Das kann man ja nicht so aus dem Zusammenhang reißen«, protestiert der Vater gegen meine einfache Frage.

»Versuchen Sie es mal«, beharre ich. »Was hätten *Sie* sich von Ihren Eltern gewünscht, wenn Sie ihnen – meinetwegen auch unter genau den gleichen Umständen wie Tobias – mitgeteilt hätten, dass Sie Vater oder Mutter werden?«

Die Eltern schauen sich an und überlegen lange. »Dass sie mir sagen, dass sie sich für mich freuen«, antwortet der Vater schließlich, und die Mutter nickt weinend.

Wir alle würden uns wünschen, dass unsere Eltern sich

für uns freuen, selbst wenn sie unsere Entscheidungen nicht verstehen, sich Sorgen machen oder aus welchen Gründen auch immer sogar völlig dagegen sind.

Aber viel wichtiger ist es, dass wir uns so bewusst wie möglich aus dieser Abhängigkeit lösen. Denn ob unsere Eltern einverstanden sind mit unserem Leben oder nicht, sollte in unserer Entscheidungsfindung eine untergeordnete Rolle spielen – weil wir nicht das Leben unserer Eltern führen, sondern unser eigenes. Was für sie passte, mag für uns völlig unpassend sein, und umgekehrt. Wer hier zu großen Wert auf die elterliche Zustimmung legt, läuft Gefahr, sein Leben aus der Hand zu geben und den Eltern zuliebe auf das eigene Lebensglück zu verzichten.

Es geht nicht darum, dass wir die Meinung der Eltern und ihre Werte nicht in unsere Entscheidungen mit einfließen lassen dürfen. Aber wir sollten die Zufriedenheit unserer Eltern nicht über unsere eigene stellen. Unsere Eltern stolz zu machen, sollte irgendwann weniger wichtig sein, als uns selbst treu zu bleiben.

Der Glanz in den Augen der Eltern war wichtig, um unseren Selbstwert in der Kindheit zu etablieren, aber irgendwann kommt der Zeitpunkt, an dem der zustimmende eigene Blick wichtiger wird als jeder andere Blick auf uns – sogar der unserer Eltern. Zum Erwachsensein gehört, dass wir das Ruder unseres Lebens selbst übernehmen, auch wenn wir in völlig andere Richtungen steuern, als unsere Eltern es für uns vorgesehen hatten.

So wie Sarah, die ihren sicheren Job aufgeben möchte, um mit ihrem Freund eine einjährige Weltreise zu machen. »Ich habe alles geplant, ich habe Geld gespart, ich werde meine Wohnung untervermieten und ein Jahr das tun und lassen, wonach mir ist. Alles ist perfekt. Außer dem Verhältnis zu meiner Mutter, die, seitdem ich ihr davon erzählt habe, total ausflippt und mir alles ausreden möchte«, sagt Sarah und schaut ihre Mutter traurig an.

»Wie würden Sie es denn finden, wenn Ihre Tochter alles aufgibt für eine fixe Idee?«, fragt Sarahs Mutter mich, und man sieht und hört ihr an, wie verzweifelt sie ist.

»Sie scheinen jedenfalls nicht wirklich begeistert davon zu sein«, sage ich. »Was genau stört Sie am Plan Ihrer Tochter?« Ich kann mir genau vorstellen, was die Mutter stört, aber ich habe die Erfahrung gemacht, dass es wichtig ist, Menschen ihren Kummer erst einmal ausführlich schildern zu lassen, auch damit sie anschließend den anderen besser zuhören können. Nachdem die Mutter ihre Sorgen geäußert hat, wiederhole ich jede einzelne, sodass sie weiß, dass ich sie verstanden habe. Dann frage ich die Tochter, ob sie die Sorgen ihrer Mutter auch verstehen kann.

»Nein«, antwortet Sarah. »Ich habe alles durchdacht, wir sind finanziell unabhängig, wir haben Back-up-Pläne für alle Eventualitäten. Und jetzt möchte ich anfangen, mich zu freuen. Ich möchte loslassen, das ist nämlich der Grund, warum wir diese Auszeit überhaupt geplant haben.«

Wir haben hier eine völlig andere Situation als bei Eric und Tobias. Vor mir sitzt zwar eine besorgte Mutter, die nicht einverstanden ist mit den Plänen ihrer Tochter, aber Sarah ist im Vergleich zu Eric und Tobias innerlich so gefestigt, dass sie die Zustimmung ihrer Mutter nicht braucht. Sie wird ihre Auszeit nehmen, egal, was die Mutter sagt. Sie wünscht sich den Segen ihrer Mutter, aber er ist nicht ausschlaggebend für ihre Entscheidung. Vor allem wünscht sie sich, dass es ihrer Mutter in ihrer Abwesenheit gut geht und sie sich nicht jeden Tag Sorgen macht.

»Ich bin erwachsen, Mama«, sagt Sarah mit Nachdruck. »Ich wohne seit sechs Jahren nicht mehr zu Hause, und schau, ich lebe noch!«

»Ja, aber du hattest ja auch ein geregeltes Leben in

Deutschland«, sagt die Mutter, als ob die Tochter nicht auch hier Unfälle oder Krankheiten hätten ereilen können.

»Beschreiben Sie mir bitte Ihre Tochter«, fordere ich die Mutter auf. »Ist sie verantwortungsbewusst, oder hat sie eher Flausen im Kopf?«, gebe ich ein Beispiel.

Die Mutter atmet tief ein und aus, dann beginnt sie: »Meine Tochter ist schon verantwortungsbewusst. Sie ist auch musikalisch, ich weiß nicht, warum mir das gerade als Nächstes einfällt.« Beide lachen. »Also, Sarah ist kreativ und lustig, sie reist gerne und hat einen großen Freundeskreis«, fährt die Mutter fort. »Und das alles willst du jetzt aufgeben?« Die Frage hört sich wie ein Vorwurf an.

Sarah schaut ihre Mutter ernst an und nickt. »Ich werde in drei Monaten losfliegen und in einem Jahr und drei Monaten wiederkommen. Die Welt wird sich weiterdrehen, und dann komme ich zurück, und hier wird alles so sein wie vorher.«

»Du wirst arbeitslos sein.«

»Das weißt du nicht, Mama. In meiner Branche finde ich immer was Neues. Ich bin gut. Und selbst wenn ich nicht sofort etwas finde, ich habe genug gespart, um eine Weile zu überleben. Aber ehrlich gesagt ist das mein Bier, das ist meine Verantwortung, und du solltest dir darüber keine Gedanken machen.«

»Das erzähl mal deiner Tochter, wenn die irgendwann auf eine ähnlich bescheuerte Idee kommt«, sagt die Mutter und fängt an zu weinen.

»Was wäre eigentlich für Sie das Schlimmste, was passieren könnte?«, frage ich die Mutter, als sie sich wieder etwas beruhigt hat.

»Dass ich nicht für meine Tochter da sein kann, wenn ihr etwas passiert.«

»Ach, Mama«, sagt Sarah, steht auf und nimmt ihre Mutter in den Arm, die die Umarmung erwidert.

Es wird deutlich, wie liebevoll das Verhältnis der beiden ist. Nachdem Sarahs Vater früh gestorben war, hatte sich zwischen Mutter und Tochter eine besonders enge Bindung entwickelt.

»Sie waren ihr ganzes Leben lang für Ihre Tochter da«, sage ich an die Mutter gerichtet. »Schauen Sie mal, was für einen wunderbaren Menschen Sie da großgezogen haben: Sarah ist liebevoll und empathisch. Gleichzeitig setzt sie sich ein für das, was sie will, obwohl ihre Mama es ihr am liebsten verbieten würde, wenn sie könnte. Sarah übernimmt Verantwortung für ihr Leben, und zwar in allen Bereichen. Sie signalisiert Ihnen die ganze Zeit: ›Ich bin erwachsen, du darfst mich loslassen! Du warst so gut für mich da, als ich klein war, als ich Papa verloren habe, und die ganze Zeit danach, dass ich jetzt wirklich für mich selber sorgen kann und das auch möchte.‹«

Die Mutter hat mir aufmerksam zugehört. Sie erfährt in meiner Beschreibung von Sarah eine wertschätzende Anerkennung, was sie als Mutter geleistet hat, und dass sie nichts anderes mehr tun kann, als dieser guten Basis zu vertrauen.

»Und nun ist es Zeit für Sie als Mutter, Ihr Kind loszulassen. Sie wissen, dass Sie Sarah alles gegeben haben, was Sie konnten und was nötig war. Sie wissen, dass Sarah alles tun wird, was sie tun kann, damit sie in einem Jahr wieder heil vor Ihnen steht.« Ich mache eine kleine Pause. »Glauben Sie, dass Sie Ihrer Tochter etwas Gutes mit auf den Weg gegeben haben?«, frage ich die Mutter. Sie nickt. »Und glauben Sie, dass Sie Ihrer Tochter vertrauen können?«

Sie zuckt mit den Achseln und schnieft. »Ja, schon.«

»Was brauchen Sie also noch, um Ihrer Tochter viel Spaß auf ihrem Abenteuer zu wünschen und darauf zu vertrauen, dass alles gut wird?« Sie putzt sich umständlich die Nase. Dann setzt sie sich gerade hin und sagt mit fester Stimme: »Du musst dich regelmäßig bei mir melden.« Sarah lächelt sie an und streckt ihre Hand aus, die Mutter schlägt ein. Anschließend verhandeln die beiden den Rest der Stunde, was »regelmäßig« bedeutet, und zwar wie zwei Erwachsene, die am Ende einen Kompromiss finden, mit dem sie beide gut leben können.

Was für ein Geschenk, diese Tochter und ihre Mutter dabei zu beobachten, wie sie liebevoll aufeinander bezogen sind und sich trotzdem voneinander abgrenzen können. Sarah empfand es nicht als Kränkung, dass ihre Mutter sich anfänglich nicht für sie freuen konnte, sondern konnte sich in ihre Mutter und deren Sorge einfühlen. Anstatt Schuldgefühle zu entwickeln, blieb sie klar in ihren Wünschen und deren Umsetzung, obwohl die Mutter sie nicht gutheißen konnte. Anstatt sich in die Gefühlswelt ihrer Mutter zu verstricken, erlaubte sie sich, bei sich selbst zu bleiben, ohne die Beziehung zur Mutter dadurch infrage zu stellen. Dieser Balanceakt gelingt, weil Sarah ausreichend abgelöst ist. Sie fühlt sich nicht für das Glück oder Unglück ihrer Mutter verantwortlich und kann deshalb sowohl ihren eigenen Weg gehen als auch die Beziehung zur Mutter aktiv mitgestalten.

Sarah kann klare Entscheidungen für ihr Leben treffen, weil sie unabhängig ist vom Wohlwollen ihrer Mutter. Und trotzdem ist diese Mutter-Tochter-Beziehung tief und nah. Sie erlaubt Veränderung, Wachstum und echte Begegnung, obwohl oder gerade *weil* die beiden sich aneinander reiben.

Ablösung von den Eltern hat nichts mit mangelnder Liebe oder Nähe zu tun, im Gegenteil: Sie macht liebevolle erwachsene Beziehungen überhaupt erst möglich.

Die Realität akzeptieren und den Eltern die Macht nehmen

Wieso braucht Sarah so viel weniger Zustimmung von ihrer Mutter als beispielsweise Julia, Eric oder Tobias? Vermutlich, weil Sarah in einer Zeit, in der es wirklich darauf ankam, die elterliche Zustimmung ausreichend bekam, während die anderen zu wenig positive Spiegelung von ihren Eltern erhielten.

Wenn wir über Selbstsicherheit und ein hohes Selbstwertgefühl verfügen, dann sind wir zeit unseres Lebens unabhängiger von den Meinungen und Zustimmungen anderer. Gleichzeitig können wir im besseren Kontakt mit ihnen bleiben, weil wir empathischer sind und uns weniger angegriffen und gekränkt fühlen, wenn wir kritisiert werden.

Diese Grundausstattung hilft uns also im Erwachsenenalter, die Eltern nicht weiter zu idealisieren und ihnen zu viel Macht zu geben. Aber auch Julia, Eric, Tobias und alle anderen Menschen, die weniger Glück als Sarah in ihrer Kindheit hatten, können sich altersgemäß von den Eltern lösen.

Dazu gehört, dass wir unsere Hoffnung aufgeben, dass die Eltern irgendwann so werden, wie wir sie als Kind gebraucht hätten. Wir müssen das Vakuum, das wir bisher mit falscher Hoffnung gefüllt haben, also mit etwas anderem füllen. Und zwar mit dem, was ist. Mit all unseren Gefühlen. Mit unserer Wut. Mit unserer Enttäuschung. Mit unserer Trauer über das, was nie war, nicht ist und nie sein wird.

Ich gebe zu, das hört sich erst einmal nicht sonderlich verlockend an. Wir sollen unsere Hoffnung gegen unangenehme Gefühle tauschen? Leider ist es der einzige Weg, um die falsche Hoffnung loszulassen und endlich unsere inneren Kinder zu versorgen. Denn solange wir an falschen Hoffnungen festhalten, täuschen und vernachlässigen wir unsere inneren verletzten Kinder – wir behandeln sie im Grunde nicht anders, als unsere Eltern uns damals behandelten.

In dem Moment jedoch, in dem wir anfangen, unsere Gefühle wirklich anzunehmen, nehmen wir auch unsere inneren Kinder an. Wir können unsere alten Verletzungen spüren – dort, wo sie entstanden sind – und unsere Wunden betrauern und anschließend versorgen. Je mehr falsche Hoffnungen wir loslassen, desto näher kommen wir uns selbst.

Und dann kommt wieder einer der heilsamen Ausblicke: Wir machen die Erfahrung, dass Gefühle sich verändern und dass hinter dem Annehmen der Enttäuschung eine große Freiheit liegt. Denn auf die Akzeptanz, dass unsere Eltern uns nicht das geben können, was wir uns wünschen, folgt ein weiterer Schritt zur Ablösung: Anstatt uns weiterhin von unseren Erwartungen an unsere Eltern abhängig zu machen, erkennen wir die Realität an, wir nehmen sie an mit all den Gefühlen, die sie begleiten.

Wir füllen also das Vakuum mit dem, was ist. Und langsam, aber stetig wird sich der Gefühlsinhalt verändern. Denn nur die Gefühle, die wir zulassen, können wir auch loslassen. Während unterdrückte Gefühle sich verhärten und uns immer wieder mit einer Intensität überfallen, die erschreckend sein kann, sind durchlebte Gefühle leichter zu ertragen. Sie sind uns nicht mehr fremd, sie werden nicht mehr als feindlich erlebt, sie gehören zu uns, wir erkennen sie und können uns dementsprechend schneller beruhigen. Jeder, der einmal Liebeskummer hatte, weiß, wie heftig und unausweichlich der Schmerz war und wie er sich im Laufe der Zeit verringert hat. Wenn wir zurückblicken, können wir ihn noch immer abrufen, aber in sanfterer, erträglicherer, distanzierterer Form. Wilhelm Busch schrieb einst: »Gehabte Schmerzen, die hab' ich gern.« Gehabter Schmerz ist der Schmerz, auf den wir zurückblicken können, weil wir ihn verwandelt haben: in eine Erfahrung, die uns geprägt hat, die aber nun hinter uns liegt.

Egal, ob wir von den Eltern getröstet und beruhigt werden wollen, ob wir von ihnen gelobt werden oder ihre grenzenlose Zustimmung für unsere Lebensentscheidungen bekommen möchten, obwohl wir immer wieder die Erfahrung machen, dass unsere Eltern unsere Bedürfnisse nicht erfüllen können – wir alle müssen früher oder später die unerfüllbaren Erwartungen an die Eltern loslassen. Wer diesen Entwicklungsschritt nicht bewältigt, läuft Gefahr, die Enttäuschung über die Eltern auch in seinen Liebesbeziehungen zu wiederholen.

Wenn es uns gelingt, die falsche Hoffnung aufzugeben und die Enttäuschung über unsere Eltern anzunehmen, nehmen wir den Eltern die Macht über uns. Unsere Eltern sind, wie sie sind. Sie haben gute Seiten und schlechte Seiten. Sie haben Fehler gemacht, vielleicht sogar furchtbare Fehler – weil sie es nicht besser wussten und besser konnten und weil sie sehr wahrscheinlich die Fehler ihrer Eltern an uns wiederholten. Eltern sind menschlich, und sie werden ihre Kinder zwangsläufig enttäuschen. Aber jede Enttäuschung ist auch eine Befreiung und eine Chance, eine reifere Beziehung zu führen: mit uns selbst, aber auch mit unseren Eltern. Jede Enttäuschung ist ein Abschied von einer Illusion und hilft, die Eltern aus einer erwachseneren Brille zu betrachten.

Wer sind unsere Eltern wirklich? Wie sind sie so geworden, wie sie sind? Was hat sie geprägt, was hat sie verletzt, was hat sie enttäuscht? All diese Fragen sind wichtig, denn sie machen aus unseren Eltern mehr als unsere Mutter und unseren Vater: Sie machen sie zu Menschen, die selbst einmal Kinder waren, die unter den Erwartungen ihrer Eltern und den Enttäuschungen durch sie litten. Es macht sie zu Töchtern und Söhnen, zu Sterblichen mit Verletzungen und Verletzlichkeiten, genauso wie wir es sind.

VIER

»Alle Töchter wussten, dass ihre Mütter auch nur Töchter waren, und alle vergaßen es.«

DÖRTE HANSEN, ALTES LAND

Erwachsen auf die Eltern blicken

Die buddhistische Nonne Pema Chödrön erzählt in einem Vortrag[20], dass ihre Mutter eine schwierige Person war: hypochondrisch, bewertend, kritisch, nörgelnd. Eines Tages, Pema war 20 Jahre alt, bekamen sie Besuch von einer alten Freundin der Mutter, die Pema bisher nicht kennengelernt hatte. Die Mutter und ihre Freundin hatten viel Spaß zusammen. Etwas Eigenartiges geschah: Pema sah ihre Mutter zum ersten Mal mit anderen Augen – sie sah sie mit den Augen der alten Freundin, die sich auf die Mutter gefreut hatte, die mit ihr rumalberte und lachte und die ihre Mutter als frech und lustig, also als wunderbare Person empfand. Ihr wurde plötzlich bewusst, dass sie ihre Mutter bisher nur durch ihre ganz spezielle Tochter-Linse gesehen und ein recht starres Bild von der Mutter erstellt hatte – »Aber sie ist viel mehr als das«.

Wie würde sich das Bild unserer Eltern verändern, wenn wir sie nicht nur durch *eine*, nämlich unsere Kind-Linse sehen könnten, sondern wenn wir sie auf eine ganz neue Weise betrachten könnten – wie Fremde, die wir noch nie zuvor gesehen haben? Wir würden feststellen: Unsere Eltern sind weit mehr als nur unsere Eltern. Sie sind auch die Kinder, die sie einst waren, sie sind das frisch verliebte, noch kinderlose Paar, sie sind Menschen voller Pläne und Träume, von denen manche sich erfüllen und andere sich zerschlagen, sie sind Schwester, Bruder, Freund:in, Kolleg:in und Chef:in – sie sind so viel mehr als nur Mutter und Vater.

Es gibt nicht wenige Kinder, die mit einer starren Linse

auf ihre Eltern schauen, die sie farbenblind macht: Sie sehen die Eltern entweder als weiß oder schwarz, als gut oder schlecht. Manche Kinder müssen ihre Eltern idealisieren, weil sie nur so die Beziehung zu ihnen aufrechterhalten können. Insbesondere in Familien, in denen Loyalität einen höheren Wert hat als alles andere, gilt Kritik an den Eltern als Verbrechen, also darf sie weder gefühlt noch geäußert werden. Im Gegensatz dazu gibt es auch Menschen, die ihre Eltern als Monster beschreiben und die kein gutes Haar an ihnen lassen. Beide Extreme deuten darauf hin, dass keine hinreichende Ablösung stattgefunden hat. Denn sowohl der idealisierende als auch der vernichtende Blick auf die Eltern zeigt, dass wir bestimmte Anteile von ihnen abgespalten haben und sie nicht als ganze, mitunter widersprüchliche Persönlichkeiten wahrnehmen können.

Erst wenn wir unsere Eltern als Menschen wahrnehmen, die mal gut und mal fehlbar sind, schrumpfen wir die ehemaligen Eltern-Götter auf menschliches Normalmaß zurück. Und erst dann ist es möglich, uns einerseits altersgemäß von ihnen abzulösen und andererseits eine Beziehung zu ihnen aufzubauen, die über alte Verpflichtungen, erstarrte Rituale und die üblichen Sehnsüchte und Enttäuschungen hinausgeht.

Wir haben in den vorherigen Kapiteln gesehen, wie wichtig es ist, familiäre Erwartungen zu hinterfragen – elterliche Erwartungen an uns, aber auch unsere Erwartungen an die Eltern. Wir haben gesehen, wie notwendig bestimmte Schritte in die Selbstständigkeit sind und zu welchen Blockaden es führt, wenn wir nicht alle bewältigen. Wir haben unsere verletzten inneren Kinder kennengelernt, die endlich versorgt werden müssen, damit alte Wunden heilen können. In diesem Kapitel geht es darum, die Eltern eingehender zu betrachten: wo sie ihrer elterlichen Fürsorge nicht gut nachgekommen sind und wo sie selbst keine Fürsorge erhalten haben, wo sie sich bemüht und wo sie versagt haben. Ob sie uns aufgrund ihrer eigenen Kindheitserfahrungen überhaupt besser hätten versorgen können – und ob sie sich im Laufe der Jahre verändert haben, ob sie uns also bessere Eltern geworden sind und wir es bisher nur noch nicht wahrnehmen konnten, weil unsere kindliche Linse unseren Blick nach wie vor trübt.

Benennen, was war und was ist

Alexander und Katharina sind Anfang vierzig, als sie sich wegen »Kommunikationsproblemen« in meiner Praxis anmelden. Obwohl sie sich lieben, geraten sie immer wieder in äußerst unangenehme und kräftezehrende Streitigkeiten, die sie allein nicht mehr lösen können.

Zu Beginn einer Therapie schicke ich meinen Klient:innen einen Fragebogen mit etwa 30 Fragen. Katharina berichtet in der nächsten Sitzung, dass ihr beim Ausfüllen »vieles wieder hochgekommen« sei, sie sei nach den ersten drei Antworten schon »richtig fertig« gewesen und bräuchte noch etwas Zeit, alles zu beantworten. Besonders die Beziehung zu ihrer schwierigen Mutter sei bis heute nervenaufreibend und löse beim Beschreiben viele Gefühle aus. Alexander hingegen drückt mir seinen ausgefüllten Fragebogen in die Hand. Ich überfliege die erste Seite:

Beziehung zur Mutter? Gut, lebt noch.

Beziehung zum Vater? Gut, früh gestorben.

Wie war Ihre Kindheit? Gut, schön.

Auf den ersten Blick beruhigende Antworten. Gute Beziehungen zu den Eltern erleichtern unser gesamtes Leben. Denn unsere Kindheitserfahrungen sind die Basis für unsere Bindungs- und Konfliktfähigkeit und für unsere Resilienz, also unsere psychische Widerstandskraft. Idealerweise haben wir im Umgang mit unseren Eltern ein gutes Selbstwertgefühl und viel Vertrauen in unsere Mitmenschen entwickelt. Wir können uns in Stresssituationen beruhigen und wieder handlungsfähig werden. Während Konflikten können wir uns sowohl in andere hineinversetzen als auch unseren eigenen Anteil erkennen und dafür Verantwortung übernehmen. Wir können uns sowohl bei anderen entschuldigen als auch anderen verzeihen, wenn sie uns verletzt haben. Wir haben ein hohes Maß an Selbst-Differenzierung, was uns zu reifen und angenehmen Partner:innen macht.

Aber bei Weitem nicht alle Menschen wachsen bei Eltern auf, die ihren Kindern ausreichend gute Bindungspartner:innen sind – und diese Menschen haben dementsprechend mehr Schwierigkeiten in ihren Beziehungen, auch wenn sie längst erwachsen sind. So auch Alexander: Er liebt seine Frau Katharina und ist eigentlich glücklich mit ihr. Aber es gibt Momente, da tickt er aus. Er ist nicht mehr »er selbst«. Er ist manchmal so getroffen von Katharinas Worten oder Verhalten, dass er erst schreit und sich danach tagelang zurückzieht. Oft sind es kleine Auslöser, die ihm das Gefühl geben, nichts wert zu sein. Er sagt: »Fahr links«, und sie fährt rechts – eine Verletzung seiner Menschenwürde. Er wünscht sich pikanten Käse zum Abendessen, sie kauft milden – seine Wünsche zählen nichts, er zählt nichts. Er möchte mit ihr schlafen, sie ist zu müde – sie liebt ihn nicht, sie hat ihn nie geliebt. Da könnten sie sich genauso gut auch trennen.

Beide fühlen sich in diesen Situationen voneinander zurückgewiesen: Während Alexander auf Zurückweisung mit Rückzug und Trennungsfantasien reagiert, entwickelt Katharina starke Trennungsängste und fängt an zu klammern. Auf diese Weise kommen sie sich irgendwann wieder näher, ohne jedoch den Ursprung ihrer Probleme zu bearbeiten. Und dieser Ursprung liegt weiter zurück, als beide zunächst ahnen – er liegt in ihren jeweiligen Kindheitserfahrungen, genauer gesagt, in den Bindungserfahrungen mit ihren Eltern.

In einer der nächsten Sitzungen bitte ich Alexander, mir seine Eltern und seine Kindheit zu beschreiben. »Mein Vater ist früh gestorben, meine Mutter hat sich danach um alles gekümmert. Es war alles gut.« Es stellt sich heraus, dass Alexander nur wenige Erinnerungen an seine Kindheit hat, weder an den Tod des Vaters und die Zeit danach noch an die Jahre mit seiner Mutter, in denen sie ihn allein großzog, ohne einen neuen Partner. Erst ab der Pubertät werden Erinnerungen für ihn greifbarer. Ihm fallen nach einer Weile ein paar Anekdoten über seine Mutter ein: wie sie ihm einmal einen ganzen Monat lang sein Taschengeld vorenthielt, weil er in der 6. Klasse eine Drei in Mathe schrieb; wie sie ihn mit 15 rausschmeißen wollte, weil er zehn Minuten zu spät zum Abendessen gekommen war; wie sie ihm Vorwürfe machte, wenn er in ihren Augen mal wieder die falsche Freundin gewählt hatte.

Sein Vater starb, als Alexander sechs Jahre alt war, er hat ein Bild von ihm, wie der Vater ihn als Kleinkind in die Luft wirft und auffängt. Er mag das Bild sehr gern, wirkliche Erinnerungen hat er aber nicht an seinen Vater. »Auch keine wirklichen Gefühle. Ich war ja noch ganz klein, als er starb.« Alexander fasst zusammen: »Insgesamt würde ich meine Kindheit als ›gut‹ beschreiben.«

Vor mir sitzt ein Mann, der seine Kindheit und die Beziehung zu seinen Eltern als *gut* beschreibt, obwohl er seinen Vater früh verloren hat und die wenigen anderen Erinnerungen, die erst in seiner Pubertät einsetzen, schmerzhaft für ihn gewesen sein müssen. Alexander sind diese Widersprüche nicht bewusst, und er kann deshalb keinen Zusammenhang zwischen seinen heutigen Konflikten mit seiner Frau, seiner leichten Kränkbarkeit, seinen Selbstwertzweifeln und seiner Kindheit sehen. Wie so viele unabgelöste Menschen hat er blinde Flecken in Bezug auf seine Kindheit. So verwundert es nicht, dass er zunächst tatsächlich davon überzeugt ist, dass seine Partnerin die Erste ist, die ihn und seine Bedürfnisse nicht versteht und ihn damit alleinlässt.

Wieso sind Erinnerungen an unsere Eltern oft verzerrt?
Psycholog:innen, die über Bindung forschten[21], stellten fest, dass Menschen mit einer sicheren Bindung sich gut an ihre Kindheit erinnern können und sowohl über positive als auch über negative Ereignisse kohärent – also zusammenhängend und sinnvoll – berichten können.

Dem gegenüber stehen unsicher gebundene Menschen: zum einen die Gruppe der unsicher-vermeidend Gebundenen, die sich meist nur bruchstückhaft an ihre Kindheit erinnert und die Eltern eher idealisiert (so wie Alexander), zum anderen die Gruppe der unsicher-ambivalent, verstrickt Gebundenen, die sich (wie Katharina) mit Hilflosigkeit und Wut an negative Kindheitserfahrungen erinnert, als wäre sie ihnen jetzt noch ausgesetzt. Eine weitere Gruppe von Menschen mit schweren Bindungstraumata zeichnet sich dadurch aus, dass die Erzählungen über ihre Kindheit häufig widersprüchlich und irrational sind.

Wie lassen sich diese Unterschiede erklären, und wie sind sie entstanden?

Unsicher-vermeidend Gebundene hatten oft abweisende Eltern, die unsensibel für die Bedürfnisse ihrer Kinder waren. Sie lernten dementsprechend, ihre – von den Eltern unerwünschten – Gefühle zu unterdrücken und irgendwie allein zurechtzukommen. Zu ihrer Überlebensstrategie gehört es, eher kognitiv zu bewerten, als zu fühlen. Sowohl ihre Bedürftigkeit als auch Probleme werden bagatellisiert, was dazu führt, dass sie auch in der Retrospektive oft verneinen, elterliche Unterstützung vermisst zu haben. Im Gegenteil: Sie neigen dazu, ihre Eltern zu idealisieren. Gefühle wie Wut und Trauer über den Mangel an elterlicher Versorgung sind ihnen häufig nicht zugänglich. Passend zu ihrer Überlebensstrategie legen sie auch im Erwachsenenalter großen Wert auf ihre Unabhängigkeit und verlassen sich ungern auf andere. In manchen Fällen werten Menschen mit einer unsicher-vermeidenden Bindung ihre Bezugspersonen und Bindungen im Allgemeinen ab.

Menschen mit einem **unsicher-ambivalenten, verstrickten Bindungsstil** wuchsen oft bei Eltern auf, die unvorhersehbar für sie waren: mal überschwänglich und verwöhnend, mal abweisend. Statt Urvertrauen entwickeln diese Kinder ein Gefühl der konstanten Unsicherheit, und anstatt mit wachsendem Selbstvertrauen ihre Umwelt zu erforschen und autonomer zu werden, bleiben sie emotional abhängig von ihren Eltern. Eine Überlebensstrategie dieser Kinder besteht darin, feine Antennen für die Stimmungen und Bedürfnisse der Eltern zu entwickeln. Wenn Kinder aber die Bedürfnisse der Eltern vor die eigenen stellen, werden sowohl ihre Identitätsbildung als auch die altersgemäße Ablösung erschwert.

Spricht man mit unsicher-ambivalent gebundenen Menschen über ihre Vergangenheit und ihre Eltern, werden sie mitunter von Erinnerungen an die Kindheit überflutet und pendeln oft zwischen Wut und Idealisierung hin und her. Passend zu ihren verunsichernden Kindheitserfahrungen klammern sie sich oft an ihre Partner:innen und leiden unter großen Trennungsängsten. Weil ihre Bedürfnisse in ihrer Kindheit von den Eltern nicht ausreichend erkannt und befriedigt wurden und ihnen nicht bei der Regulation ihrer Gefühle geholfen wurde, haben sie oft ein Leben lang Schwierigkeiten, sich selbst zu beruhigen, wenn sie etwa Sorgen oder Angst entwickeln. In der Folge neigen sie auch im Erwachsenenalter dazu, ihre eigene Bedürftigkeit übermäßig zum Ausdruck zu bringen und ihre emotionalen Zustände zu dramatisieren, um die Aufmerksamkeit zu bekommen, die sie in ihrer Kindheit nicht ausreichend erhielten.

Stellen wir uns nun Alexander und Katharina in ihrer Beziehung vor: Alexander, der enge Bindungen eher vermeidet, und Katharina, die eher klammert. Alexander, der keine Erinnerungen an seine Kindheit hat, weil er sie aus Selbstschutz verdrängt hat, und Katharina, die von ihren Kindheits-Konflikten mit ihren Eltern erzählt, als hätten sie gerade erst stattgefunden. Alexander, der früh in eine Pseudo-Selbstständigkeit geschickt wurde, und Katharina, die bis heute in die Gefühlswelt ihrer Mutter verstrickt ist.

Obwohl Alexander auf den ersten Blick abgelöster wirkt als Katharina, haben beide noch einen langen Weg der Ablösung vor sich. Denn egal, ob wir unsere Eltern idealisieren oder entwerten, ob sie uns scheinbar kaltlassen oder uns noch immer explodieren lassen – solange wir sie und unsere Kindheit nicht in vollem Licht und mit möglichst vielen Facetten sehen können, bleiben wir an sie und unsere Enttäuschungen auf eine unversöhnliche Art und Weise gebunden. Außerdem wiederholen wir unsere Kindheitserfahrungen oft mit unseren Partner:innen, die wir entweder unbewusst nach dem Vorbild unserer Eltern auswählen oder denen wir die Rollen unserer Eltern zuschreiben – um mit ihnen den alten Tanz fortzuführen.

Denn Alexanders und Katharinas »Kommunikationsprobleme« sind nicht zuletzt aus ihren Verwechslungen mit enttäuschenden Elternfiguren entstanden – Katharina wird zu Alexanders unsensibler, abweisender Mutter, wenn sie den falschen Käse kauft, und Alexander wird im Streit zu Katharinas wechselhafter Mutter, die mit ihrem unvorhersehbaren Verhalten Verlustängste in Katharina weckte.

Die Bindungserfahrungen mit unseren Eltern prägen uns enorm, und aus diesem Grund macht es Sinn, unsere Eltern und unsere Beziehung zu ihnen genauer zu beleuchten.

Denn solange wir die Beziehungs-Choreografie mit unseren Eltern nicht verstanden haben, werden wir die alten Tanzschritte unbewusst auch mit unseren Partner:innen wiederholen. Solange wir unsere kindlichen »Überlebensstrategien« nicht erkennen, wenden wir sie auch heute noch an – selbst wenn sie mittlerweile völlig unbrauchbar geworden sind.

Spaltung – zwischen Idealisieren und Verteufeln

Eine verbreitete und sehr früh entstehende Überlebensstrategie ist die sogenannte Spaltung. Zu Beginn unseres Lebens fühlen wir in Schwarz-Weiß: gut oder schlecht, satt oder hungrig, warm oder kalt. Ein Säugling kennt nur den jeweiligen Moment, er kann sich weder selbst beruhigen noch seine Bedürfnisse aufschieben. Deshalb ist die prompte und feinfühlige Befriedigung der Bedürfnisse von Säuglingen so wichtig, nur so können sie ein Gefühl von Sicherheit und Vertrauen entwickeln. Macht ein Kind viele unangenehme Erfahrungen mit seiner Mutter*, muss es deren Bild aufspalten – in eine gute, versorgende Mutter und eine böse, versagende Mutter –, damit die Beziehung zur guten Mutter unversehrt bleiben kann. Auf die böse Mutter jedoch werden alle Aggressionen gerichtet, die im Kind entstehen, wenn die Mutter die Bedürfnisse des Kindes vernachlässigt oder missversteht und dementsprechend nicht befriedigt. Wir teilen unsere Bindungsperson also in »gut« und »böse« auf, um unsere Abhängigkeit von ihr besser aushalten zu können.

Auch die Aufteilung der Eltern in jeweils ein Opfer und einen Täter ist oftmals Zeichen einer Abspaltung und des Ausblendens von Grautönen. Immer wieder höre ich von Kindern, die einen Elternteil als Teufel und den anderen als Engel beschreiben. Der Vater missbraucht, die Mutter war

* oder der jeweiligen primären Bindungsperson

liebevoll und schwach. Die Mutter schlägt, der Vater war zärtlich und verwöhnend. Es wird ausgeblendet, dass der jeweils andere Elternteil das Kind nicht vor der Gewalt und dem Missbrauch schützte und somit eine Mitschuld trägt.

Ein wichtiger Entwicklungsschritt besteht darin, die widersprüchlichen Anteile unserer Eltern zu integrieren und zu lernen, das *Entweder-oder*-Schema in ein *Sowohl-als-auch* umzuwandeln. Im Alter von etwa zwei Jahren beginnen wir, uns als eigenständige Person zu begreifen. Ab etwa vier Jahren entwickeln wir zusätzlich die Fähigkeit zum Perspektivenwechsel, zur Empathie und Differenzierung von eigenen und fremden Absichten: Wir stellen fest, dass andere Menschen anders denken und fühlen als wir selbst. All diese Fähigkeiten helfen uns sowohl dabei, uns von anderen Menschen abzugrenzen, als auch dabei, uns in sie hineinzuversetzen. Wir werden beziehungsfähig.

Spalten also nur Kinder unter vier Jahren? Leider nicht. Denn wer den entscheidenden Entwicklungsschritt zur Aufgabe der frühen Spaltung nicht vollzogen hat, pendelt noch im Erwachsenenalter zwischen Überidealisierung und Verdammung der Bezugspersonen hin und her – erst bei den Eltern und später auch bei den Partner:innen.

Alexander beispielsweise kann seine Frau Katharina im Allgemeinen in ihren Widersprüchlichkeiten eigentlich ganz gut wahrnehmen und beschreiben. Wenn er sich jedoch von ihr getriggert fühlt – wenn sie mit ihrem Verhalten eine seiner alten Kindheitswunden berührt und er auf ein jüngeres Kind-Ich herabrutscht –, greift er automatisch zur Spaltung: Katharina ist immer egoistisch, nie denkt sie an ihn, höchstwahrscheinlich hat sie ihn nie geliebt.

Vielleicht fallen auch Ihnen Momente ein, in denen Sie so verletzt oder gekränkt waren, dass Sie Ihr Gegenüber nicht mehr in allen Facetten wahrnehmen, sondern nur noch schwarz-weiß sehen konnten. Besonders während Konflikten oder Trennungen neigen wir zur Spaltung, mitunter finden Menschen keine gute Eigenschaft mehr an ihren Partner:innen und können sich gar nicht mehr erklären, warum sie sich überhaupt einmal für sie entschieden haben.

Wir sehen, nicht nur Kinder teilen die Welt in Gut und Böse auf. Auch im Erwachsenenalter ist Spaltung ein verbreitetes psychisches Manöver, das wir anwenden, um unsere Angst zu mindern und unser Selbst- und Weltbild überschaubar zu machen. Die Spaltung in Gut und Böse wirkt zunächst entlastend, weil sie uns komplexe Entscheidungen und Ambivalenzkonflikte erspart. Aber Spaltung hat auch gewaltige Nachteile: Sie führt zu einer geminderten Kompromissfähigkeit, zu Schwierigkeiten, die eigenen Affekte zu regulieren, zur Entwertung der eigenen und anderer Personen und macht Menschen anfällig für polarisierende Ideologien. Auf Dauer wirkt diese Strategie äußerst ungünstig, zumal sie uns auf einer infantilen Entwicklungsstufe gefangen hält und gesunde Beziehungen zu anderen verhindert.

Reife Erwachsene dagegen sind in der Lage, ihre Schwarz-Weiß-Sicht aufzugeben, ihre Gefühle und ihr Verhalten zu reflektieren und die verschiedenen Facetten ihrer Mitmenschen wahrzunehmen und zu integrieren. Auch die der Eltern.

Wer nun feststellt, dass der Blick auf die eigenen Eltern starr und unversöhnlich ist, kann andere Menschen hinzuziehen, um das Blickfeld auf sie zu erweitern. Wir können beispielsweise unsere Großeltern oder die Geschwister unserer Eltern fragen, wie diese als Kinder waren. Familiäre Anekdoten über die Eltern sind sehr aufschlussreich: Wir erfahren, was unsere Eltern erlebt haben, wie sie sich entwickelt haben, was sie geprägt hat, welche Rollen ihnen zugeschrieben wurden, welche Werte, welche Bürden und welche Ressourcen ihnen mit auf den Weg gegeben wurden.

Auch Gespräche mit den eigenen Geschwistern können hilfreich sein, das Bild der Eltern zu ergänzen. Katharina beispielsweise erfährt von ihrem Bruder etwas Überraschendes: »Mein Bruder hat ganz andere Erinnerungen an meine Mutter als ich. Ihm hat sie viel mehr Freiraum gegeben, ihre Beziehung war nicht so verklebt wie unsere. Das fing wohl schon bei meiner Geburt an, ich hatte einen Herzfehler und musste ständig zu Ärzten, sie hat sich große Sorgen um mich gemacht und mich keine Sekunde aus den Augen gelassen. Mein Vater hat viel gearbeitet, er war selten zu Hause, also hing die ganze Last an ihr. Mein Bruder hat mir erzählt, dass er oft eifersüchtig auf mich war, weil ich so viel Aufmerksamkeit von meiner Mutter bekommen habe. Für mich war diese Nähe gut und schlecht zugleich, es ging so weit, dass ich das Gefühl hatte, dass meine Mutter und ich ein und dieselbe Person waren. Meine Krankheit war ihre Krankheit. Meine Schmerzen waren ihre Schmerzen, ihre Angst war meine Angst. Sie war bestimmt ziemlich überfordert und hat sich von meinem Vater alleingelassen gefühlt. Vielleicht war das der Grund, warum sie mich oft zurückgestoßen hat. Es war ein Hin und Her zwischen zu viel Sorge um mich, der Ablehnung meiner Bedürftigkeit und dem Einfordern meiner Dankbarkeit für alles, was sie für mich getan hat.«

Während Katharinas Bruder einerseits ihr Bild von der Mutter vervollständigt, bestätigt er andererseits Katharinas Wahrnehmung. Diese geschwisterliche Zeugenschaft kann uns außerordentlich stärken und trösten – auch wenn jedes Kind letztendlich mit einer anderen Brille auf die Eltern schaut.

Katharina hat Glück. Denn unabgelöste Kinder, die mit ihren Eltern noch emotionale Rechnungen aus der Kindheit offen haben, haben nicht selten Konflikte mit ihren Geschwistern. Diese Geschwisterkonflikte sind oft die Folge einer unbewussten Gefühlsverschiebung: Die »bösen« Anteile, die wir bei unseren Eltern abspalten, projizieren wir auf unsere Geschwister. Auch unsere eigenen aggressiven Gefühle, die eigentlich unseren Eltern gelten, verschieben wir vorsichtshalber lieber auf unsere Geschwister, um die Eltern und die Beziehung zu ihnen zu schonen. Und dann ist es plötzlich ganz einfach: Unsere Geschwister sind schuld an allem. Auf sie sind wir wütend, von ihnen sind wir enttäuscht, von ihnen fühlen wir uns hintergangen. Während unsere Eltern unangetastet bleiben, werden unsere Geschwister zu Sündenböcken – ohne sie wäre unsere Kindheit schön und die Beziehung zu unseren Eltern paradiesisch gewesen.

Diese Aggressionen bauen sich zum Teil über Jahre auf, bis die Konflikte irgendwann offen und massiv ausbrechen. Der Preis dieser unbewussten Gefühlsverschiebung ist hoch: Er kann uns die Beziehung zu unseren Geschwistern kosten.

Was Geschwisterkonflikte mit mangelnder Ablösung von den Eltern zu tun haben können

Die Eltern sterben, die Kinder trauern. Und dann kommt die Wut: Fast jede fünfte Erbschaft endet im Streit. Zwei Brüder streiten um ein Gemälde, das über dem elterlichen Wohnzimmersofa hing, am Ende haben sie fast 15 000 Euro an ihre Anwälte gezahlt, obwohl das Kunstwerk einen viel geringeren Schätzwert hatte. Vom Lieblingssessel des Vaters über die Handtaschen der Mutter bis hin zum Elternhaus oder einem größeren Immobilienvermögen – man kann über alles streiten. Je weniger die Eltern zu Lebzeiten geklärt haben, desto unerbittlicher können die Fehden werden. In manchen Fällen scheint es um Geld zu gehen, und zwar egal, ob es sich um eine kleine oder eine große Summe handelt. Aber hinter dem Ringen um monetäre Gerechtigkeit geht es meistens um etwas anderes: um das emotionale Erbe – es geht um die Liebe und Anerkennung der Eltern. Erbstreitigkeiten liegen häufig verletzte Gefühle zugrunde, Eifersucht und der Eindruck, wieder einmal benachteiligt worden zu sein. Denn das Testament ist für viele die letzte Botschaft, der letzte Liebesbeweis der Eltern.

Da ist die Schwester mit drei Kindern, die von ihren Eltern großzügig mit allem Notwendigen für die Kleinen versorgt wurde, und der alleinstehende Bruder, der so viel arbeitet, dass er keine Zeit für eine Beziehung, geschweige denn eine Familie hat. Beide haben die jeweiligen Aufträge der Eltern erfüllt, die Tochter hat die Familie fortgeführt, der Sohn ist erfolgreich und unabhängig geworden. Beim Erbe fühlt er sich zurückgesetzt, weil die erhebliche finanzielle Unterstützung, die seine Schwester im Laufe der Jahre erhalten hat, von ihrem Erbteil nicht abgezogen wird. In einer anderen Familie überschreiben die Eltern dem ältesten Sohn ihr Haus, wie es in ihrer Familie Tradition ist, die beiden jüngeren Geschwister erben lediglich das verschlissene Inventar.

Es gibt Eltern, die ihre Kinder enterben – zum Teil, ohne ihnen das vor ihrem Tod mitzuteilen –, und andere, die kein Testament verfassen und auf diese Weise über ihren Tod hinweg Chaos und Zwietracht säen.

Erbstreitigkeiten sind oft zurückzuführen auf das grundsätzliche Unvermögen der Eltern, zu ihren Lebzeiten die Geschwister-Rivalitäten ihrer Kinder in gesunde Bahnen zu lenken. Eifersucht zwischen Geschwistern ist völlig normal, aber es ist Aufgabe der Eltern, ihren Kindern zu vermitteln, dass sie bei ihren Eltern sicher und geborgen sind, egal, wie viele Geschwister es gibt. Dieser Beruhigung kommen Eltern mitunter nicht nach, zum einen, weil sie mit jedem einzelnen Kind und dessen Bedürfnissen überfordert sind, zum anderen, weil manch unsichere, bedürftige Eltern mit ihren

Kindern unbewusste Koalitionen schmieden und sich so selbst in den Mittelpunkt der Familie stellen.

Wer ein Kind deutlich bevorzugt oder wer seine Kinder ständig miteinander vergleicht und gegeneinander ausspielt, der entzweit die Geschwister und macht sie schlimmstenfalls zu erbitterten Rival:innen, die ihr Leben lang um die Liebe der Eltern kämpfen. Auf diese Art verhindern Eltern nebenbei eine gesunde Ablösungsstrategie: dass Geschwister sich gegen die Eltern verbünden und sich beim Erwachsenwerden und ihrer zunehmenden Autonomie unterstützen.

Eine Mutter weiht ihre älteste Tochter in ihre Eheprobleme ein und verbringt immer weniger Zeit mit ihren beiden jüngeren Söhnen, die sich vernachlässigt fühlen. Ein Vater nimmt seinen Sohn schon früh in seine Firma mit, die er irgendwann übernehmen soll, die Tochter bleibt als Mädchen außen vor. Eltern bevorzugen ihren Ältesten, weil er all ihren Erwartungen entspricht, während sie den kleineren, weniger erfolgreichen Bruder bei jeder Gelegenheit entwerten und ihm vorwerfen, er solle sich ein Beispiel an seinem großen Bruder nehmen. Eine alleinerziehende Mutter kürt mal den einen, mal den anderen Sohn zu ihrem Liebling, während sie den jeweils anderen zurückweist, sodass die Kinder lernen, um die Liebe ihrer Mutter zu kämpfen. Sogar als die Söhne längst erwachsen sind, versuchen sie einander noch auszustechen – von Geschenken an die Mutter bis hin zu der Frage, bei wem sie Weihnachten verbringt – die Brüder stehen in einem andauernden Wettbewerb um die Gunst der Mutter.

In all diesen Beispielen sind es die Eltern, die die Geschwisterbeziehungen belasten, indem sie eines ihrer Kinder für ihre Zwecke benutzen und die anderen Kinder auf Distanz halten, sie vernachlässigen oder entwerten. Die

Eltern schüren Eifersuchtsgefühle unter den Geschwistern, anstatt allen ihren Kindern die nötige Sicherheit und Aufmerksamkeit zu gewähren, die diese für ihre gesunde Entwicklung bräuchten.

Entgleiste Geschwisterrivalitäten sind also oftmals die Folge von elterlichem Fehlverhalten und der emotionalen Unsicherheit und den Verletzungen, die daraufhin in den Kindern entstehen.

»Eltern sind Architekten der Geschwisterbeziehung«[22], so Sabine Walper, die Direktorin des Deutschen Jugendinstituts. Und wenn die Basis brüchig angelegt wird, kann kein Vertrauen entstehen, und Beziehungen neigen zum Zerfall. Es ist tragisch, aber Geschwisterbeziehungen, die im Idealfall liebevoll und unterstützend sind, können leider auch ins Gegenteil kippen: Sie können von Konkurrenz und Missgunst geprägt sein. Sie können von Streit und Unverständnis vergiftet sein. Schlimmstenfalls werden sich Menschen, die ihre Kindheit und viele prägende Jahre gemeinsam unter einem Dach verbracht haben, fremd bis spinnefeind.

Martina ist 57 Jahre alt, als sie mich aufsucht und von heftigen Konflikten mit ihrer zwei Jahre jüngeren Schwester Claudia berichtet. Es geht um die Mutter, die nach dem Tod des Vaters allein lebt und von beiden Töchtern versorgt wird. Martina lebt nur ein paar Kilometer von ihrem Elternhaus entfernt. Alle zwei Tage schaut sie bei der Mutter vorbei, sie erledigt den Einkauf, kümmert sich um Arzttermine und alles Weitere. Ihre Schwester Claudia wohnt 400 Kilometer entfernt und besucht die Mutter alle vier bis sechs Wochen für ein Wochenende. »Solange mein Vater noch lebte, war alles noch irgendwie in Ordnung. Aber jetzt ist es richtig schlimm mit meiner Schwester geworden«, berichtet Martina. »Sie spielt sich auf wie Mutter Teresa und tut so, als ob ohne sie nichts laufen würde. Sie weiß alles besser und mäkelt nur rum – ich kaufe angeblich das Falsche ein, organisiere die Arzttermine nicht nach ihrem Belieben, und überhaupt, warum fahre ich nicht jeden Tag zu Mama, das sollte doch wohl drin sein!« Martina ist so wütend, dass sich ihre Stimme überschlägt.

»Was war anders, als Ihr Vater noch lebte?«, frage ich.

»Da war alles noch einfacher und irgendwie klarer. Ich hatte guten, aber lockeren Kontakt zu den beiden, hab spontan nach Bedarf vorbeigeschaut, mein Vater war ja bis zu seinem Herzinfarkt sehr fit. Außerdem habe ich mich mit meinem Vater sehr gut verstanden. Mit meiner Mutter war ich nie so eng.«

»Und Ihre Schwester? Wem stand sie näher?«

»Meiner Mutter. Ich war das Papa-Kind, sie war das Mama-Kind.«

Ein erster Hinweis, dass die Familie durch den Tod des Vaters in eine emotionale Schieflage geraten ist, denn Martina hat ihren Lieblingselternteil verloren. Nun sind Familien keine statischen Gebilde, sie entwickeln sich weiter, und der Tod eines Familienmitglieds bringt oft neue, zum Teil überraschende Bewegungen ins System. Also frage ich Martina, wie sie den Kontakt zu ihrer Mutter derzeit empfindet und ob er sich verändert hat.

»Nein, sie ist nach wie vor kühl zu mir. Ich versuche, ihr alles recht zu machen, aber sie scheint es nicht zu bemerken. Meine Schwester hingegen ist ihre Heldin. ›Claudia hier, Claudia da, Claudia sagt dies, Claudia sagt jenes‹ – meine Mutter schwärmt die ganze Zeit von ihr, obwohl sie fast nie da ist. Zu mir sagt sie immer, dass ich nicht so oft kommen soll, dass ich nicht so ein Drama um sie machen soll. Und dann kommt Claudia und wirft mir vor, ich würde mich nicht genug um unsere Mutter kümmern. Sie ist ein manipulatives Biest, sie hat sich schon immer in den Vordergrund gedrängt und versucht, alle unter ihrer Fuchtel zu haben.«

An dieser Stelle wird die Gefühlsverschiebung sehr deutlich: Martina beschreibt die Mutter zwar als kühl, sie ist enttäuscht, dass sie ihre Bemühungen nicht honoriert, die von Claudia hingegen sehr wohl. Martinas Wut jedoch richtet sich allein gegen die Schwester, die sich ihrer Meinung nach in den Vordergrund drängt. So bleibt die Mutter unangetastet – das vermeintlich hilflose Opfer der manipulativen Schwester.

Aus einem unausgesprochenen Konflikt zwischen Tochter und Mutter wird nun ein Dauerstreit zwischen den Schwestern – sie machen sich gegenseitig Vorwürfe, dass sie sich nicht genug um die Mutter kümmern würden, anstatt die jeweilige Unterstützung wertzuschätzen und als Team zusammenzuarbeiten.

Aus Schwestern, die versuchen, ihre Mutter bestmöglich zu versorgen, sind Feindinnen geworden, die kein gutes Haar an der anderen lassen und sich gleichzeitig zu übertrumpfen versuchen. Denn beide versuchen wie kleine Kinder, ihre Mutter in den Konflikt mit einzubeziehen, indem sie ihr jeweils ihr Leid über die andere klagen.

Sie erkennen nicht, dass die Mutter schon längst involviert ist – sie hat gemeinsam mit ihrem verstorbenen Mann den Grundstein für den Schwestern-Konflikt gelegt, indem beide je eine zur Lieblingstochter erkoren haben. Anstatt nun beide Töchter für ihr jeweiliges Engagement zu loben und gemeinsam mit ihnen über die gewünschte Unterstützung – aber auch ihre Autonomiewünsche – zu sprechen, kritisiert die Mutter die eine Tochter und erhöht die andere Tochter: »Martina soll im Alltag nicht so ein Drama um mich machen, Claudia kümmert sich doch alle paar Wochen perfekt um mich.« Manche Eltern spielen gar ein doppeltes Spiel – sie loben immer das jeweils abwesende Kind und stacheln somit das jeweils anwesende Kind an, sich noch mehr anzustrengen und noch mehr um die Liebe ihrer Eltern zu buhlen.

»Kann es sein, dass Sie auch ein wenig wütend auf Ihre Mutter sind?«, frage ich Martina vorsichtig. Bei unabgelösten Kindern wie Martina versuche ich als Therapeutin sanft, aber stetig, die verdrängten oder verschütteten Gefühle den Eltern gegenüber zu bergen. Denn jede Gefühlsverschiebung verstrickt Martina tiefer in Stellvertreterkonflikte mit ihrer Schwester. Und diese Konflikte bleiben so lange unlösbar, bis sie dort bearbeitet werden, wo sie entstanden sind – in der Beziehung mit ihrer Mutter.

Es dauert viele Sitzungen, bis Martina bereit ist, ihre Gefühle zu reflektieren. Sie erkennt mit der Zeit, wie sehr sie ihre Schwester bisher als Täterin im familiären Gefüge brauchte, um ihre Mutter von jeglicher Verantwortung freisprechen zu können. Tatsächlich verbergen sich hinter der Wut auf ihre Schwester tiefe Verletzungen, weil sie sich von ihrer Mutter zurückgewiesen und nicht wertgeschätzt fühlt. »Es fühlt sich ungerecht an. Und ehrlich gesagt tut es ziemlich weh, nie ein Danke von meiner Mutter zu hören.« Martina wird bewusst, dass sie die Mutter vor allem schont, um sich selbst zu schützen. »Es ist leichter, auf meine Schwester wütend zu sein, als von meiner Mutter enttäuscht zu sein.« Denn im Streit mit der Schwester fühlt sie sich wütend, stark und gleichberechtigt, bei einer Zurückweisung durch die Mutter hingegen klein und verletzlich.

Der erste Schritt zur Ablösung besteht für Martina darin, sich die Wut und die Enttäuschung über das Verhalten ihrer Mutter einzugestehen. Im zweiten Schritt probiert sie aus, ihrer Mutter ihre Gefühle mitzuteilen. Diese reagiert zunächst abweisend, aber Martina lässt nicht locker, sie zeigt ihre Verletzung und bittet um eine Erklärung, warum die Mutter sie immer wieder wegstößt. »Ich möchte dir nicht zur Last fallen«, bricht es schließlich aus der Mutter heraus. »Ich bin seit dem Tod eures Vaters einsam, und ich möchte nicht, dass ihr euch Sorgen um mich macht.« Zum ersten

Mal seit langer Zeit begegnen sich Mutter und Tochter wahrhaftig, sie zeigen sich einander in ihrer Verletzlichkeit, und Martina ist berührt und versöhnlich gestimmt, als sie mir davon erzählt.

»Warum lobst du Claudia immer und mich nie?«, will sie noch von ihrer Mutter wissen. Die Mutter ist überrascht: »Das tue ich gar nicht. Wenn ich dir von Claudia erzähle, möchte ich dich entlasten. Ich finde, dass du viel zu viel für mich tust, du hast doch dein eigenes Leben.«

Ich stelle mir Martinas Mutter vor, die über den Tod ihres Mannes trauert und einsam in den Tag hineinlebt. Sie ist es nicht gewohnt, von ihren Töchtern abhängig zu sein, und vielleicht gefällt ihr die Rollenumkehr nicht, die sie gerade erlebt. Möglicherweise hat die Mutter gegenüber Martina Schuldgefühle, die sie abzubauen versucht, indem sie deren Hilfe so oft wie möglich zurückweist und ihr signalisiert, dass sie sie nicht braucht. So viele Missverständnisse entstehen, weil wir uns unserer Gefühle schämen und sie zu verbergen versuchen, anstatt uns anderen zu öffnen.

Ein paar Wochen später gerät Martina in einen Streit mit ihrer Schwester. Wie so oft geht es um unterschiedliche Ideen, wie die Mutter bestmöglich versorgt wäre. Aber dieses Mal verläuft der Konflikt anders: Anstatt sich angegriffen zu fühlen, erkennt Martina, dass ihre Schwester sich um die Mutter sorgt. Als Martina sich daraufhin verständnisvoll zeigt, passiert etwas Ungewohntes, denn die Schwestern hören einander zu und machen sich keine Vorwürfe, sondern Vorschläge, die zur Lösung des Problems führen. »Das war richtiges Teamwork«, berichtet Martina, noch immer erstaunt über den positiven Verlauf des Gesprächs. Die Beziehung der Schwestern entspannt sich deutlich, nachdem Martina gelernt hat, ihre Gefühle eindeutiger zuzuordnen und die Schwester nicht mehr automatisch als Feindin wahrzunehmen. Sie fühlt sich nicht länger ohnmächtig und ausgeliefert, sondern nimmt sich als wichtige Akteurin in der Beziehung zu ihrer Mutter und ihrer Schwester wahr.

Was Martina erlebt, gilt für uns alle: In dem Moment, in dem es uns gelingt, unsere Gefühle bestimmten Menschen und bestimmten Situationen zuzuordnen, lassen sich Konflikte an Ort und Stelle klären. Alles wird klarer. Begegnungen werden leichter. Und je besser wir uns selbst verstehen, desto verständlicher werden wir auch für andere.

Aber was, wenn unser Gegenüber nicht »mitmacht«? Was, wenn Martinas Mutter nicht auf ihre Fragen eingegangen wäre und sie weiterhin von sich weggestoßen und die andere Schwester offen bevorzugt hätte?

Auch das gehört zur Ablösung dazu: Die Begrenzungen der Eltern zu akzeptieren. Und selbst gesündere Grenzen zu setzen, um uns vor dem Fehlverhalten der Eltern zu schützen. Wenn wir also Eltern haben, die auf unsere Gefühle und Bedürfnisse keine Rücksicht nehmen, ist es an der Zeit, uns besser abzugrenzen – innerlich und äußerlich. Martina könnte sich beispielsweise überlegen, wie viel Zeit und Raum sie der Versorgung ihrer Mutter von nun an geben möchte, ohne etwas von dieser zurückzuerwarten. Sie könnte sich mit folgenden Sätzen beruhigen und stärken: »Ich tue das für meine Mutter, was ich für richtig halte. Ich bin nicht mehr abhängig von dem Lob meiner Mutter. Ich gebe das, was ich geben kann, ohne mich zu überfordern, und ich darf gesunde Grenzen setzen, wenn mich etwas verletzt oder mir etwas zu viel wird.«

Grenzen zu setzen kann auch in Bezug auf Geschwister wichtig sein, die uns mit unseren Eltern verwechseln. Wenn Eltern ihre Kinder nicht ausreichend versorgen können, springen oft die älteren Geschwister ein. Völlig überfordert schlüpfen sie in die Elternrolle und kümmern sich um ihre kleineren Geschwister. Dies führt dazu, dass die fortschreitende Autonomie der geschwisterlichen »Ersatzeltern« von den jüngeren Geschwistern oft mit Verlustangst und tiefer Enttäuschung registriert wird. Immer wieder erlebe ich erwachsene Geschwisterpaare in meiner Praxis, die verzweifelt versuchen, eine Balance miteinander zu finden, die einerseits nährt und andererseits nicht überfordert.

»Du bist die einzige Familie, die ich noch habe! Du musst dich um mich kümmern!«, schreit die 24-jährige Ines ihre fünf Jahre ältere Schwester Katja an. Nachdem die Mutter die Kinder früh verlassen hatte, hatte Katja sich liebevoll um ihre kleine Schwester gekümmert. Der erste Bruch zwischen den Schwestern entstand, als Katja mit 19 Jahren auszog. Der Vater zog bald darauf gemeinsam mit Ines zu seiner Freundin, die ebenfalls zwei Kinder hatte. Ines fühlte sich dort einsam und ausgestoßen und flehte ihre Schwester an, zu ihr ziehen zu dürfen. Katja war hin- und hergerissen, sie hatte neben ihrer Ausbildung wenig Zeit, sich um ihre Schwester zu kümmern, gleichzeitig plagten sie Schuldgefühle, also stimmte sie schließlich zu und nahm die damals 16-jährige Ines in ihrer kleinen Wohnung auf.

»Ich kann nicht mehr«, sagt Katja in unserer ersten Sitzung. »Was erwartest du denn von mir?«, fragt sie ihre jüngere Schwester erschöpft.

Ines weint. »Dass du für mich da bist, so wie früher.«

Katja schaut mich hilflos an. »Ich habe vor einem Jahr geheiratet und habe einen sechs Monate alten Sohn. Ich möchte für meine Schwester da sein, aber ich habe auch mein eigenes Leben.«

»Ich bin dir nicht mehr wichtig«, sagt Ines. »Seit du geheiratet hast, hast du nie mehr Zeit für mich.«

»Du bist mir wichtig«, sagt Katja. »Aber mein Sohn braucht mich mehr als du.«

Beide weinen, weil sie keinen Ausweg aus der Situation finden. Für Ines ist es die nunmehr dritte Bezugsperson, von der sie sich verlassen fühlt: erst von der Mutter, dann vom Vater und nun von ihrer Schwester, die ihr beide Eltern ersetzt hatte. Während Ines tief verletzt ist über Katjas Fokus auf ihre neu gegründete Familie, fühlt Katja sich zerrissen, schuldig und gleichzeitig ungerecht behandelt, weil sie alles für ihre Schwester getan hat. Sie leidet unter Ines' Vorwürfen, eine schlechte Schwester zu sein, aber sie spürt auch, dass sie eine Grenze erreicht hat. »Unsere Beziehung ist nicht gesund. Ich kann dir nicht das geben, was du dir von mir wünschst«, sagt sie mit zitternder Stimme.

Ines schreit daraufhin ihre Bedürfnisse heraus, und ich höre und sehe ein kleines Mädchen, das Angst hat, verlassen zu werden, und dessen Welt zusammenbricht, weil es nichts dagegen tun kann. Ines mag biologisch 24 Jahre alt sein, aber in Momenten der Verzweiflung übernimmt die vierjährige Ines, die von ihrer Mutter verlassen wurde und die sich nun an die einzige Bezugsperson klammert, der sie noch vertraut: ihre Schwester Katja. Und für diese Vierjährige ist es unerträglich, dass ihre Ersatzmutter nun eine neue Familie gegründet hat, die ihrer Aufmerksamkeit bedarf. Die Vierjährige kämpft mit allen Mitteln darum, nicht noch einmal verlassen zu werden.

Wenn Kinder von Eltern verlassen oder nicht ausreichend versorgt werden, richten sich sowohl ihre Versorgungssehnsüchte als auch ihre Aggressionen oftmals an die Geschwister. Deren Überforderung – egal in welchem Alter – ist vorprogrammiert, denn: Geschwister sind keine Eltern.

Ein typisches Merkmal dysfunktionaler Familien ist der Mangel an gesunden Grenzen: Generationengrenzen verschwimmen, wie beispielsweise bei einer dauerhaften Rollenumkehr, in der Kinder zu viel Verantwortung für die Eltern oder andere Geschwister übernehmen; Grenzen werden verletzt, wie bei Gewalt und Missbrauch; Grenzen sind zu starr und verhindern Kontakt zwischen den Familienmitgliedern oder zur Außenwelt. Ohne gesunde Grenzen können wir uns in Beziehungen nicht sicher und geborgen fühlen. Das gilt auch für Katja und Ines und alle anderen Menschen, die mit Familienmitgliedern verstrickt sind und überhöhte Erwartungen an sie haben oder Schwierigkeiten haben, sich von Erwartungen abzugrenzen.

Hinsichtlich gesunder Grenzen stehen für Katja und Ines wichtige Verhandlungen an – Katja möchte neue, gesündere Grenzen etablieren, denn die alte Beziehungsstruktur, in der sie zu viel Verantwortung übernahm, funktioniert für sie nicht mehr. Sie möchte für Ines nicht länger Mutterersatz sein. Sie möchte ihrem Sohn eine gute Mutter und Ines eine gute Schwester sein – und sie möchte sich nicht mehr schuldig fühlen, wenn sie Grenzen setzt, die sie selbst und ihre neu gegründete Familie schützen. Und für Ines ist es an der Zeit, ihr vierjähriges inneres Kind bewusst zu versorgen, ihre verlassenen, verängstigten Anteile zu trösten und den frühen Verlust der Mutter zu betrauern. Ich empfehle ihr, zusätzlich zu der Familientherapie eine Einzeltherapie zu beginnen, um professionelle Unterstützung bei diesem wichtigen Prozess zu bekommen. Wie zu erwarten, ist Ines nicht begeistert, sie hatte gehofft, dass ich ihre Schwester überzeugen würde, weiterhin Ersatzmutter für sie zu sein.

»Das ist ungerecht«, klagt sie, wie so viele, die von den Eltern in der Kindheit nicht das bekamen, was sie brauchten. Es stimmt. Es ist ungerecht, wenn vernachlässigte Kinder sich selbst versorgen müssen – erst als Kinder und später erneut als Erwachsene. Aber es ist die einzige Möglichkeit, ein besseres Leben zu führen. Wenn die Eltern uns nicht versorgen können – und wir die Beziehungen zu unseren Geschwistern auf neue, gesündere Pfeiler stellen möchten –, müssen wir selbst irgendwann Verantwortung für unser Wohlbefinden übernehmen.

Unsere Selbstversorgung ist immens wichtig, denn andernfalls richten wir unsere Versorgungswünsche oft unbewusst an andere, an Geschwister, Partner:innen, unsere Chef:innen oder Freund:innen. Und weil uns niemand das geben kann, was wir einst von unseren Eltern gebraucht hätten, entsteht neben Enttäuschung oft auch eine starke Wut und Groll anderen Menschen gegenüber.

Erwachsen zu werden bedeutet, für uns selbst zu sorgen. Weder von den Eltern zu erwarten, dass sie bessere Eltern werden, als sie es bisher waren, noch von den Geschwistern zu erwarten, dass sie uns die Eltern dauerhaft ersetzen.

Nicht alle Geschwisterkonflikte lassen sich auf eine mangelnde Ablösung von den Eltern zurückführen, aber je besser es uns gelingt, unsere Gefühle zu verstehen und einzuordnen, desto größer ist die Chance, sie nicht mehr ungerechterweise an die falschen Personen zu adressieren – und unsere Konflikte mit den Menschen zu lösen, mit denen sie entstanden sind.

Aber nicht immer können wir uns den Eltern zumuten. Besonders Kinder von psychisch kranken Eltern haben zu oft die Erfahrung gemacht, nicht gehört oder gesehen und in ihren Bedürfnissen nicht beantwortet zu werden. Wer psychisch krank ist, kann sein Kind über alles lieben und ihm trotzdem nicht die Achtsamkeit entgegenbringen, die es braucht. Psychisch kranke Eltern sind oft so mit sich selbst beschäftigt – mit ihren Ängsten, ihrer Traurigkeit, ihren Zwängen, Selbstwertkrisen und Süchten –, dass sie ihre Kinder nicht ausreichend wahrnehmen können. Kinder von psychisch kranken Eltern sind oft auf sich selbst gestellt und erhalten in vielen Entwicklungsschritten nicht die notwendige Unterstützung. Die Sehnsucht, die vielen Enttäuschungen und die Bewältigungsversuche, die häufig entweder in eine Pseudo-Unabhängigkeit oder in eine extreme Bedürftigkeit münden, prägen das Leben dieser Kinder oft bis ins Erwachsenenalter.

Allerdings ist vielen Kindern von psychisch kranken Eltern weder ihre Überforderung noch ihre mangelnde Ablösung von den Eltern bewusst – und hat gerade deshalb massive Auswirkungen auf ihre gesamten Beziehungen. Denn Gefühlsverschiebungen finden nicht nur auf Geschwister, sondern oft auch auf Partner:innen statt. Auch sogenannte Übertragungen schleichen sich leicht in Beziehungen ein und führen dazu, dass wir unsere Partner:innen unbewusst mit unseren Eltern verwechseln und sie ähnliche Gefühle in uns auslösen wie einst die Eltern. Solange wir keine sorgfältige, ehrliche Inventur über die Beziehung zu unseren Eltern machen, können die ungelösten Konflikte mit ihnen unser Leben und all unsere Beziehungen vergiften.

Kinder von psychisch kranken Eltern – warum sie spalten und schweigen

»Als wir aufwuchsen, lernten wir, nichts von ihm zu erwarten«, schreibt die irische Schriftstellerin Emily Pine in ihren Memoiren *Botschaften an mich selbst*[23] über ihren alkoholabhängigen Vater. »Wie alle Kinder von starken Alkoholikern entwickelten wir eine besondere Art der Wachsamkeit. Wir lernten durch Erfahrungen, nicht durch Vertrauen. Wir lernten, mit Krisen umzugehen.« Emily Pine beschreibt, wie verstrickt ihre Lebensgeschichte lange Zeit mit der ihres Vaters war – wie verantwortlich sie sich für ihn fühlte, wie sie ihn anflehte, mit dem Trinken aufzuhören, wie sie ihm drohte, ihn nicht mehr zu lieben, wenn er weiter trinken würde. Wie sie alles tat, um ihn vor seiner Sucht zu retten, und wie sie ihm hilflos bei seiner Selbstzerstörung zuschaute und eines Nachts dachte: »Stirb jetzt einfach.«

Aber so einfach ist das nicht. Wir können nicht plötzlich

entscheiden, unsere Eltern nicht mehr zu lieben. Und selbst wenn sie sterben, tragen wir ihre Geschichte und die Geschichten, die wir mit ihnen erlebt haben, in uns, zum Teil schwer und unverdaulich.

Kinder von psychisch kranken Eltern wachsen oft in einer verkehrten Welt auf – sie machen sich Sorgen um ihre Eltern, und sie sorgen für sie. Sie lernen, ihre eigenen Bedürfnisse zurückzustellen, weil sie oft nicht beantwortet werden und weil es den Eltern schlechter zu gehen scheint als ihnen.

Die depressive Mutter, die ins Leere starrt, der Vater, der aufgrund einer Angststörung seine Arbeit verliert und schließlich das Haus nicht mehr verlässt, die alkoholsüchtige Mutter, die immer häufiger schon mittags betrunken ist und die Kinder sich selbst überlässt, der psychotische, paranoide Vater, der glaubt, dass seine Kinder mit seinen Feinden unter einer Decke stecken, und vor Todesangst schreit, wenn sie ihm zu nahe kommen – allein in Deutschland wachsen jetzt gerade etwa drei Millionen Kinder bei psychisch kranken Eltern auf. Was ihnen gemeinsam ist: Sie sind verängstigt und verwirrt, weil sie die Probleme der Eltern nicht einordnen und verstehen können. Sie haben oft Schuldgefühle, weil sie glauben, die psychischen Probleme der Eltern verursacht zu haben. Und sie sind mutterseelenallein. Denn Kinder von psychisch kranken Eltern lernen früh, zu schweigen: der Außenwelt gegenüber, weil sie sich schämen und die Eltern nicht verraten möchten, aber auch innerhalb der Familie, besonders den Eltern gegenüber, die sie schonen möchten. Sie sind oft völlig isoliert.

Während einige Kinder früh aus der Familie flüchten und mitunter sogar den Kontakt zu dieser abbrechen, bleiben andere ihr gesamtes Leben lang übermäßig an die Eltern gebunden.

Viele von ihnen leiden lange Zeit unter ihrer Kindheit:

Neben dem erhöhten Risiko, selbst an einer psychischen Störung zu erkranken,[24] haben sie aufgrund von Bindungstraumata oft auch Schwierigkeiten in ihren Partnerschaften – und später häufig auch mit ihren Kindern.

Immer wieder arbeite ich mit Menschen, die erst in der Therapie ihr Schweigen über ihre schmerzhafte Vergangenheit brechen. Oft ist ihnen nicht bewusst, dass die Eltern psychisch krank waren. Manchmal fehlt das Wissen, manchmal fehlen die Worte, manchmal wirkt das familiäre Gesetz, zu schweigen. In den allermeisten Fällen entsteht jedoch große Erleichterung, wenn Fachleute die elterlichen Störungen benennen und die Folgen für die Kinder einordnen: »Ihre Mutter war depressiv und konnte Sie deshalb nicht ausreichend gut versorgen«, oder: »Ihr Vater litt unter einer narzisstischen Persönlichkeitsstörung und konnte deshalb nicht auf Sie und Ihre Bedürfnisse eingehen. Aus diesem Grund fällt es Ihnen bis heute schwer, zu fühlen, was Sie wirklich wollen. Sie haben Angst, andere zu kränken, so wie damals Ihren Vater, der Sie überforderte und als grandiose, narzisstische Erweiterung seiner selbst missbrauchte.«

Weil Kinder von psychisch kranken Eltern oft nie wirklich Kinder sein durften, weil sie viel zu wenig Fürsorge bekamen und diese emotionale Vernachlässigung mitunter auch heute noch ihr Leben bestimmt, besteht ein großer Teil der Therapie darin, ihre verschütteten Gefühle und Bedürfnisse zu bergen. Kinder von psychisch kranken Eltern sind zum Teil hochfunktional und erfolgreich in ihrem Alltag. Aber in ihrem Inneren sieht es nicht gut aus – dort spiegelt sich im Verborgenen die früh erfahrene Vernachlässigung wider. Einige leiden unter unerklärlichen Körperschmerzen, weil sie gewohnt sind, über ihre Grenzen zu gehen, und ihr gesamter seelischer und physischer Organismus immer wieder in den Ausnahmezustand gerät. Andere haben in ihren Partnerschaften, Freundschaften oder in beruflichen Kontexten massive wiederkehrende Konflikte, die sie sich nicht erklären können. Manche vermeiden Beziehungen und Partnerschaften, weil sie so bindungsängstlich und/oder so überloyal an die Eltern gebunden sind, dass eine eigene Familiengründung undenkbar wäre. Für sie alle ist es wichtig, eine Verbindung zwischen ihren aktuellen Problemen und den Erfahrungen mit ihren psychisch kranken Eltern zu erkennen – um sich selbst besser verstehen und sich im Hier und Jetzt besser selbst versorgen zu können, als die kranken Eltern es je konnten.

Anke liebt ihren Freund, aber manchmal hasst sie ihn auch. Wenn sie verabredet sind und er fünf Minuten zu spät kommt. Wenn er abends das zweite Bier trinkt. Wenn er in Diskussionen mit Freunden zu laut wird. »Ich halte ihn dann nicht aus«, sagt Anke. Aus solchen Situationen entsteht oft heftiger Streit, da Ankes Freund ihre Kritik als unangemessen empfindet und er sich von ihr kontrolliert und dominiert fühlt. In letzter Zeit hat er sogar das Thema Trennung angesprochen, was Anke Angst macht.

»An wen erinnert Ihr Freund Sie, wenn er zu laut wird, wenn er Bier trinkt und wenn er zu spät kommt?«, frage ich Anke.

»An meinen Vater«, sagt sie leise. Sie hat über ihren Vater bisher nur Positives erzählt. Er sei liebevoll und kreativ gewesen, habe viel mit ihr gespielt, ihr Klavierunterricht gegeben, sie unterstützt, als sie die Schule abbrechen wollte, und dann wieder, als sie auf dem zweiten Bildungsweg ihr Abitur nachgeholt hat.

Nach drei Monaten Therapie bekommt das perfekte Bild ihres Vaters zum ersten Mal Kratzer: »Also, ich habe Ihnen das bisher noch nicht erzählt, aber mein Vater hat getrunken. Nicht wirklich häufig, nicht jeden Abend. Aber manchmal – so einmal im Monat ungefähr – ist er abgestürzt. Er konnte dann ein paar Tage nicht mehr aufhören zu trinken. Er war an diesen Tagen wie ausgewechselt, wie eine andere Person. Ich hatte ehrlich gesagt Angst vor ihm. Nicht, dass er uns je etwas angetan hätte, aber er hat rumgeschrien, hat Sachen umgestoßen, war laut und oft sehr wütend. Ich habe versucht, meine Geschwister davor zu beschützen, ich bin mit ihnen spielen gegangen und habe sie abgelenkt.«

Es ist ein großer Schritt für Anke, diesen Teil ihrer Kindheitserinnerungen aufzudecken, allerdings fühlt es sich für sie zunächst wie ein Verbrechen an. Tatsächlich bricht sie damit ein Gesetz ihrer Familie, die sich verschworen hatte, die Alkoholsucht des Vaters zu verschleiern und zu verleugnen. Es gibt Kinder von psychisch kranken Eltern, aus denen die Vergangenheit herausbricht, und andere, zu denen ich lange Vertrauen aufbauen muss und die sich trotzdem aufgrund von Scham und Schuldgefühlen schnell wieder zu verschließen drohen, so wie Anke.

Die nächste Sitzung beginnt Anke mit den Worten: »Ich habe Angst, dass Sie jetzt ein ganz falsches Bild von meinem Vater bekommen haben, er war überhaupt nicht so schlecht, wie ich ihn letztens dargestellt habe.« Seit sie über die Krankheit ihres Vaters gesprochen hat, quälen sie Schuldgefühle, sie hat das Gefühl, sein Andenken beschmutzt zu haben, und möchte ihren Vater rehabilitieren. Aber es ist kein Verrat, die Unzulänglichkeiten unserer Eltern zu benennen, sondern ein notwendiger Ablösungsschritt, der uns zudem hilft, zu verstehen, in welchen Bereichen wir verletzt sind und noch »Nachsorge« brauchen.

Also beruhige ich Anke, indem ich zunächst all die guten Eigenschaften ihres Vaters nenne, die sie erwähnt hat. Aber im Gegensatz zu Ankes gelernter Verleugnungsstrategie verschweige ich die Alkoholsucht und die Abstürze des Vaters nicht. Im Gegenteil: Ich beschreibe sowohl das Suchtverhalten des Vaters als auch Ankes Gefühle dazu, ihre Überforderung, ihren Ekel, ihre Angst, ihre Sorge. Ich erkläre ihr, dass für nicht wenige Kinder die kritische, ganzheitliche Betrachtung der Eltern einem Verbrechen nahe kommt, selbst wenn dies wie bei Anke im sicheren Rahmen einer Therapie stattfindet. Ich lobe sie für ihren Mut, das ungesunde familiäre Schweigegelübde zu brechen, weil sie sich nur so Schritt für Schritt aus der alten Verstrickung lösen kann. Denn wenn ein gesunder Loslösungsschritt von starker Angst und Schuldgefühlen begleitet wird, ist dies ein Zeichen für zu starke Loyalität. Eine zu starke Loyalität aber verhindert echte Nähe und wahre Begegnungen, denn sie verbietet uns, unsere Eltern so zu sehen, wie sie sind, mit ihren guten und schlechten Seiten. Gesunde Loyalität zu den Eltern bedeutet, dass wir sie lieben und kritisieren dürfen, dass wir uns abgrenzen dürfen, wenn ihre Werte nicht unseren Werten entsprechen, und dass wir dennoch in Kontakt mit ihnen bleiben können.

Kinder, die ihre Eltern idealisieren, haben oftmals Eltern, die nicht genug Verantwortung übernehmen für ihr Handeln, insbesondere für ihre Defizite und ihr Fehlverhalten. Dies ist besonders tragisch im Fall von psychisch kranken Eltern, die keine Krankheitseinsicht haben. Denn sie verwirren die Wahrnehmung ihrer Kinder und zwingen diese, ihr krankes und oftmals schädigendes Verhalten zu bagatellisieren oder zu negieren. So wie in Ankes Familie, in der zunächst die Mutter und schließlich auch alle Kinder in eine schweigende Co-Abhängigkeit gerieten, die den Vater schonte und die gesamte Familie belastete.

Nicht nur Menschen mit Suchterkrankungen, auch Persönlichkeitsstörungen wie Narzissmus oder Menschen mit Depressionen weisen eine Erkrankung oft von sich und muten ihren Kindern deshalb doppeltes Leid zu. Im Gegensatz dazu entlasten Eltern, die ihre Krankheit benennen und sich Hilfe holen, ihre Kinder auf vielerlei Weise: Die Kinder erfahren, dass sie nicht schuld sind am Zustand der Eltern, und sie sehen, dass die Eltern sich Hilfe holen, sie können also eher Kind bleiben und rutschen nicht in eine Rollenumkehr.

Warum fällt es vielen Menschen eigentlich so schwer, ihre psychische Krankheit als solche anzuerkennen?

Weil ihnen oft nicht bewusst ist, dass sie krank sind, denn eine psychische Erkrankung ist nicht so einfach zu erkennen wie ein gebrochener Arm oder eine Migräne. Psychische Störungen entstehen schleichend und werden oft nicht als solche verstanden. Denken wir beispielsweise an Persönlichkeitsstörungen wie Narzissmus, die für andere quälend sind, sich für die Betroffenen aber oft »normal« anfühlen und wenig Leidensdruck verursachen. Ängste schränken das Leben zwar ein, aber das Vermeidungsverhalten wird von Betroffenen mitunter als notwendige Vorsicht und nicht als Teil einer psychischen Störung empfunden, auch wenn sie das Leben der ganzen Familie einschränkt. Die Gründe für eine fehlende Krankheitseinsicht liegen also zum Teil in der Krankheit selbst, oftmals aber auch in der Abwehr von Scham- und Schuldgefühlen, die dann von den Kindern übernommen werden.*

Und so werden Kinder immer tiefer in die Krankheit ihrer Eltern verstrickt, was dazu führt, dass sie auch im Erwach-

---

* Neben fehlender Einsicht ist es oftmals auch die Sorge, die Kinder zu verlieren, oder die Unfähigkeit, andere um Hilfe zu bitten, die Eltern davon abhält, sich mit ihrer Krankheit verantwortungsvoll auseinanderzusetzen. Manche erkennen durchaus Defizite in ihren Erziehungsfähigkeiten, haben aber kein Vertrauen in das Hilfesystem oder befürchten, von ihrem Kind getrennt zu werden. In der Kinder- und Jugendpsychiatrie haben etwa 40–50 % der jungen Patient:innen psychisch oder suchterkrankte Eltern (vgl. Mattejat & Remschmidt, 2008). In der Erwachsenenpsychiatrie sind etwa 30 % Eltern von minderjährigen Kindern (u. a. Östmann & Hansen 2002).

senenalter Schwierigkeiten haben, sich von den Eltern gesund abzugrenzen. Die Krankheit der Eltern und die unausgesprochenen Konflikte schleichen sich später in ihre Erwachsenenbeziehungen und haben das Potenzial, diese zu vergiften. Anke beispielsweise reagiert übersensibel auf den Alkoholkonsum ihres Freundes, weil er sie unbewusst an die Abstürze ihres Vaters erinnert. Sobald ihr Freund Anzeichen des väterlichen Fehlverhaltens zeigt – wenn er also trinkt, laut wird, für sie unvorhersehbar wird –, wird ihr altes Alarmsystem ausgelöst: »Es geht wieder los, er bekommt wieder einen Anfall, er verändert sich schrecklich, ich verliere den Menschen, den ich liebe, ich muss zu viel Verantwortung übernehmen.« Aus dem Freund wird unversehens der Vater, aus der erwachsenen Anke wird ein überfordertes Kind.

Hätte Ankes Vater einst Verantwortung für seine Krankheit übernommen, hätte Anke die Chance gehabt, das Problem dort zu lassen, wo es hingehört: in ihre Vergangenheit, vor allem aber in das Leben ihres Vaters.

Zur gesunden Ablösung gehört es also auch, die Eltern mit einem gewissen Abstand zu betrachten, der es uns ermöglicht, ihre Stärken und Schwächen zu sehen und zu benennen. »Mein Vater war liebevoll, *und* er war alkoholabhängig, und wenn er getrunken hat, ist er seiner Verantwortung nicht mehr nachgekommen, was mich sehr verletzt hat« – diesen Satz spricht Anke am Ende der Therapie aus. Danach atmet sie tief ein und stellt fest, dass sie keine Schuldgefühle mehr hat, weder für die Krankheit ihres Vaters noch für die Offenlegung des Tabus. Sie ist frei – und trotzdem immer noch in Liebe mit ihrem Vater verbunden. Auch die Konflikte mit ihrem Freund haben sich verändert, weil ihr bewusst ist, in welchen Momenten sie ihn mit ihrem Vater verwechselt. Sie mag es nach wie vor nicht, wenn er betrunken ist, und bittet ihn, an solchen Abenden im Gästezimmer zu schlafen, aber es versetzt sie nicht mehr in Panik, wenn er ein Bier trinkt.

Gesunde Ablösung von den Eltern verbessert nicht nur die Beziehung zu den Eltern, sondern auch alle anderen Beziehungen. Weil wir aufhören, mit unseren kindlichen Anteilen zu handeln. Weil wir andere seltener mit unseren Eltern verwechseln. Weil die Ablösung von unseren Eltern uns reifer werden lässt. Und wir somit echte Nähe zulassen können.

Das innere Schweigen brechen

Es gibt für Kinder von psychisch kranken Eltern viele Arten des Schweigens – sie verheimlichen die familiären Probleme vor der Außenwelt, sie verleugnen sie vor sich selbst, oder sie verschweigen die eigenen Gefühle vor den Eltern. So wie Olaf, der mich im Alter von 56 Jahren auf Anraten seines Hausarztes aufsucht. Olaf leidet seit Jahren unter starken Rückenschmerzen, die Ursache scheint psychosomatisch zu sein. Olaf glaubt, dass seine Schmerzen mit seiner Beziehung zu seiner Freundin zusammenhängen, die er nicht verlassen kann, obwohl er sie nicht mehr liebt.

»Ich wollte nie heiraten und nie Kinder bekommen«, sagt er. »Wenn meine Freundin nicht so hartnäckig wäre, wäre ich längst wieder Single.«

»Sie meinen, wenn Ihre Freundin Sie nicht so lieben würde?«, formuliere ich seine Aussage um. Er schaut mich überrascht an. »Liebe – ich habe keine Ahnung, was das ist. Was ich weiß, ist, dass ich meine Freundin nicht mehr so mag, wie ich es müsste, um weiterhin mit ihr zusammenzuleben.« Er beichtet mir, dass er auf diversen Seitensprung-Foren angemeldet ist und eine heimliche Affäre nach der anderen hat. Während er seiner Freundin immer weniger geben kann, verzehrt er sich nach seinen Geliebten. Jedenfalls so lange, bis sie mehr von ihm wollen. Bis sie eine Beziehung mit ihm führen möchten. »Es ist verrückt, aber ab dem Moment, in dem sie mich wollen, will ich sie nicht mehr. Ich verachte sie dann sogar. Ich ekele mich richtig vor ihnen. Ich bin eigentlich die ganze Zeit damit beschäftigt, Frauen zu jagen oder sie von mir wegzustoßen. Eine normale Beziehung kann ich gar nicht führen«, fasst er zusammen. Weil Olaf sich für jede einzelne Frau in seinem Leben verantwortlich fühlt, leidet er unter starken Schuldgefühlen. »Ich tue allen früher oder später weh.«

In unseren ersten Sitzungen verwendet er viel Zeit darauf, zu ergründen, wie eine »normale Beziehung« aussehen könnte, was Liebe wirklich bedeutet, wie sich echte Liebe anfühlt und warum er so »verkorkst« ist. Gleichzeitig weicht er meinen Fragen über seine Kindheit oft aus: »Bitte nicht übel nehmen, aber auf so ein klischeehaftes Psycho-Gespräch habe ich nicht wirklich Lust. Meine Eltern waren so, wie sie waren, das können wir jetzt nicht mehr ändern.«

Es braucht viele Sitzungen, bis Olaf anfängt, mir zu vertrauen und mir zuzutrauen, dass ich das, was er mir schließlich erzählt, auch gemeinsam mit ihm aushalten kann. Er selbst hatte sich bisher vor seiner Vergangenheit gerettet, indem er sie in eine Kammer in seinem Inneren verbannt hatte.

Wären da nicht seine extremen Schuldgefühle und die unerträglichen Rückenschmerzen, hätte er sicherlich keine Psychotherapie begonnen und riskiert, dass das Verdrängte ans Tageslicht kommt. Als Olaf schließlich beginnt, mir von seiner Kindheit zu berichten, wird deutlich, wie viel Scham und Schmerz er in sich trägt. Im Gegensatz zu Anke schont er seine Eltern nicht, nachdem er das Kapitel seiner Kindheit für mich geöffnet hat. Er beschreibt detailliert die Gewalt, die er von seinem Vater erfahren hat, die Schläge und

Tritte, das Schubsen, das Schreien und die Beleidigungen; die vielen Grenzüberschreitungen der Mutter, den sexualisierten Umgang mit ihm, wie er ihrem Bedürfnis nach Nähe ausgeliefert war, wie sie ihn benutzte und missbrauchte, wenn sie ihn noch als Jugendlichen nahe an seinen Genitalien streichelte, seinen Kopf in ihren Busen drückte, bis er kaum noch Luft bekam, wie sie ihn bat, ihren Rücken zu massieren und auch ihren Po nicht auszusparen.

Er berichtet von Zeiten, in denen die Mutter »megagut drauf war«, spontan verrückte und lustige Dinge mit ihm unternahm und ihn verwöhnte, und von Zeiten, in denen die Mutter wochenlang im Bett lag und kein Wort mit ihm sprach. Beide Eltern tranken, und je mehr Alkohol im Spiel war, desto enthemmter wurden die väterliche Gewalt und die mütterliche sexualisierte Grenzüberschreitung. »Eigentlich hätten sie nie Kinder bekommen dürfen. Wenn ich heute auf sie blicke, sehe ich zwei Monster«, sagt er.

Sein Vater ist bereits verstorben, die Mutter lebt noch. »Sie lebt, um mir Schuldgefühle zu machen«, sagt Olaf, der sie in ihren Augen stets zu selten und zu kurz im Altersheim besucht. Als Einzelkind fühlt er sich für sie verantwortlich, er besucht sie so selten wie möglich, bis ihn die Schuldgefühle überwältigen. Als ich ihn bitte, ein Tagebuch über seine Rückenschmerzen zu führen, fällt ihm auf, dass sie vor und nach den Besuchen besonders heftig sind.

»Es war kaum auszuhalten«, sagt Olaf nach einem Besuch, den er als besonders bedrückend empfand, weil die Mutter ihn wie so oft nach der Begrüßung nicht wieder loslassen wollte. »Ich war wie eingeklemmt in ihren Armen – sie ist immer noch ganz schön stark für ihr Alter –, und da war sie mir wieder so nah, mit ihren Haaren in meinem Gesicht, und ich habe gemerkt, wie ich mich vor ihrer Haut und ihrem Geruch und dieser Nähe ekele.« Es war ihm nicht gelungen, sich von ihr zu lösen, eine ganze Stunde lang hielt er den für ihn viel zu nahen Kontakt zu ihr aus, dann verabschiedete er sich Hals über Kopf. Zu Hause angekommen, duschte er fast so lange, wie er ihr nah gewesen war.

Das Gefühl, erdrückt zu werden und sich zu ekeln, spiegelt sich in seinen heutigen Beziehungen zu Frauen wider. Solange er sie erobern muss und sie sich nicht für ihn entschieden haben, findet er Frauen attraktiv und anziehend – sobald sie Nähe einfordern, findet er sie abstoßend. Kein Wunder: Er hat mit seinen ersten Bindungspartner:innen – seinen Eltern – nicht gelernt, Nähe und Distanz für ihn angenehm auszutarieren.

Wie viele Kinder psychisch kranker Eltern spielt Olaf mit dem Gedanken, den Kontakt zu seiner Mutter abzubrechen. »Einfach nie wieder hinzufahren. Sie nie wiederzusehen. Ihr nie wieder nah sein zu müssen.« Auf die Idee, mit seiner Mutter zu sprechen und neue Regeln für Besuche zu verhandeln, kommt er nicht. Als ich die Möglichkeit anspreche, denkt er lange nach. »Unmöglich«, entscheidet er dann. »Sie nimmt mich so schnell in den Schwitzkasten, und dann fehlen mir sofort die Worte.«

»Wie wäre es denn, wenn Sie – bevor Sie den Kontakt abbrechen oder etwas anderes Gravierendes unternehmen – Ihrer Mutter erst einmal einen Brief schreiben, in dem Sie ihr beschreiben, wie Sie sich als Kind und auch heute noch in ihrer Gegenwart fühlen?«, schlage ich vor.

»Das würde sie nicht verkraften«, sagt er. Tatsächlich hat Olaf seiner Mutter noch nie gesagt, wie unwohl er sich mit ihr fühlte und fühlt. Bis heute gelingt es ihm in ihrer Gegenwart nicht, gesunde Grenzen zu etablieren, wie unter Schock rutscht er jedes Mal in ein kindliches Ich ab, stumm und hilflos.

»Sie sollen den Brief ja nicht abschicken«, beruhige ich ihn. »Es geht darum, ihn erst einmal zu schreiben. Worte zu finden für das, was Sie heute stört und worunter Sie als Kind gelitten haben. Und dann schauen wir ihn uns in der nächsten Sitzung gemeinsam an.«

Drei Wochen später holt Olaf einen Brief aus seiner Jackentasche und entfaltet ihn. Er räuspert sich und liest vor, was er in einer schlaflosen Nacht vor unserer Sitzung aufgeschrieben hat.

»Liebe Mama«, beginnt er mit zitternder Stimme. »Es tut mir leid, aber ich wollte dir einmal sagen, dass meine Kindheit nicht wirklich schön war. Ich glaube, dass du in deiner Kindheit auch viel Schlimmes erfahren hast. Das verbindet uns jetzt wohl irgendwie. Deine Umarmungen sind mir manchmal zu fest. Das würde ich mir anders wünschen, vielleicht kannst du das ändern.

Vielen Dank.

Dein Olaf«.

Er blickt auf, aber es ist, als ob er durch mich hindurchsehen würde.

»Was fühlen Sie jetzt gerade?«, frage ich.

»Gar nichts«, sagt er.

Ich bin nicht verwundert. Er hat zwar einen Brief an seine Mutter formuliert, aber sein Schmerz, sein Leid, all seine schwierigen Gefühle werden nicht spürbar, der Brief ist ein Manifest der Schonung. Er führt im Grunde sein Schweigen fort. Wer als Elternteil glaubt, seine Kinder nicht gut genug versorgt zu haben, mag angesichts dieses Briefes Erleichterung empfinden: Egal, was wir unseren Kindern zugemutet und angetan haben, am Ende verstehen sie, dass wir nicht anders konnten, und machen uns keine Vorwürfe oder geben uns keine Schuld, so könnte man sich weismachen. Aber wir irren uns. Denn solange Kinder ihre Eltern schonen und ihren wirklichen Bedürfnissen und Grenzen und ihren Gefühlen nicht ein einziges Mal wirklich Ausdruck verleihen, ist keine echte Beziehung möglich.

»Was für ein Gefühl haben Sie gerade in Bezug auf Ihre Mutter?«, frage ich Olaf.

»Gar keins«, antwortet er. Kein Wunder. Denn dieser Brief ist nicht geschrieben worden, um Gefühle zu erleben oder auszudrücken, sondern ganz im Gegenteil, um weiterhin alles zu unterdrücken.

»Hat sich irgendetwas verändert für Sie?«, frage ich ihn. Er schüttelt den Kopf. »War eine blöde Idee«, sagt er. »So was haben Sie ja manchmal«, fügt er hinzu, und ich muss lachen. Wenigstens mir mutet er einen kleinen Vorwurf zu.

»Wie fühlt es sich an, die Therapeutin zu kritisieren, ihr zu sagen, dass sie manchmal richtig blöde Ideen hat?«, frage ich ihn.

»Okay«, sagt er. »Außerdem fand ich es gut, dass Sie gelacht haben.«

»Was wäre gewesen, wenn ich nicht gelacht hätte?«

»Dann hätte ich mich wahrscheinlich entschuldigt und Ihnen gesagt, dass ich es nicht so gemeint habe.«

»Aber haben Sie es denn so gemeint?«, frage ich nach.

»Ja. Dieser Brief war eine blöde Idee, das finde ich nach wie vor.«

»Das heißt also, dass Sie so tun, als ob alles in Ordnung wäre, sobald Ihr Gegenüber Ihnen böse sein könnte, obwohl überhaupt nichts in Ordnung ist. Also ungefähr so, wie wenn Sie eigentlich Wut und Abneigung in Bezug auf Ihre Mutter empfinden und ihr einen Brief schreiben, in dem Sie sie entschuldigen und sogar noch die Nähe zueinander betonen, vor der Sie sich eigentlich ekeln.«

»Wenn Sie das so sagen, dann habe ich wohl versagt beim Briefschreiben«, sagt er.

»Das würde ich nicht sagen«, widerspreche ich. »Ich würde eher sagen, ein verängstigter kleiner Junge in Ihnen hat den Brief geschrieben, ein kindlicher Anteil, der noch nie die Erfahrung gemacht hat, dass man den Eltern sowohl sagen darf, was einem gefällt, als auch, was einem missfällt, und dass sie einen dann nicht verlassen, sondern aufmerksam zuhören und ihr Verhalten ändern, damit es dem kleinen Jungen besser geht.«

»Meine Mutter wird ihr Verhalten aber sehr wahrscheinlich nicht ändern. Sie haben mir ja erklärt, dass sie krank ist.«

»Ihre Mutter wird vielleicht nichts mehr verändern können. Aber Sie – Sie können noch eine ganze Menge in Ihrem Leben verändern. Sie können Ihre Gefühle ernst nehmen, Sie können Grenzen setzen, Sie können neue Regeln festsetzen, mit denen Sie sich in Beziehungen wohler fühlen als bisher.«

In der nächsten Sitzung liest er einen zweiten Brief vor. Diesen Brief hat er im Laufe von drei Wochen geschrieben – erst im Kopf, und dann hat er innerhalb weniger Stunden all das aufs Papier gebracht, was ihn seit fünf Jahrzehnten quält. Der Brief ist vier Seiten lang, er ist handgeschrieben, einiges ist durchgestrichen, anderes verwischt. Als Olaf ihn vorliest, laufen ihm die Tränen hinab. An einigen Stellen wird er sehr laut, an anderen verstehe ich ihn kaum. Am Ende schluchzt er, er braucht ein paar Minuten, bis er sich wieder beruhigt hat. Auch ich habe Tränen in den Augen, ich bin Zeugin geworden, wie ein erwachsener Mann seine Mutter mit ihrem Fehlverhalten konfrontiert, das ihn bis ins Mark verletzt hat, das ihm Vertrauen genommen und ihn nachhaltig beschädigt hat in seiner Bindungsfähigkeit. Er formuliert seinen Schmerz und seine Wut, seinen Ekel und seine Angst, er ist schonungslos, er erlaubt sich, die Eltern zu kritisieren und der Mutter Vorwürfe zu machen, dass sie ihn benutzt und missbraucht hat.

»Das war heftig«, sagt er nach einer Weile.

»Ja«, stimme ich zu, »das war heftig mutig, heftig ehrlich, heftig emotional.«

»Den kann ich aber nicht abschicken«, sagt er. Ich nicke, und er atmet sichtlich erleichtert aus.

»Sie haben ihn geschrieben«, sage ich. »Das ist das Einzige, was gerade zählt. Sie haben sich erlaubt, Ihrer Mutter Ihre Gedanken und Gefühle zuzumuten – wenn auch nur aus der Ferne, wenn auch nur in Gedanken.«

Es gibt Klient:innen, denen es irgendwann wichtig ist, einen schonungslosen Brief an die Eltern abzuschicken. Weitaus mehr Menschen erleben jedoch allein durch das Schreiben eine Erleichterung und sehen den Brief als Teil ihrer Privatsphäre an, die sie nicht mit ihren Eltern teilen möchten. So wie Olaf, der diesen Brief in seinem Schrank versteckt. Er wird ihn nie abschicken. Aber er fängt an, sein Leben zu verändern, ehrlicher mit sich und seinen Mitmenschen zu sein. Er trennt sich von seiner Freundin und fühlt danach eine große Erleichterung. Seine Schuldgefühle lösen sich, weil er endlich ehrlich zu ihr ist und sie freigibt für eine neue Beziehung, in der sie glücklicher werden kann. Er kommt regelmäßig zu unseren Sitzungen und lässt sich auf die therapeutische Arbeit ein, macht seine Hausaufgaben und Experimente, die ich ihm vorschlage, oder wandelt sie um, wenn er sie nicht passend für sich findet.

Und er überlegt, wie er den Kontakt zu seiner Mutter so gestalten kann, dass er für ihn erträglicher wird: Er möchte ihr zur Begrüßung ab jetzt die Hand geben und sie nicht mehr umarmen. Er möchte nicht mehr mit ihr in ihr Zimmer gehen, sondern im Garten des Altersheims sitzen, wo auch andere Menschen sind. Als er sein Vorhaben das erste Mal umgesetzt hat, berichtet er mir davon: »Sie hat am Anfang die ganze Zeit versucht, mich an sich heranzuziehen. Und da ist mir das erste Mal klar geworden, dass sie einen Kopf kleiner ist als ich und dass ich kräftiger bin als sie. Ich habe einfach meinen Arm steif gemacht und ihre Hand geschüttelt, und da blieb ihr nichts anderes übrig, als mitzumachen. Als sie mir auf der Bank zu nahe gerückt ist, bin ich aufgestanden und habe einen Spaziergang vorgeschlagen.«

Olaf nimmt seine Mutter nun nicht mehr aus der Perspektive des kleinen Jungen wahr, der ihr und ihren Bedürfnissen ausgeliefert ist, sondern aus den Augen eines Erwachsenen, der die Macht hat, die Begegnungen mitzugestalten. Je mehr er lernt, sich von seiner Mutter abzugrenzen, desto eher ist es für ihn vorstellbar, sich irgendwann noch einmal auf eine Liebesbeziehung einzulassen. Und zwar eine, die ihm keine Angst mehr macht, erdrückt zu werden, weil er inzwischen sowohl seine Bedürfnisse als auch seine Grenzen besser formulieren kann.

Wir sehen bei Anke und Olaf, wie wichtig es besonders für Kinder von psychisch kranken Eltern ist, die Defizite ihrer Eltern und die Mangelerfahrungen ihrer eigenen Kindheit zu benennen. Es geht bei dieser kritischen Bestandsaufnahme nicht darum, den Eltern Schuld zuzuweisen, sondern um das genaue Gegenteil: anzuerkennen, dass die Eltern psychisch krank waren und professionelle Unterstützung gebraucht hätten. Es geht darum, dass Kinder von psychisch kranken Eltern, die viel zu viel Verantwortung hatten und sich oft ihr ganzes Leben zum Wohle der Eltern zusammengerissen haben, endlich Mitgefühl für sich selbst entwickeln und ihre verlorene Kindheit betrauern können. In diesem Prozess können Wut und Enttäuschung über die Eltern entstehen – ähnlich wie im Trotzalter oder in der Pubertät. Es ist ein weiterer, zeitlich verzögerter Ablösungsschritt, der es den Kindern ermöglicht, ein freieres Leben zu führen und ihre gegenüber den Eltern unterdrückten Gefühle nicht weiterhin auf andere Menschen in ihrem Leben zu projizieren.

Was weit vor uns geschah – das emotionale Erbe unserer Eltern

Wenn wir unsere Eltern im Ganzen sehen möchten, müssen wir bis an den Anfang ihres Lebens zurückgehen: In welche Zeit, in welches Land, in welche Gesellschaft, in welches Elternhaus wurden sie hineingeboren? Waren sie Wunschkinder oder Unfälle, und wuchsen sie mit liebevollen, fürsorglichen oder überforderten, unreifen Eltern auf? War ihre Kindheit geborgen oder eher durch Unsicherheiten, Brüche oder Verluste beschwert? Welche familiären Schwierigkeiten und Konflikte gab es und welche Ressourcen? Litt einer ihrer Elternteile unter einer psychischen Krankheit wie beispielsweise Depressionen, einer Persönlichkeitsstörung oder einer Suchterkrankung? Wie und mit welchen Werten wurden sie erzogen, welche einschneidenden Ereignisse haben sie geprägt? Gab es traumatische Erlebnisse wie beispielsweise Krieg oder Flucht oder den Tod eines Elternteils?

Die Antworten auf all diese Fragen helfen uns, das Geworden-Sein unserer Eltern besser zu verstehen. Wir vergessen es manchmal: Unsere Mutter war einst Tochter, unser Vater war einst Sohn. Auch sie waren einmal Kinder, sie hatten gute oder schlechte Eltern-Vorbilder, sie wurden in ihrer Entwicklung unterstützt oder eingeschränkt, sie erfuhren Geborgenheit, Vernachlässigung oder Gewalt. Und diese elterlichen Erfahrungen prägen unweigerlich auch unser Leben. Denn nicht selten führen unsere Eltern unbewusst etwas fort, was ihnen in ihrer Kindheit vorgelebt wurde.

So wie Olafs Eltern, die einen Großteil ihrer Kindheitsverletzungen und Gewalterfahrungen an ihren Sohn weitergegeben hatten. Olafs Mutter Regina wuchs in einem Heim auf, nachdem ihre alleinstehende minderjährige Mutter in den 1930er-Jahren vom Amt als unfähig erklärt wurde, ein

Kind aufzuziehen. Reginas Vater war unbekannt, sie lernte ihn nie kennen. Im Heim wurde sie über Jahre hinweg von den Betreuern misshandelt und sexuell missbraucht. Sie hatte niemanden, der sie schützte, niemanden, dem sie sich anvertrauen konnte. Als sie mit 19 Jahren den zehn Jahre älteren Wolfgang kennenlernte und kurz danach schwanger wurde, freute sie sich zunächst auf das Kind. Als Olaf geboren wurde, war sie mit seiner Versorgung jedoch überfordert – sie hatte nie gelernt, wie man angemessen mit Bedürfnissen, Gefühlen und Grenzen umgeht, geschweige denn, wie man ein Kind liebevoll und fürsorglich betreut. Aufgrund ihrer traumatischen Kindheitserfahrungen hatte sie neben einer schweren Bindungsstörung auch eine sogenannte bipolare Störung entwickelt, in der sich manische Höhenflüge mit depressiven Phasen abwechselten. Gemeinsam mit ihrem Mann Wolfgang gewöhnte sie sich schnell regelmäßigen und hohen Alkoholkonsum an.

Olafs Vater Wolfgang war das älteste von acht Kindern. Wolfgangs Mutter litt unter Depressionen und verbrachte Tage und Wochen im Bett. Wolfgangs Vater arbeitete viel, trank viel und schlug Frau und Kinder, die lernten, ihm aus dem Weg zu gehen. Mit 16 Jahren zog Wolfgang freiwillig als Soldat in den Krieg, um seinem gewalttätigen Vater zu entkommen. Adolf Hitler wurde sein verehrter Ersatzvater, der Nationalsozialismus seine Familie, die ihm Halt gab – wie so viele unreife Menschen suchte Wolfgang seine Rettung in einem autoritären System. Mit 22 Jahren kehrte er körperlich versehrt und psychisch traumatisiert aus dem Krieg und der anschließenden Kriegsgefangenschaft zurück. Er entwickelte Ängste und Depressionen, hinzu kamen Flashbacks – plötzlich auftretende Erinnerungen an traumatische Erlebnisse –, die ihn jederzeit überfallen konnten.

Aufgrund seiner desolaten Verfassung gelang es ihm nicht, beruflich Fuß zu fassen. Aus Mangel an Alternativen arbeitete er im Handwerksbetrieb seines Vaters mit, der seinen »Krüppel-Sohn« demütigte, wo er nur konnte. Nicht einmal nachts fand Wolfgang Ruhe, Olaf erinnert sich, dass der Vater oft schreiend aufwachte und verstört durch das Haus und den Garten lief und sich anschließend mit einer Flasche Schnaps in den Schlaf trank.

Ich erkläre Olaf, dass psychische Störungen wie bei seinen Eltern oft in Kombination auftreten – eine Depression mit einer Suchterkrankung, eine posttraumatische Belastungsstörung mit Ängsten oder Depressionen. Und dass schon *ein* psychisch erkrankter Elternteil ausreicht, um ein erhöhtes Risiko für das Kind zu schaffen, Opfer von Vernachlässigung oder Misshandlungen zu werden. Dieser Verweis auf Olafs eigenes Leid ist existenziell – denn das Leid der Eltern wiegt das eigene Leid nicht auf, es erklärt lediglich, wie (Bindungs-)Traumata und emotionale Lasten von Generation zu Generation weitergegeben werden.

»Vielleicht konnten sie mir gar keine besseren Eltern sein«, schlussfolgert Olaf, nachdem er sich ausgiebig mit der Geschichte seiner Eltern auseinandergesetzt hat. Er beginnt, seine Eltern vollständiger zu sehen – nicht nur als zerstörerische Erwachsene, sondern auch als extrem verletzte Kinder. Gerade für Menschen, deren Eltern keine ausreichend guten Bindungspartner waren, ist der Blick in die Kindheit der Eltern oftmals ungewohnt – unter anderem, weil die Eltern selten oder lediglich bruchstückhaft über ihre Kindheit oder ihr Leben an sich berichtet haben. Aber die Kindheit der Eltern zu verstehen heißt, die Eltern zu verstehen. Und die Spaltung schrittweise aufzuheben. Denn wer sich die Eltern als Kinder vorstellt, hört automatisch auf, sie zu dämonisieren. Oft entsteht sogar Mitgefühl für die Kinder, die die Eltern einst waren. Die Chronologie des elterlichen Lebens, aber auch bestimmte familiäre Gesetzmäßigkeiten und Muster werden nachvollziehbar.

Eine Methode, die Kindern hilft, sich besser in ihre Eltern hineinzuversetzen, besteht darin, die Lebensgeschichte der Eltern ausführlich in der Ich-Form zu erzählen.[25] Statt also wie gewohnt *über* die Eltern zu berichten, nehmen wir eine autobiografische Sichtweise ein und beschreiben die Entwicklung unserer Mutter oder unseres Vaters seit ihrer Geburt, als ob wir unsere eigenen Erinnerungen erzählten.

Hier ein Auszug aus der autobiografischen Vater-Beschreibung meines 42-jährigen Klienten Marco, der unter seinem lieblosen, kühlen Vater Klaus bis zu dessen Tod gelitten hatte und der sich aus diesem Grund lange nicht zugetraut hatte, selbst Vater zu werden: »Ich, Klaus, wurde am 14.12.1943 geboren«, beginnt Marco. »Mein Vater Hans war zum Zeitpunkt meiner Geburt an der Ostfront, meine Mutter bereitete mit drei kleinen Kindern die Flucht in den Westen vor. Als ich zwei Jahre alt war, kamen wir nach einer drei Wochen dauernden Flucht in Bremen an. Wir wohnten erst mal in einer Baracke auf dem Hof von entfernten Verwandten. Wir waren dort mit mehreren Flüchtlingsfamilien untergebracht. Meine Mutter litt unter der Enge und dem Mangel an Privatsphäre und war zeit ihres Lebens in Gesellschaft sehr nervös und geräuschempfindlich.

Als ich fünf Jahre alt war, kehrte mein Vater aus dem Krieg zurück. Er schwieg die meiste Zeit, er humpelte aufgrund einer Kriegsverletzung, und ich war neugierig und ängstlich zugleich – er war ja ein Fremder. Das hat sich nie geändert. Mein Vater war ein kalter Mensch, er hat sich nie für mich interessiert.« An dieser Stelle stockt Marco und beginnt zu weinen, weil er erstmals emotional nachvollziehen kann, dass auch sein Vater Klaus unter der Entfremdung zu dessen Vater Hans gelitten hatte.

Die Erzählung in der Ich-Form schafft für Marco mehr Nähe, als er jemals zu seinem Vater empfunden hatte, denn er erkennt und fühlt, dass auch sein Vater einst ein verlassenes Kind und ein ungeliebter Sohn war. Marco, der seinem Vater bisher vor allem mit Verachtung begegnet war – auch um den Schmerz über die väterliche Ablehnung abzuwehren –, entwickelt erstmals Mitgefühl für ihn. Durch die autobiografische Erzählung erweitert und vervollständigt sich das Bild seines Vaters: Er nimmt den Vater nicht mehr nur als Täter, sondern auch als Opfer wahr.

Wenn wir die Geschichte unserer Elternteile in der Ich-Form erzählen, verändert sich unsere Perspektive: Wir schauen nicht von außen auf sie, sondern erzählen aus der Innenperspektive heraus. Wir schlüpfen für einen Moment in ihre Haut, wir fühlen unmittelbarer, was sie erlebt haben. Es ist wie in der Weisheit »Gehe hundert Schritte in den Schuhen eines anderen, wenn du ihn verstehen willst«.

Das Geworden-Sein der Eltern zu verstehen bedeutet weder, die Eltern aus ihrer Verantwortung zu entlassen, noch, das eigene Leid zu bagatellisieren. Es kann jedoch helfen, das destruktive Verhalten unserer Eltern besser einzuordnen – und zwar nicht weiterhin als eine Reaktion auf uns, sondern eher als Folge ihrer *eigenen* schmerzhaften und unbearbeiteten Kindheitserfahrungen. »Es war nicht meine Schuld«, erkennen viele Menschen erleichtert in Bezug auf ihre Mangelerfahrungen oder Konflikte mit den Eltern, nachdem sie sich mit der Lebensgeschichte ihrer Eltern auseinandergesetzt haben. Denn elterliches Fehlverhalten liegt nie daran, dass Kinder falsch oder nicht liebenswert sind, sondern einzig daran, dass Eltern aufgrund ihrer eigenen Kindheitserfahrungen nicht die nötige emotionale Reife erreicht haben, um ihre Kinder ausreichend gut versorgen, beschützen oder fördern zu können. Und so wird leider in vielen Familien ein zerstörerisches Erbe von Vernachlässigung, Gewalt oder Grenzüberschreitungen weitergetragen.

Zum richtigen Zeitpunkt – also nachdem die eigenen

Wunden versorgt worden sind – kann der Blick auf die Kindheit unserer Eltern helfen, Frieden mit der Vergangenheit und sogar mit den Eltern zu schließen. Denn wenig stimmt uns milder, als uns die eigenen Eltern als Kinder vorzustellen und zu erkennen, worunter sie litten, wonach sie sich sehnten und was ihnen fehlte, um schließlich bessere Eltern für uns zu werden.

Die Eltern im Ganzen sehen – eine Annäherung

In Peter Handkes Erzählung »Wunschloses Unglück«[26] tastet sich der Schriftsteller an seine Mutter heran, die sich im Alter von 51 Jahren das Leben nahm: »(…) ich entferne mich nicht, wie es sonst in der Regel passiert, von Satz zu Satz mehr aus dem Innenleben der beschriebenen Gestalten und betrachte sie am Ende befreit und in heiterer Feierstimmung von außen, als endlich eingekapselte Insekten – sondern versuche mich mit gleichbleibendem starren Ernst an jemanden heranzuschreiben, den ich doch mit keinem Satz ganz fassen kann, so daß ich immer wieder neu anfangen muß und nicht zu der üblichen abgeklärten Vogelperspektive komme.«[27] In der Beschreibung des Lebens seiner Mutter gelingt es Handke nicht, wie sonst zu seinen Figuren Distanz einzunehmen. Die Mutter, »sie läßt sich nicht einkapseln, bleibt unfaßlich, die Sätze stürzen in etwas Dunklem ab und liegen durcheinander auf dem Papier.«[28]

Handkes Erfahrung ist recht universell: Wir können nicht rein sachlich auf unsere Eltern schauen, denn zum einen haben wir eine ganz persönliche Geschichte mit ihnen erlebt, und zum anderen fehlen uns viele Puzzleteile der elterlichen Geschichte. Ihre Vergangenheit, aber auch ihre Gefühlswelt sind für uns Kinder oft ein Buch mit sieben Siegeln.

Die Eltern aus einer erwachsenen Brille heraus zu betrachten, ist ein hartes Stück Arbeit. Wir neigen dazu, aus zu naher oder aus zu weiter Entfernung auf sie zu blicken – oftmals entweder mit kindlicher Idealisierung oder mit kindlicher Enttäuschung, die uns verstrickt oder kalt werden lässt.

Mitunter sehen wir unsere Eltern nicht einmal durch unsere eigenen Augen – wir nehmen sie gefärbt durch die Linse des anderen Elternteils wahr. Erinnern wir uns beispielsweise an Anke, die Tochter eines Alkoholikers, die jahrzehntelang die geschönte, co-abhängige Sicht ihrer Mutter auf ihren Vater übernahm: »Er trinkt kaum noch. Er kann nichts dafür. Er wird sich bald fangen, das ist nur eine Phase« – obwohl der Vater jahrzehntelang schwer alkoholabhängig war und keine Verantwortung für seine Gesundheit und seine Familie übernahm.

Es gibt Eltern, die einander vor den Kindern erhöhen, und es gibt Eltern, die einander vor den Kindern entwerten. Nicht wenige Menschen haben auch deshalb schwierige Beziehungen zu einem Elternteil, weil sie mit dem jeweils anderen Elternteil in eine zu enge, zu loyale Koalition verstrickt sind, die sie nicht kündigen können, ohne sich schuldig zu fühlen. Sie müssen dann gemeinsam mit einem Elternteil den anderen Elternteil abwerten, wie etwa Philip, der mir erzählt, dass seine Mutter »nie etwas auf die Reihe bekommen hat«. Seine Mutter hat vier Kinder großgezogen und nebenbei halbtags gearbeitet, sie hat den gesamten Haushalt ohne Hilfe ihres Mannes erledigt, die verschiedenen Haustiere, die die Kinder sich gewünscht hatten, versorgt und sich ehrenamtlich engagiert, nachdem die Kinder aus dem Haus waren.

»Wie hätte das Leben Ihrer Mutter ausgesehen, wenn sie mehr auf die Reihe bekommen hätte?«, frage ich nach, und Philip antwortet: »Dann wäre sie beruflich erfolgreich gewesen.« Wie Philips Vater. Der sich weder um die Kinder noch um den Haushalt kümmerte und jeden Tag nichts Besseres zu tun hatte, als seine Frau vor den Kindern runterzuputzen. Philip und seine Frau sind bei mir in Therapie, weil sie ihr erstes Kind erwarten und nun erbittert darüber streiten, wie sie ihr Leben mit Kind gestalten möchten. »Ich kann nicht gleichzeitig Vollzeit arbeiten und mich um das Kind kümmern«, sagt Nina. »Wir müssen die Verantwortung für die Arbeit und unser Kind schon teilen!« Philip sitzt in der Falle, weil er die Wertvorstellung des Vaters »Wer nicht Vollzeit arbeitet, bekommt nichts auf die Reihe« unreflektiert übernommen hat: Wenn Nina ihren Vollzeit-Job aufgibt und sich vor allem um das Kind kümmert, wird sie zu seiner Mutter, und er verliert den Respekt vor ihr. Wenn er selbst weniger arbeitet, wird er ebenfalls zu seiner Mutter, er »bekommt nichts auf die Reihe« und verliert seinen Wert. Es ist also wichtig, zunächst einmal die jeweiligen Erfolge der Eltern genauer zu analysieren und zu erkennen, was hinter der entwertenden väterlichen Aussage über die Mutter stand: eine vorauseilende Abwehr des Vaters, aufgrund seiner Abwesenheit kritisiert zu werden, sowie eine Erhöhung seines Daseins, indem er seine Frau und ihre häuslichen Aufgaben abwertete. »Eigentlich war es ganz schön, dass meine Mutter nachmittags zu Hause war«, erinnert Philip sich. »Und meinen Vater habe ich ehrlich gesagt oft vermisst. Selbst am Wochenende war er mit seinen Akten beschäftigt.« Erst wenn wir erkennen, von wem wir welche Werte übernommen haben, können wir sie kritisch beleuchten, sie anpassen oder verwerfen und uns grundsätzlich neu ausrichten.

Den schlimmsten Blick durch die Brille des anderen Elternteils erlebte Christine, die lange glaubte, dass ihr Vater die Mutter vor ihrer Geburt zu einer Abtreibung zwingen wollte. Die Beziehung zum Vater war spannungsgeladen, und bei jedem Konflikt erinnerte sich Christine daran, dass ihr Vater sie eigentlich gar nicht haben wollte. Als sie ihn auf mein Anraten darauf ansprach, fiel Christines Vater aus allen Wolken: »Wie kommst du darauf, dass ich dich nicht haben wollte? Deine Mutter und ich waren jung, und wir haben viel darüber diskutiert, ob wir das gemeinsam hinbekommen, aber ich war die treibende Kraft, es zu probieren, und als du da warst, war ich der glücklichste Mensch der Welt. Ich wollte dich immer haben, und ich verstehe nicht, wie du etwas anderes denken kannst.«

Als der Vater auf einem gemeinsamen Gespräch mit Christines Mutter bestand, von der er seit vielen Jahren getrennt war, wich diese aus und sagte, sie könne sich an nichts mehr erinnern, Christine müsse sich diese Geschichte ausgedacht haben. »Aber ich habe mir das nicht ausgedacht«, sagte Christine verstört. »Diese Geschichte hat zwanzig Jahre meiner Beziehung zu meinem Vater vergiftet, und jetzt finde ich heraus, dass sie gar nicht wahr ist.«

»Die Wahrheit« über unsere Eltern herauszufinden, ist ein lebenslanger Prozess und gleichzeitig ein nie zu erreichendes Ziel: Wie in einem Kaleidoskop wird unser Bild von ihnen immer wieder leicht verändert oder gar zerstört werden, denn jede neue Information, jede neue Geschichte, jede weitere Perspektive kann ihnen neue, uns bisher verborgene Facetten hinzufügen. Die Eltern im Sinne einer absoluten Wahrheit verstehen und beschreiben zu können, ist unmöglich, wie nicht nur der Schriftsteller Handke feststellen musste. Was bleibt, ist vielmehr der lebenslange Versuch einer Annäherung an die Menschen, die uns das Leben geschenkt haben.

Zu dieser Annäherung gehört nicht zuletzt, sich darüber bewusst zu werden, dass auch die Eltern mitunter von ihren inneren Kindern geleitet werden. Stellen Sie sich vor, dass hinter den extremen Wutausbrüchen Ihres Vaters eigentlich sein dreijähriges inneres Kind steckt, das sich ohnmächtig fühlt und sich nicht anders zu helfen weiß. Oder dass sich hinter dem Liebesentzug der Mutter ihr inneres Kind verbirgt, das ständig Angst hatte, von den Eltern verlassen zu werden.

Vielleicht spüren Sie schon bei diesem Gedankenspiel, wie die Eltern »schrumpfen« und Sie milder auf sie schauen. Solange wir mit Kinderaugen auf unsere Eltern blicken, haben sie zu viel Macht über uns. Sie können regelrecht Furcht einflößend sein. Aber wenn es uns gelingt, den kindlichen Anteilen unserer Eltern nicht mehr mit unseren eigenen inneren Kindern zu begegnen, sondern als Erwachsene auf sie zu schauen, »durchschauen« wir plötzlich das ganze Theater: Unsere Eltern sind ihren inneren Kindern mitunter genauso ausgeliefert, wie wir es sind. Und ihre inneren Kinder können uns nichts anhaben, sie sind nicht mehr als Papiertiger, hilflos, verzweifelt, unglücklich, fast könnten wir Mitleid mit ihnen haben. Diese gesunde Distanz zu den Eltern haben wir immer dann, wenn wir als Erwachsene auf unsere Eltern schauen und spüren, dass wir nicht mehr von ihnen abhängig sind. Denn als Erwachsene können wir entscheiden, nicht auf die ungesunden Spiele einzugehen, in die unsere eigenen inneren Kinder sich so leicht verstricken lassen. Wir können neue Spielregeln einführen und Grenzen setzen.

Wenn es uns gelingt, das alte, eingefrorene Bild unserer Eltern aufzulösen, kann sich unser gesamtes Leben verändern: All unsere Beziehungen können authentischer werden, angefangen mit der Beziehung zu uns selbst. Auch zu unseren Eltern können wir lebendigere Beziehungen aufnehmen: zu einer Mutter, die häufig liebevoll und manchmal emotional abwesend war, zu einem Vater, der zu kritisch und gleichzeitig humorvoll und kreativ war. Wer mit den

Eltern auf Augenhöhe ist, nimmt mehr Facetten von ihnen wahr. So wie Pema Chödrön, als sie ihre Mutter herumalbernd mit einer alten Bekannten sah und feststellte, dass ihre Mutter mehr als nur ihre Mutter war. Wir brauchen also ein wenig Abstand und die Entscheidung, statt einer Lupe eine Gleitsichtbrille aufzusetzen, sodass wir das ganze Bild deutlicher erkennen können.

Ich möchte nicht leugnen, dass es Eltern gibt, die ihren Kindern nie liebevolle Eltern waren. Es gibt Eltern, die ihre Kinder schwer vernachlässigt, psychisch und körperlich misshandelt oder sexuell missbraucht haben und die keinerlei Bereitschaft zeigen, bessere Eltern zu werden. Manchmal hilft keine Brille der Welt, die Eltern in einem guten Licht zu sehen. Aber es gibt Kinder, die von ihren Eltern verletzt wurden und trotzdem eine liebevolle Beziehung mit ihnen führen können: weil es den Eltern gelungen ist, die Brüche zu reparieren; weil sie Verantwortung für ihre Fehler übernahmen und anschließend versuchten, es besser zu machen; weil sie ihre Schuld eingestanden und ihre Kinder um Verzeihung baten.

»Ausreichend gute Eltern sind besser als perfekte Eltern«, sagte der einflussreiche Kinderpsychologe Donald Winnicott, als er in den 1960er-Jahren die Bindungsforschung revolutionierte. Perfekte Eltern gibt es nämlich nicht – nur in der Fantasie von unabgelösten Kindern, die ihre Eltern idealisieren müssen.

Sind wir bereit, unsere idealisierende oder unsere vernichtende Lupe abzulegen und stattdessen durch eine erwachsenere Linse zu schauen, können wir prüfen, ob unsere Eltern für uns zu unterschiedlichen Zeitpunkten unterschiedliche Eltern waren: Vielleicht waren sie in unserer Kindheit gute Eltern und in der Pubertät viel zu streng; vielleicht sind die alten Eltern gelassener und unterstützender als je zuvor, weil sie über mehr emotionale, zeitliche oder finanzielle Ressourcen verfügen als in unserer Kindheit? Vielleicht hat sich die Beziehung zu unseren Eltern verbessert, seit wir erwachsen und weniger abhängig von ihnen sind?

Wenn wir genau hinschauen, werden wir Veränderungen in jeder Eltern-Kind-Beziehung feststellen. Die Gründe für diese Veränderungen sind vielfältig, denn sowohl unsere Eltern als auch wir selbst haben uns weiterentwickelt, oder wie die bekannte Kindheitsforscherin Alice Miller so treffend schrieb: »Das damalige Kind gibt es nicht mehr, auch die damaligen Eltern nicht.«[29]

Und schärfen wir unsere Linse auf die Eltern noch ein wenig mehr, sehen wir vielleicht noch weitere Nuancen, die wir bisher aufgrund ihrer Idealisierung oder Verteufelung nicht wahrnehmen konnten: Vielleicht haben die Eltern uns gefördert und unsere Talente gestärkt und waren trotzdem nie zufrieden; vielleicht waren sie in unserer Kindheit zu wenig anwesend, weil sie hart arbeiteten, um uns ein besseres Leben zu bieten, als sie es hatten; vielleicht waren sie liebevoll, aber aufgrund einer psychischen Erkrankung nicht in der Lage, uns angemessen und kontinuierlich zu versorgen; vielleicht konnten sie uns ihre Liebe nicht gut zeigen, weil sie selbst nie Liebe von ihren Eltern erfahren hatten; vielleicht waren sie (kriegs)traumatisiert und wirkten kühl auf uns, während sie alles in ihrer Macht Stehende taten, um uns vor dem Schrecken, der sie belastete, zu schützen.

Menschen sind nicht perfekt. Eltern machen Fehler. Manche Fehler sind unverzeihlich, und manche sind aus einem erwachseneren, abgelösten Blickwinkel unvermeidlich. Am Ende bleibt meist die Erkenntnis: Eltern sind nie so gut und so böse, wie wir sie gern hätten.

In der erwachsenen Betrachtung unserer Eltern geht es nicht darum, ihre Fehler zu verleugnen, sondern sie einzuordnen in die Möglichkeiten, die unsere Eltern hatten. Es geht darum, zu verstehen, dass sie selbst einmal Kinder von Eltern waren, die Fehler machten. Und anzuerkennen, was unsere Eltern aus Liebe zu uns anders, besser gemacht haben als ihre Eltern – selbst wenn es für uns nicht (immer) gut genug war.

FÜNF

»Verzeihen bedeutet, alle Hoffnung auf eine bessere Vergangenheit aufzugeben.«

JACK KORNFIELD

Inneren Frieden finden

Manche Kinder schließen erst nach dem Tod der Eltern Frieden mit ihnen, andere bleiben auf immer und ewig in Unfrieden mit ihnen verbunden. Es gibt Menschen, für die eine Versöhnung mit den Eltern ausgeschlossen ist, sie sind voller Vorwürfe und Groll. Manche brechen sogar den Kontakt ab, um nie wieder enttäuscht werden zu können.

Aber es gibt auch Menschen, die in der Lage sind, die Verletzungen, die ihnen von ihren Eltern zugefügt wurden, hinter sich zu lassen, ohne sie zu verdrängen oder zu verleugnen. Menschen, denen es gelingt, ihren Frieden zu machen mit dem, was war. Wie geht das?

Wie können wir die Vergangenheit hinter uns lassen, sodass sie uns nicht weiter beschwert? Müssen Kinder ihren Eltern dazu verzeihen, oder gibt es Fälle, in denen Verzeihen unmöglich ist?

Wir werden sehen, wie hilfreich es ist, den Fokus ein wenig zu verschieben: Weg von dem Anspruch, den Eltern zu verzeihen oder sich gar mit ihnen zu versöhnen, hin zu dem Versuch, Frieden mit unserer Vergangenheit zu schließen. Selbst wenn die Vergangenheit unerträglich war? Gerade dann. Es geht darum, unsere Vergangenheit anzunehmen, so, wie sie war. Nichts zu beschönigen. Nichts zu verleugnen. Sondern anzuerkennen, wo wir gelitten haben, wo wir zu wenig bekamen oder wo zu viel von uns verlangt wurde.

Eine Haltung der radikalen Akzeptanz hilft uns dabei, einen klaren, abschließenden Blick auf die Vergangenheit zu werfen: Unsere Eltern waren, wie sie waren. Unsere Kindheit war, wie sie war. All das liegt nun hinter uns. Unsere Vergangenheit ist vergangen.

Wenn es uns schließlich gelingt, die Vergangenheit nicht mehr verändern zu wollen, setzen wir Energien frei, mit denen wir unsere Gegenwart aktiv und bewusst gestalten können. Wir lösen uns immer weiter von dem, was war, und leben unser erwachsenes Leben. Denn Ablösung heißt, Frieden zu finden mit dem, was war, und dem, was ist.

Müssen wir unseren Eltern verzeihen?

Vergebung ist ein wunderschönes Konzept. Das Opfer ist dann kein Opfer mehr, sondern ein:e starke:r Überlebende:r. Wer vergibt, lässt den Groll und alle anderen unangenehmen Gefühle los. Studien belegen, dass Verzeihen sowohl unserer seelischen als auch körperlichen Gesundheit zugutekommt, wir sind weniger gestresst und zufriedener in unserem Leben.[30] »Vergebung ist gesund«, schreibt Friedensnobelpreisträger Erzbischof Desmond Tutu in *Das Buch des Vergebens.* »Vergebung befreit uns von der Vergangenheit, von den Tätern, von der Festschreibung unserer Opferrolle. Wir vergeben, um nicht körperlich und seelisch unter den Folgen aufgestauter Wut und Verbitterung zu leiden. Vergebung ist ein Geschenk, das wir uns selber machen.«[31]

Aber was, wenn es mit dem Verzeihen nicht so recht klappen will, weil uns das, was die Eltern uns zugemutet haben, unverzeihlich erscheint? Wenn die Eltern sich nur halbherzig – oder gar nicht – entschuldigen? Wenn sie keine Verantwortung für ihr Verhalten übernehmen und lieber uns die Schuld dafür geben, während sie darauf bestehen, uns weiterhin zu verletzen?

Sollten wir unseren Eltern um jeden Preis verzeihen – und dient das wirklich immer unserem eigenen Wohl?

Es gibt Psychotherapeut:innen, die Verzeihen oder sogar die Versöhnung mit den Eltern als die ultimative Form der persönlichen Entwicklung ansehen und die regelrecht verlangen, dass Kinder ihren Eltern vergeben oder – noch extremer – die Verletzungen durch die Eltern ehrfürchtig akzeptieren, so wie der umstrittene katholische Theologe Bert Hellinger, der eine vom Vater missbrauchte Tochter während einer Familienaufstellung* aufforderte, sich vor ihrem Vater zu verbeugen und zu sagen: »Ich habe es gern getan.«[32]

Der US-amerikanische Psychotherapeut Mark Wollyn schreibt: »Frieden mit uns selbst beginnt damit, in Frieden mit unseren Eltern zu sein.«[33] Er zitiert – sehr verkürzt und aus dem Zusammenhang gerissen – den buddhistischen Mönch Thich Nhat Hanh: »Wenn man auf seine Eltern wütend ist, ist man wütend auf sich selbst. Man stelle sich vor, die Maispflanze würde auf das Maiskorn wütend.«[34]

Ich kann diesem dogmatischen Gebot des Verzeihens nicht zustimmen. Denn es gibt Eltern, die so anhaltend toxisch sind, dass es regelrecht gewalttätig wäre, Verzeihen vonseiten der Kinder zu erwarten. Ich denke an Eltern, die ihre Kinder missbraucht oder misshandelt haben, die bis heute keine Verantwortung für ihre Taten übernehmen und den Kindern vorwerfen, »zu empfindlich« zu sein oder zu lügen. Ich denke an grenzüberschreitende Eltern, die von ihren Kindern bis heute absoluten Gehorsam und Unterwer-

* Bert Hellinger entwickelte seine Methode der Familienaufstellung aus der Rekonstruktionsarbeit der amerikanischen Familientherapeutin Virginia Satir. Bei einer Familienaufstellung werden fremde Personen stellvertretend für Angehörige ausgewählt, die zueinander in Beziehung positioniert werden. Hellingers Aufstellungsarbeit geriet in Kritik, da sie den Charakter von Massenveranstaltungen bekam, in denen Hellinger im Schnellverfahren nach patriarchalischen und rigiden Normvorstellungen den Klient:innen Lösungen verschrieb, was psychotherapeutischen Grundregeln eklatant zuwiderläuft.

fung fordern und andernfalls mit dem Ausschluss aus der Familie drohen. Ich denke an Eltern, die ihre Kinder vernachlässigt und in ihrem Selbstwert schwer geschädigt haben und die ihre Kinder bis heute entwerten und verwirren, indem sie ihnen die Schuld für das eigene Fehlverhalten zuweisen.

Wer sich zum Verzeihen oder Versöhnen drängen lässt oder sich selbst dazu zwingt, ohne wirklich bereit zu sein, läuft Gefahr, Selbstanteile abzuspalten, was zur inneren Entfremdung bis hin zu einer schweren Krise mit katastrophalem Ausgang führen kann, wie beispielsweise einer Psychose oder einem Suizid.

Es kann eine wichtige, lebensbejahende Entscheidung sein, den Eltern nicht zu verzeihen, um sich vor ihnen nachhaltig schützen zu können, oder wie Alice Miller warnte: »Die Forderung, den Eltern jede Grausamkeit zu verzeihen, ist eine religiöse Forderung, die den therapeutischen Prozess (den Weg zum Fühlen und Infragestellen des elterlichen Tuns und der elterlichen Meinungen) notgedrungen blockiert.«[35]

In aller Deutlichkeit: Niemand muss seinen Eltern verzeihen. Es gibt keine Pflicht zur Versöhnung. Und kein Recht auf Vergebung.

Heißt das, dass man seinen Eltern nicht verzeihen soll? Nein. Verzeihen kann zu tiefem inneren Frieden führen. Die Entscheidung, zu verzeihen, kann unser Leben verändern. Aber Verzeihen ist ein innerer Prozess, der nicht von außen verordnet werden kann. Es ist ein Prozess, der mitunter das ganze Leben andauert. Er kann weder durch Druck beschleunigt werden, noch können wir wichtige Gefühle und Phasen auf dem Weg zum Ziel überspringen.

Der US-amerikanische Psychologe Robert Enright, der seit Jahrzehnten zum Thema Vergebung forscht, hat einen mehrstufigen Prozess des Vergebens erkannt, der sich in vier Phasen grob zusammenfassen lässt:

In der **ersten Phase** geht es darum, den inneren Schmerz aufzudecken, anzuerkennen und bewusst zu durchleben – unseren Gefühlen wie Zorn, Trauer oder Hass Raum zu geben. Ohne diese erste Phase, die im folgenden Kapitel als »Mitgefühl für uns selbst« vertieft wird, ist echtes Verzeihen unmöglich. Erst die bewusste Verarbeitung des eigenen Schmerzes ermöglicht uns, ihn loszulassen und uns auf die weiteren Schritte einzulassen.

Die **zweite Phase** beschäftigt sich mit der bewussten Entscheidung, zu verzeihen – es geht hier nicht darum, das Verhalten der Täter:innen (also der Eltern) zu entschuldigen oder es zu vergessen, sondern vor allem darum, zu erkennen, welche Vorteile wir selbst durch das Verzeihen haben. Wer verzeiht, kann sich aus der alten Verstrickung mit der belastenden Vergangenheit und den Eltern befreien und positive Energien freisetzen, die bisher an Groll und Unversöhnlichkeit, Empörung, Hass und Verbitterung gebunden waren. Die Entscheidung, zu verzeihen, kann uns erleichtern, sie kann unser Selbstwertgefühl steigern, uns ein Gefühl der inneren Stärke und Sicherheit geben und uns helfen, wieder Sinn und Zweck in unserem Leben zu finden.

In der **dritten Phase** kann Verständnis für die Eltern entstehen – indem wir diese auch in anderen Handlungs- und Lebensbezügen wahrnehmen und eine neue Sicht auf sie und Empathie für sie entwickeln. Es geht – wie im vorherigen Kapitel – um die Fähigkeit, die Eltern in ihren verschiedenen Facetten wahrzunehmen und sie auf diese Weise differenzierter und sowohl mit erwachsenem Abstand als auch mit mehr Verständnis betrachten zu können.

In der **vierten Phase** haben wir das, was geschehen ist, akzeptiert. Wir haben uns von dem Unrecht, das uns widerfahren ist, gelöst – nicht indem wir es entschuldigen oder bagatellisieren, sondern indem wir unsere Haltung dazu geändert und unsere ursprünglichen Reaktionen wie Rückzug,

Angriff oder Rachegedanken aufgegeben haben. Wir entscheiden uns, uns nicht weiter durch alte Ungerechtigkeiten zu definieren, und entwickeln stattdessen Mitgefühl, Großzügigkeit und Wohlwollen.

Wie wir im Folgenden sehen werden, lassen sich diese vier Phasen nicht scharf voneinander abgrenzen – wie jede Entwicklung verläuft auch der Verzeihensprozess in Schleifen, und ich schließe mich Robert Enright an, der nicht müde wird zu betonen: »Vergeben bedeutet harte Arbeit.«[36]

Trotzdem: Die meisten Menschen, die mich aufsuchen, wünschen sich eine bessere Beziehung zu ihren Eltern. Viele haben unbeglichene Rechnungen mit den Eltern, leiden unter alten Kränkungen oder anhaltenden Konflikten, über die unglücklich geschwiegen oder erbittert gestritten wird. Manche sind bereit, die ganze Verantwortung auf sich zu nehmen, und suchen die Schuld bei sich selbst, weil sie sich nicht trauen, die Eltern zu konfrontieren – nicht mal im Stillen. Andere hoffen insgeheim, dass ihre Eltern ihr Fehlverhalten endlich einsehen und es irgendwann einen Neuanfang gibt – darunter sogar jene, die den Kontakt zu den Eltern bereits enttäuscht abgebrochen haben.

Aber selbst wenn die Eltern sich weder entschuldigen noch nachhaltig verändern, ist laut Robert Enright ein bewusstes Verzeihen möglich. Denn Verzeihen heißt, nach innerem Frieden zu streben und nicht nach Gerechtigkeit. Verzeihen heißt nicht, zu vergessen, sondern zu erinnern und trotzdem loszulassen. Und: Wir verzeihen nicht die Tat, sondern wir verzeihen unseren Eltern. Wir verändern unsere emotionale Haltung den Eltern gegenüber, ohne deren Verhalten zu rechtfertigen oder moralisch zu entschuldigen. »Das Vergeben bezieht sich nur auf die Person und niemals auf die Sache [...]«, so die Publizistin Hannah Arendt. »[W]enn ein Unrecht verziehen wird, so wird demjenigen verziehen, der es begangen hat, was natürlich nicht das geringste daran ändert, daß das Unrecht unrecht war.«[37]

Zugegeben – es fällt leichter zu verzeihen, wenn das Gegenüber Reue zeigt. Aber innerer Frieden kann auch erreicht werden, wenn die äußeren Umstände nicht ideal sind. Solange wir jedoch abhängig bleiben von der Reaktion des anderen, stehen wir einer selbstbestimmten Entscheidung und unserem inneren Prozess der Heilung im Weg. Erinnern wir uns an Desmond Tutus Worte: »Vergebung ist ein Geschenk, das wir uns selber machen.« Das Geschenk liegt darin, dass wir die emotionale Last, die uns an die Vergangenheit kettet, bewusst loslassen – unabhängig davon, wie unsere Eltern sich verhalten.

Und noch etwas ist in diesem Zusammenhang wichtig: Verzeihen heißt nicht versöhnen. Nach dem Verzeihen können wir unseren Eltern wieder mit Wohlwollen begegnen und die Beziehung mit ihnen aufnehmen, *müssen* es aber nicht. Genauso gut kann am Ende des Verzeihens stehen, dass wir uns von den Eltern lösen und von nun an getrennte Wege gehen. Eine Langzeitstudie[38] mit in der Kindheit missbrauchten Mädchen fand heraus, dass es für die Opfer zwar heilsam und selbstwertstabilisierend war, ihre Wut und Rachegefühle hinter sich zu lassen, auch Ängste, Depressionen und posttraumatische Symptome reduzierten sich durch diese Aspekte des Vergebens. Aber wenn es um das Versöhnen mit den Tätern (oftmals den Vätern) ging, stiegen die Ängste und posttraumatischen Symptome der Mädchen wieder an, auch die Beziehung zur Mutter verschlechterte sich.[39]

Hier wird der Unterschied zwischen Verzeihen und Versöhnen besonders deutlich: Während der innere Prozess des Loslassens und Friedenfindens wohltuend und heilsam ist, kann die reale Annäherung an den Täter gefährlich sein – nicht nur Hilflosigkeit und Ohnmachtsgefühle sind zu befürchten, sondern schlimmstenfalls auch ein erneuter Missbrauch.[40]

Versöhnung setzt – auch in weniger schwerwiegenden Fällen – Folgendes voraus: dass Eltern Verantwortung für ihr Handeln übernehmen und Kinder bereit sind zu verzeihen. Es ist ein gemeinsamer Akt zwischen Eltern und Kindern. Es bedarf der Bereitschaft beider Parteien, aufeinander zuzugehen, einander zuzuhören und einander zu verstehen. Ohne Selbstverantwortung und ohne Verständnis kann es keine Annäherung und schon gar keine Versöhnung geben.

Das gilt im Übrigen auch für die Kinder, denn natürlich können auch Kinder sich unmöglich verhalten oder ihre Eltern verletzen. Es gibt Kinder, deren Unversöhnlichkeit in keiner Relation zu dem ursprünglichen Fehlverhalten der Eltern steht. Meist handelt es sich in solchen Fällen um eine (kindliche) Rache an den Eltern. Wenn dauerhafte Unversöhnlichkeit das Ziel hat, die Eltern zu bestrafen und in ihnen die Ohnmacht auszulösen, unter der wir als Kind mit ihnen oft litten, sind wir in eine Ablösungsblockade geraten. Denn unsere starre Haltung macht nicht nur unseren Eltern das Leben schwer, sondern auch uns selbst. Wir bleiben über unseren Groll und unsere Rachegefühle nämlich nach wie vor mit unseren Eltern verstrickt, anstatt uns altersgemäß zu lösen und unser Leben und die Beziehung zu unseren Eltern so zu gestalten, wie es für uns heute angenehm wäre.

Abschließend möchte ich noch einmal betonen, dass sowohl zu verzeihen als auch nicht zu verzeihen Entscheidungen sind, die jeder Mensch für sich selbst treffen muss und die von anderen respektiert werden sollten. Ohnehin spreche ich persönlich anstatt davon, zu verzeihen oder zu vergeben, lieber etwas allgemeiner davon, »inneren Frieden zu finden«. Frieden finden können wir nämlich, ohne dass unsere

Eltern sich verändern, ohne dass sie ihre Schuld anerkennen; es ist gleichgültig, ob wir noch Kontakt mit ihnen haben oder sie längst gestorben sind. Es geht weniger darum, mit den realen Eltern Frieden zu schließen, sondern vor allem darum, uns mit der eigenen Vergangenheit auszusöhnen.

Wahren Frieden finden wir in uns, wenn wir unsere Vergangenheit akzeptieren und unser Leben annehmen – und zwar so, wie es ist und wie es war. Diese Fähigkeit beschreibt Erik H. Erikson in der letzten Entwicklungsphase seines Lebenszyklusmodells *Ich-Integrität vs. Verzweiflung* (siehe erstes Kapitel S. 29), in der wir auf unser Leben zurückblicken und sowohl das Misslungene als auch unser Glück erkennen und annehmen, anstatt zu verzweifeln. Idealerweise üben wir uns nicht erst an unserem Lebensende, sondern unser gesamtes Leben in Akzeptanz. Akzeptieren heißt übrigens nicht, die eigenen Bedürfnisse oder Gefühle zu unterdrücken, sondern die Realität anzunehmen, wie sie ist, anstatt sie zu bekämpfen.

Wem es gelingt, auch das Schwere zu akzeptieren, anstatt damit zu hadern oder gar daran zu verzweifeln, der ist auf dem besten Weg, es loszulassen. Denn in dem Moment, in dem wir die Hoffnung auf eine veränderte Vergangenheit aufgeben, schließen wir Frieden mit ihr.

Was sich so leicht anhört, ist emotionale Schwerstarbeit. Wer Frieden finden möchte, braucht Mut und Ausdauer. Es gibt keine Abkürzung auf dem Weg zu innerem Frieden. Aber jeder Schritt zum Ziel ist lohnenswert, denn er führt zu tiefem Mitgefühl: für uns selbst. Und für unsere Eltern.

Die zwei Seiten des Mitgefühls

Die erste und grundlegende Aufgabe auf dem Weg zu innerem Frieden besteht darin, mit *uns selbst* Frieden zu schließen, und zwar indem wir unangenehme Gefühle nicht länger bekämpfen oder unterdrücken.

Anschließend geht es darum, die Beschränkungen unserer Eltern anzunehmen und sie aus ihrer Geschichte heraus zu verstehen. Beides – zuerst mit sich selbst Frieden zu schließen und dann die Eltern in ihrer Geschichte zu betrachten – ist notwendig, um inneren Frieden zu finden, und zwar in dieser Reihenfolge. Denn nur wer mit Mitgefühl auf die eigene Kindheit und den eigens erfahrenen Mangel geschaut hat, kann diesen milden Blick danach auch auf die Eltern richten. Erst wenn unsere eigenen Wunden versorgt sind, können wir die Wunden unserer Eltern wahrnehmen, ohne unseren eigenen Schmerz zu verleugnen. Wenn wir jedoch versuchen, unsere Eltern zu entschuldigen, *bevor* wir die Auswirkungen ihres destruktiven Verhaltens auf uns selbst anerkannt haben, besteht die Gefahr, dass wir uns selbst das nötige Mitgefühl verweigern und die eigenen Wunden bagatellisieren. Pseudoversöhnungen und Pseudobeziehungen sind das Resultat.

Viele Menschen neigen dazu, ihre Gefühle zu übergehen, weil sie es in der Kindheit von ihren Eltern so gelernt haben. Wut und Verzweiflung, Kränkungen und Enttäuschungen, die in der Beziehung mit den Eltern entstanden sind, werden deshalb lange Zeit unterdrückt, oft auf Kosten der seelischen Gesundheit und aller anderen Beziehungen. Denn wer sich seinen Wunden und belastenden Gefühlen nicht zuwendet, wird von ihnen immer wieder überrascht und agiert sie zudem unbewusst mit anderen aus: Wir reagieren dann sehr empfindlich auf unsere:n Partner:in oder unsere Kinder, wir verwickeln uns in Machtkämpfe mit Kolleg:innen oder Chef:innen oder erwarten grundsätzlich von anderen zu viel, weil wir früher zu wenig bekamen.

»Tut mir leid, dass ich weine«, sagt Linda und schaut mich verlegen an. »So schlimm war es eigentlich gar nicht.« Sie hat mir gerade von einem Treffen mit ihrem Vater berichtet – er hatte sie frühmorgens angerufen und gebeten, eine dringende Besorgung für ihn zu erledigen.

»Wieso musst du schon los?«, fragte er vorwurfsvoll, als sie wieder aufbrechen wollte.

»Weil ich heute Geburtstag habe und noch so viel zu tun ist, bevor die Gäste kommen«, erklärte sie.

»Ach so«, antwortete er. Ohne sich zu entschuldigen, dass er ihren Geburtstag vergessen hatte. Und ohne ihr zu gratulieren.

»Das meint er nicht böse«, sagt sie auf meinen mitfühlenden Blick. »Er wird halt tüdelig, ich nehme ihm das nicht übel.«

Ich erinnere mich daran, wie wütend und enttäuscht Linda vor ein paar Wochen war, als ihre Kinder ihr am Muttertag keine Blumen geschenkt hatten, und dass sie deswegen zwei Tage mit ihrem Mann nicht gesprochen hat – »weil er sich nie Mühe gibt für mich«. Linda führt ein inneres Buch über die Aufmerksamkeiten ihres Mannes, die ihr stets zu wenig erscheinen, und ist von ihren Kindern oft enttäuscht, weil sie Linda »für selbstverständlich halten«.

Aber ihr Vater – der Urheber ihrer heutigen Empfindsamkeit – wird von ihr entschuldigt und geschont wie ein Heiliger, der sie bei Gotteslästerung verfluchen und verstoßen könnte. Tatsächlich lehnt der Vater Linda seit ihrer Geburt ab, er ließ sie ständig spüren und wissen, dass er sie nicht wollte. Lindas Überlebensstrategie war, die entwertenden Botschaften des Vaters zu überhören und gemeinsam mit ihrer Mutter umzudeuten: »Er grummelt nur, das meint er nicht so, er zeigt seine Liebe halt anders.« Bis heute zeigt er kein Interesse an seiner Tochter, und bis heute flüchtet Linda sich in die Verleugnung, sie ist quasi blind und taub für seine Zurückweisungen, während sie bei ihrem Mann und ihren Kindern überempfindlich ist. Wie so viele von den Eltern unabgelöste Menschen kämpft Linda auf falschen Schlachtfeldern um die falschen Siege, und sie macht die falschen Personen für ihre Wunden verantwortlich. Denn die tiefe Wunde, die heute oft schmerzt, ist vor langer Zeit entstanden, und sie kann erst heilen, wenn Linda den Ursprung ihres Schmerzes erkennt – in ihrem Fall die vielen Verletzungen durch den lieblosen Vater.

Unsere Wunden anzuschauen und all unsere Gefühle zuzulassen, erfordert einigen Mut. Aber es ist die einzige Möglichkeit, um das, was uns belastet, irgendwann loszulassen.

Manche Menschen werden in diesem Prozess anfänglich von Wutgefühlen überwältigt. Wut und Zorn werden oft als destruktiv empfunden und gefürchtet, dabei sind sie zunächst einmal wertvolle innere Signale, die uns helfen können, uns selbst zu behaupten und Grenzen zu setzen. Wer seine aggressiven Gefühle unterdrückt, läuft Gefahr, sie unbewusst gegen sich selbst zu richten oder bei Nichtigkeiten zu explodieren, anderen gegenüber also überzureagieren. Ein gesunder Umgang mit unseren Gefühlen heißt, sie ohne Wertung wahrzunehmen und willkommen zu heißen, so unangenehm und unerwünscht sie auch sein mögen. »Zuerst müssen wir unsere Wut anerkennen, sie umarmen und annehmen und Frieden mit ihr schließen«, so Thich Nhat Hanh. »Sie bekämpfen Ihre Wut nicht, denn Sie sind Ihre Wut. Ihre Wut ist das verletzte Kind in Ihnen. Warum sollten Sie Ihre Wut bekämpfen?«[41]

Wer seine Wut annimmt, wird spüren, wie sie vergeht.

Nach der Wut kommt oft die Traurigkeit. Wir betrauern das, was wir nicht hatten: Eltern, die uns ausreichend gut versorgen konnten; Eltern, von denen wir uns bedingungslos geliebt fühlten; Eltern, die unsere Bedürfnisse und unsere Grenzen wertschätzen und respektieren konnten. Auch diese Traurigkeit ist von vielen Menschen gefürchtet: »Was ist, wenn ich nie wieder froh werde, wenn ich nie wieder aufstehen kann, wenn ich nie wieder aufhöre zu weinen?« Aber das Gegenteil tritt ein, wenn wir die tiefe Traurigkeit zulassen, die uns bisher in unserer Lebenskraft gehemmt hat: Wir gehen durch sie hindurch wie durch die Wut. Wir klagen, wir weinen, wir sind erschöpft, und irgendwann ebbt sie ab, der Sturm legt sich, die Wellen vergehen.

Sich die eigenen Gefühle zu erlauben und sich ihnen liebevoll zuzuwenden verändert unser Leben und unsere Beziehungen. Denn wirkliche Nähe mit anderen Menschen ist nur möglich, wenn wir uns selbst nah sind. Und natürlich gilt das im Besonderen, wenn wir uns mit unseren Eltern versöhnen möchten. »Bevor Sie sich an die Versöhnung mit einem anderen Menschen machen, müssen Sie die Kommunikation mit sich selbst wiederherstellen«, so Thich Nhat Hanh.[42] Denn sobald wir uns unserem Schmerz zuwenden, ihn nicht mehr ablehnen oder verleugnen, wird er schwächer werden.

Je mehr Mitgefühl wir für uns selbst entwickeln und je besser wir uns und unsere alten Wunden versorgen, desto unabhängiger werden wir von unseren Eltern. Wir brauchen sie nicht mehr, um unsere Gefühle zu spiegeln oder zu bestätigen. Wir brauchen weder ihre Zustimmung noch ihren Trost – ein weiterer großer Ablösungsschritt ist getan.

Anschließend können wir uns unseren Eltern zuwenden: Wir nehmen sie wahr, wie sie sind – mit ihren Fehlern und ihren Bemühungen, ihren Defiziten und ihren Fähigkeiten.

Wir erkennen, worunter sie in ihrem Leben gelitten haben und warum sie uns keine besseren Eltern sein konnten. Denn auch sie haben Erfahrungen gemacht, die sie geprägt und schlimmstenfalls geschädigt haben. Auch sie waren einst Kinder, die von den Eltern überfordert oder vernachlässigt wurden, die zu wenig bekamen oder zu viel geben mussten. Vielleicht haben sie den Schrecken eines Krieges oder eine Flucht miterlebt oder waren Naturkatastrophen ausgesetzt, vielleicht wurden sie Opfer von Gewalt, vielleicht waren sie in ihrer Familie oder der Gesellschaft isoliert und entwickelten eine posttraumatische Belastungsstörung oder andere psychische Krankheiten, die es ihnen erschwerten, vertrauensvolle Beziehungen aufzubauen.

Besonders die sogenannte transgenerationale Perspektive, also der Blick auf die vorherigen Generationen und auf das emotionale Erbe unserer Familie, kann dabei helfen, Frieden zu finden.[43] Denn in der mehrgenerationalen Betrachtung sehen wir Muster, Parallelen und Wiederholungen, die auch unsere Eltern bereits belasteten.

Der Vater, dem immer wieder die Hand ausrutschte, wurde einst selbst von seinem Vater misshandelt. Die Mutter, die ihre Kinder vernachlässigt, hat selbst nie Liebe und Fürsorge von ihren Eltern erfahren. Nicht alle Erfahrungen werden ungefiltert weitergegeben, aber gerade das unverarbeitete Erbe prägt uns nachhaltig und wirkt auch auf die nächste Generation.

Und so schafft der erweiterte transgenerationale Blick eine neue Verantwortungsinventur, die auch die Generation unserer Großeltern und Urgroßeltern in die Gleichung mit einbezieht und verdeutlicht: Wir alle sind Glieder einer familiären Kette. Wir alle sind geprägt von familiären und gesellschaftlichen Einflüssen, und wir alle tragen emotionale Lasten unserer Vorfahren.

Auf dem Weg zu innerem Frieden gelingt es uns so idealerweise, unsere Familiengeschichte zu rekonstruieren, destruktive Muster zu verstehen, Geheimnisse aufzudecken, Traumatisches zu identifizieren und die schweren familiären Lasten Schritt für Schritt abzulegen: indem wir mitfühlen und gleichzeitig unsere eigene Geschichte von der unserer Vorfahren abgrenzen; indem wir Verantwortungen klar zuordnen und gleichzeitig unsere ungerechtfertigten Schuldgefühle ablegen; indem wir benennen, was war – das Schwere und das Leichte, das Schlechte und das Gute.

Denn auch in den schwierigsten Familiengeschichten gibt es Lichtblicke. Es gibt Menschen, die sich bemüht haben, die Fehler ihrer Eltern nicht zu wiederholen. Es gibt Menschen, die beste Intentionen hatten. Es gibt kluge, starke, widerständige Menschen, die Missstände kritisch hinterfragten und ihren eigenen Weg gingen und die auch ihre Kinder dazu ermutigten. Es gibt Menschen, die Glück hatten, und Menschen, die ihr Glück mit anderen teilten und die auf unterschiedliche Art versuchten, andere glücklich zu machen.

Auch diese positiven Geschichten gilt es zu bergen, denn sie entlasten uns, sie stiften Sinn, sie geben uns Hoffnung und bringen uns unserem inneren Frieden näher.

Dies erfährt auch die 31-jährige Wiebke, die mich während ihrer ersten Schwangerschaft aufsucht, weil sie Angst hat, ihrem Kind keine gute Mutter sein zu können. »In meiner Familie haben die Mütter ihre Kinder immer verlassen.« Ich erfahre, dass Wiebkes Mutter auszog, als Wiebke sechs Jahre alt war. Anstatt wie damals üblich bei der Mutter zu bleiben, wurde Wiebke von ihrem Vater versorgt. Auch Wiebkes Großmutter hatte laut familiärer Überlieferung ihre Kinder immer direkt nach der Geburt verlassen und war erst Monate später wieder aufgetaucht.

Aber je mehr ich über Wiebkes Familiengeschichte erfahre, desto weniger überzeugend sind die Narrative über die »Rabenmütter«. Denn Wiebkes Mutter verließ nicht ihre Tochter, sondern lediglich ihren Mann, mit ihrer Tochter verbrachte sie auch nach der Trennung regelmäßig Zeit. Und die Großmutter gab ihre drei Kinder zwar direkt nach der Geburt für ein paar Monate in die Obhut ihrer älteren Schwester, kümmerte sich anschließend aber liebevoll um sie. Sie sorgte beispielsweise dafür, dass ihre Töchter die höhere Schule besuchen durften, und als ihr Sohn im Alter von sieben Jahren schwer krank wurde, begleitete sie ihn – entgegen den damaligen Gepflogenheiten – ins Krankenhaus, weil er große Angst vor den Eingriffen hatte. Wochenlang nahm sie jeden Tag die lange Busfahrt ins Krankenhaus auf sich, nur um ihn eine halbe Stunde sehen zu dürfen und ihm die Einsamkeit erträglicher zu machen.

»Aber warum hat meine Oma ihre Kinder direkt nach der Geburt weggegeben? Das hört sich irgendwie grausam an, wie passt es dazu, dass sie sich später so viel Mühe gegeben hat?«, fragt Wiebke. Ich bitte sie also, mit ihrer Mutter und anderen Verwandten zu sprechen, um weitere Informationen zu erhalten. Sie erfährt, dass die Großmutter nach den Geburten immer »schlecht drauf« war und jeweils eine Weile nicht ansprechbar war. Im Laufe ihres Lebens sei sie immer wieder bettlägerig gewesen, ohne dass ein medizinischer Grund gefunden wurde. »Sie hat schlechte Nerven«, hieß es in der Familie. Die Vermutung liegt nahe, dass die Großmutter – wie etwa 10–15% aller Mütter – unter postnatalen Depressionen litt und auch später regelmäßig depressive Schübe hatte. Damals wurden psychische Erkrankungen oft tabuisiert und die Betroffenen stigmatisiert, professionelle Hilfe war selten verfügbar oder wurde aus Scham nicht in Anspruch genommen.

»Nehmen wir an, dass Ihre Großmutter depressiv war. Anstatt nun ihre Kinder sich selbst zu überlassen, gab sie sie lieber zu ihrer Schwester, bei der sie sie in guten Händen wusste. Und sobald sie wieder stabiler war, nahm sie sie wieder zu sich und sorgte so gut für sie, wie es ihr möglich war.«

Wiebke weint, als ich das Verhalten der Großmutter neu und positiver deute, als die Familie es bisher getan hatte: »Dann war sie doch keine schlechte Mutter.« Auch Gespräche mit ihrer Mutter, mit der sie seit der Trennung der Eltern kein besonders enges Verhältnis hat, führen zu einer Neubewertung der Vergangenheit. »Meine Mutter fand, dass ich es bei meinem Vater besser hatte als bei ihr. Sie war mitten in der Ausbildung und hatte weder Zeit noch Geld. Mein Vater hatte damals einen Job, der es ihm möglich machte, sich gut um mich zu kümmern, während meine Mutter mich bis abends in Fremdbetreuung hätte geben müssen, was sie schrecklich gefunden hätte. Meine Mutter hat mir auch erzählt, dass sie sich eigentlich gleich nach der Geburt von meinem Vater trennen wollte, dann aber gewartet hat, bis ich eingeschult wurde und sie das Gefühl hatte, ich könnte es eher verkraften.«

Sowohl Wiebkes Großmutter als auch ihre Mutter handelten also ursprünglich im Interesse ihrer Kinder, als sie diese in die Obhut anderer Bezugspersonen gaben. Diese neuen Informationen und die dadurch veränderte Geschichte entlasten Wiebke. »Es fühlt sich an, als ob Gewichte von mir genommen worden wären. Es ist gar nicht wahr, dass alle Mütter in meiner Familie schlechte Mütter waren. Sie haben sich bemüht und auch in schwierigen Situationen das ihrer Meinung nach Beste für ihre Kinder getan.«

In jeder Familie kursieren Geschichten über die Vergangenheit und über einzelne Familienmitglieder – aber diese Geschichten sind immer gefärbt, sie sind nie vollständig, und oftmals werden die Widersprüchlichkeiten auf Schwarz-Weiß-Erzählungen reduziert, die niemandem mehr gerecht werden. Das Verschwiegene oder das Übertriebene, Lügen, Mythen und Geheimnisse fließen in unsere Familiengeschichte mit ein und können das, was war, bis zur Unkenntlichkeit verzerren. Aus diesem Grund macht es Sinn – besonders wenn wir belastende Lebensthemen unserer Vorfahren übernommen haben –, den familiären Geschichten auf den Grund zu gehen, sie aus verschiedenen Blickwinkeln zu betrachten und sie mit weiteren Informationen anzureichern. Bei dieser Rekonstruktion der Familiengeschichte geht es nicht um »die« Wahrheit, sondern darum, ihr möglichst viele fehlende Puzzleteile hinzuzufügen. In diesem Prozess kann es auch zu Erschütterungen kommen, beispielsweise wenn dunkle Geheimnisse ans Tageslicht gelangen. Aber auf den ersten Schock folgt oft Erleichterung und Klarheit, weil vieles nun verständlicher wird, nicht zuletzt das Verhalten unserer Eltern oder unsere eigenen Gefühle.

Die bewusste Beschäftigung mit der familiären Vergangenheit führt dazu, dass wir alte Lasten loslassen können. Dieses Loslassen führt zu innerem Frieden. »Das ist nicht meine Geschichte«, höre ich wieder und wieder von Menschen, die sich aus Lebensthemen entstricken, die sie von ihren Vorfahren unbewusst übernommen haben.

Auch für Wiebke ist die neue Betrachtung ihrer Mutter und Großmutter lebensverändernd. In dem Moment, in dem Wiebke Frieden mit der Vergangenheit schließt, fängt sie an, sich auf die Zukunft, insbesondere auf die Zeit nach der Geburt, zu freuen. Mutter zu werden ist für sie nun nicht mehr angstbesetzt. Im Gegenteil, sie geht ruhig und hoffnungsvoll in ihre neue Lebensphase, nicht nur weil sie die familiäre Geschichte umgedeutet hat, sondern auch weil sie sich auf verschiedenen Ebenen von den Müttern vor ihr abgegrenzt hat.

»Wie unterscheidet sich meine Lebenssituation von der meiner Mutter und Großmutter? Wo möchte ich mich anders als meine Mutter oder meine Großmutter verhalten? Was möchte ich als Mutter mit meinem Kind auf keinen Fall wiederholen, und was brauche ich dafür?« sind Fragen, die ihr helfen, sich zu orientieren, und die Unterschiede aufzeigen. Wiebke erkennt, dass sich ihre Lebensrealität deutlich von der ihrer Mutter und Großmutter unterscheidet und dass sie weitaus mehr (emotionale und finanzielle) Ressourcen zur Verfügung hat als ihre Vorfahrinnen. Noch vor der Geburt setzt Wiebke sich intensiv damit auseinander, was es für sie persönlich bedeutet, eine gute Mutter zu sein: »Als gute Mutter nehme ich mir vor, meinem Kind mein Bestes zu geben. Hilfe zu holen, wenn ich sie brauche. Mich nicht fertigzumachen, wenn ich nicht perfekt bin. Mich bei meinem Kind zu entschuldigen, wenn ich einen Fehler gemacht habe, und mein Verhalten zu ändern.«

Nach der Geburt ihres Kindes verschiebt sich Wiebkes Fokus in der Therapie. Die selbstverständliche Liebe, die sie für ihr Kind empfindet, und die Sicherheit und Geborgenheit, in der ihre kleine Tochter aufwächst, machen ihr noch einmal ihren eigenen frühen Mangel bewusst. Sie durchlebt eine weitere Phase der Wut und Traurigkeit, von der Mutter verlassen worden zu sein.

Inneren Frieden zu finden ist kein linearer Prozess. Nachdem Wiebke ihre Kindheit und den Verlust der Mutter intensiv betrauert hat, fühlt sie sich in die Kindheit der Mutter ein, die in den ersten Lebensmonaten ohne ihre Mutter aufwuchs und auch später aufgrund der Erkrankung ihrer Mutter oft sich selbst überlassen war. Stellvertretend betrauerte sie deren Schicksal. Und mit jedem Gefühl, das Wiebke zulässt, verarbeitet sie ihre eigene Geschichte und die Geschichte ihrer Familie. Sie spürt es in ihrer inneren Ruhe und Stabilität. »Es fühlt sich viel geklärter und geordneter an, und ich kann meine Gefühle viel besser zuordnen als früher und dann auch schneller loslassen«, berichtet sie mir.

Die Aufarbeitung der Vergangenheit führt dazu, dass das Verhältnis zwischen ihr und ihrer Mutter entspannter ist als je zuvor. Nichtsdestotrotz sehnt Wiebke sich immer wieder nach einer wärmeren Mutter, nach mehr Vertrauen, nach mehr Nähe zu ihr. »Aber vielleicht kann sie das gar nicht. Vielleicht weiß sie gar nicht, wie das geht, mir wirklich nah zu sein«, sagt Wiebke gegen Ende der Therapie. »Das ist traurig, aber es ist die Realität. Und ich kann damit jetzt besser umgehen. Wenn ich meine Mutter – oder besser gesagt: *eine* Mutter – vermisse, dann rufe ich nun eine alte Freundin an, die meine Geschichte gut kennt und die total weich und mütterlich ist. Ich bitte meinen Freund, mich zu umarmen. Oder ich gehe in die Badewanne und lese ein schönes Buch. Ich versuche, es mir dann so gemütlich wie möglich zu machen und mich zu trösten.« Wiebke findet inneren Frieden, weil sie gelernt hat, sowohl Mitgefühl für sich selbst als auch für ihre Mutter aufzubringen.

Mitgefühl mit den Eltern zu haben, heißt nicht, sie für alles zu entschuldigen oder sie blind zu verteidigen. Es heißt, die Eltern in ihren Handlungsmöglichkeiten und Grenzen wahrzunehmen und zu akzeptieren, dass sie uns nur diese und keine anderen Eltern sein konnten. Wie viel Verständnis zwischen Eltern und Kindern entstehen kann, wenn die transgenerationale familiäre Betrachtung den Tunnelblick auf die unzulänglichen Eltern aufzulösen vermag, beschreibt die Schriftstellerin Dörte Hansen in ihrem Roman *Altes Land*. Hansen zeigt am Beispiel von Anne und ihrer Mutter Marlene, wie bittere Enttäuschung einer leichten Dankbarkeit weichen kann, wenn wir die Eltern in ihren Lebenszusammenhängen wahrnehmen, deren leidvolles Ausmaß uns oft verborgen bleibt.

Nachdem Mutter und Tochter sich jahrzehntelang mit einer Mischung aus Misstrauen und Feindseligkeit begegnet sind, lernt Anne ihre Mutter auf einer gemeinsamen Reise in die masurische Heimat der Vorfahren neu kennen. In Anbetracht der familiären Vergangenheit, in der Krieg und Flucht die Leben prägten, Menschen starben und ihre Heimat und Familien verloren und irgendwo in der Fremde mit Fremden von vorne anfangen mussten, entwickelt Anne Mitgefühl für ihre Mutter. Am Ende der emotionalen Reise entsteht in der Tochter die Erkenntnis, dass ihre Mutter ihr nicht böswillig etwas vorenthält, sondern gar nicht in der Lage ist, es ihr zu geben: »Das, was Anne von ihr wollte, besaß Marlene gar nicht. Anne konnte an ihr zerren, in ihren Taschen wühlen, sie filzen wie einen Drogendealer, sie würde doch nichts bei ihr finden von dem Stoff, nach dem sie sich noch immer sehnte. Woher denn nehmen. Sie konnte aufhören zu suchen, es musste ohne gehen, es ging auch ohne.«[44]

Wer wie Anne akzeptiert, dass die Eltern tatsächlich nicht in der Lage sind, uns das zu geben, was wir immer gebraucht hätten, ist auf dem besten Weg zum inneren Frieden.

So empfiehlt die US-amerikanische Therapeutin Susan Forward ihren Patient:innen, die bereit sind, sich von ihren irrealen Fantasien, Hoffnungen und Erwartungen hinsichtlich ihrer Eltern zu verabschieden, gern folgende Trauerrede:

»Ich begrabe meine Phantasie von einer glücklichen Familie. Ich begrabe meine Hoffnungen und Erwartungen hinsichtlich meiner Eltern. Ich begrabe meine Vorstellung, dass ich etwas hätte tun können, um sie zu ändern. Ich weiß, dass ich niemals die Eltern haben werde, die ich mir wünschte, und diesen Verlust betrauere ich. Aber ich akzeptiere ihn. Mögen meine Phantasien in Frieden ruhen.«[45]

Akzeptieren heißt loslassen. Wenn wir loslassen, können wir die Energie, die wir bisher fürs Hadern oder Kämpfen verschwendet haben, dafür nutzen, die Gegenwart zu gestalten – nicht zuletzt auch dazu, eine befriedigendere Beziehung zu unseren Eltern aufzubauen.

Die Gegenwart gestalten – neue Regeln, neue Grenzen, neue Rollen

Man kann sich seine Eltern nicht aussuchen. Wir können unsere Kindheit und unsere Vergangenheit nicht ändern. Aber die Art und Weise, wie wir als Erwachsene miteinander umgehen, können wir durchaus mitgestalten. So wie der US-amerikanische Psychiater Harold Bloomfield, der jahrelang unter der distanzierten Beziehung zu seinen Eltern litt. Als er erfährt, dass sein Vater schwer erkrankt ist und nicht mehr lange zu leben hat, trifft er eine Entscheidung: Anstatt den Eltern weiterhin die Schuld für die unbefriedigenden Begegnungen zu geben, nimmt er sich vor, von nun an selbst Verantwortung zu übernehmen, wie die Treffen verlaufen. Er beginnt, seinem Vater seine Gefühle mitzuteilen: dass er sich um ihn sorgt, dass er ihn liebt und dass er ihn gern umarmen möchte. Der Vater – ungeübt, seine Gefühle zu zeigen oder zärtlich zu sein – macht sich bei den ersten Umarmungen steif, was in seinem Sohn zunächst die alte Wut und Kränkung hervorruft. Aber anstatt dem Vater wie sonst im Inneren Vorwürfe für seine Kälte zu machen und sich zurückzuziehen, bleibt Harold Bloomfield bei seinem Bedürfnis: »Ich wollte ausdrücken, wie sehr ich ihn mochte, auch wenn es ihm noch so schwerfiel, mich an sich herankommen zu lassen.« Immer wieder geht er auf seinen Vater zu und bringt ihm schließlich bei, ihn »richtig« zu umarmen. »Es brauchte [...] Monate, bis er weicher wurde und seine Gefühle mit Hilfe seiner Arme auf mich übertragen konnte, wenn wir uns umarmten.«[46] Man kann Harold Bloomfield nur bewundern, wie mutig und reif er für seine Bedürfnisse einsteht, und sich mit ihm freuen, dass sein Vater sich darauf einlässt, von seinem Sohn zu lernen und mehr Nähe zuzulassen.

Auch wenn nicht jede Eltern-Kind-Geschichte ein solch herzerwärmendes Happy End hat, so ist Bloomfields Botschaft dennoch äußerst wertvoll: Denn erst wenn wir anerkennen, dass wir nicht mehr hilfloses Kind oder Opfer unserer Eltern sind, erst wenn wir unsere Gefühle ernst nehmen und ihnen folgen, erst wenn wir bereit sind, unsere alten Rollen und Beschränkungen zu verlassen, können wir die Musik, das Tempo und die Tanzschritte – also die gesamte Beziehung zu unseren Eltern – nachhaltig verändern.

Stefan ist 55 Jahre alt, als er mich wegen »starker Allergie gegen seine Mutter« aufsucht. »Wir sehen uns nur selten, weil wir so weit voneinander entfernt wohnen, aber ich telefoniere jeden Sonntag mit ihr. An dem Tag habe ich dann immer richtig schlechte Laune, die erst zwei Tage später vergeht. Und dann fängt es zwei Tage vor dem Telefonat wieder an, dass ich richtig sauer auf sie werde. Eigentlich habe ich nur ein bis zwei Tage in der Woche, an denen ich mich von meiner Mutter erholen kann«, klagt er.

»Was macht den Kontakt zu Ihrer Mutter so anstrengend für Sie?«, frage ich ihn.

»Meine Mutter war streng, hat sich in alles eingemischt und konnte mich nie loben. Außerdem macht sie mir ständig Vorwürfe. Ich gebe Ihnen mal ein Beispiel«, sagt Stefan, »meine Mutter ruft an und sagt: ›Hallo, hier ist deine Mutter.‹«

Was sich für mich erst einmal neutral anhört, ist für Stefan eine Kriegserklärung. »›Hallo, hier ist deine Mutter‹ heißt: ›Du hast mich zu lange nicht angerufen oder bist nicht vorbeigekommen, sodass ich gezwungen war, dich anzurufen und mich dir ins Gedächtnis zurückzurufen. Ich könnte tot sein! Du interessierst dich nicht für mich. Du bist ein schlechter Sohn, so geht man einfach nicht mit seiner Mutter um.‹«

Eine Begrüßungsfloskel löst in Stefan ein emotionales Erdbeben aus. Kein Wunder, denn in seinem Inneren läuft eine unterschwellige Kommunikation mit seiner Mutter ab, die auf vielen vorwurfsvollen Gesprächen aus der Vergangenheit beruht. Seine gesamte Kindheit ist von Anklagen und Kritik durchzogen: »Kannst du nicht mehr für die Schule lernen, dein Zimmer sauberer halten, nettere Freunde mit nach Hause bringen?« Wenn er in Mathe eine Zwei schrieb, fragte sie, warum er keine Eins bekommen hat. Statt Fußball hätte er lieber Tennis spielen sollen, statt Musik zu hören, sollte er lieber Musik machen, aber bitte keinen Krach wie beim Schlagzeugspielen, sondern unbedingt Klavierspielen lernen. »Jeder meiner Schritte wurde negativ bewertet«, erinnert er sich. Stefans Überlebensstrategie war, sich unsichtbar zu machen, seiner Mutter aus dem Weg zu gehen und ihr nichts von sich zu erzählen. Gleichzeitig fühlte er sich wütend und ohnmächtig, der Mutter und ihrer Kritik hilflos ausgeliefert.

»Stellen wir uns vor, wir schalten uns bei einem anderen Mutter-Sohn-Gespräch dazu«, schlage ich vor. »Auch diese Mutter ruft ihren Sohn an und sagt: ›Hallo, hier ist deine Mutter.‹ Was für andere Bedeutungen könnte dieser Satz noch haben?«

Widerwillig lässt Stefan sich auf das Gedankenspiel ein. »Es könnte eine neutrale Begrüßung sein, so wie ich mich mit ›Hallo, hier ist Stefan‹ melden könnte.«

Ich lasse ihm Zeit, ob ihm noch weitere Bedeutungen einfallen, aber er schüttelt den Kopf. »Haben Sie noch eine Idee?«, fragt er mich.

»Es könnte auch etwas Liebevolles sein, eine Bekräftigung, dass man miteinander verbunden ist«, schlage ich vor. »Eine Freundin von mir sagte oft zu ihren kleinen Kindern: ›Ich bin total gerne deine Mama.‹«

Er lächelt kurz, dann verdüstert sich seine Miene wieder. »So war meine Mutter nicht. Das hätte ich mir sicher gewünscht, als ich klein war. Aber glauben Sie mir, so war sie nicht.«

Das ist der springende Punkt. Als Stefan klein war, war seine Mutter nicht so, wie er sie sich gewünscht und sie gebraucht hätte. Die Frage ist, ob Stefan *heute* mit seiner Mutter einen befriedigenderen Kontakt haben kann als in seiner Kindheit. Und ob es Mutter und Sohn gelingt, alle vergangenen und zukünftigen Versionen ihrer selbst auszublenden und sich für einen Moment auf die reale Begegnung einzulassen. Denn laut Harold Bloomfield[47] sind in einem Gespräch mit einem Elternteil immer vier Personen anwesend:

1. unsere Vorstellung davon, wie unsere Eltern sein sollten;
2. wie die Eltern tatsächlich sind;
3. die Vorstellung der Eltern davon, wie wir sein sollten;
4. wie wir tatsächlich sind.

Ich möchte sogar noch zwei weitere Personen hinzufügen:

5. die Eltern, die uns in der Vergangenheit enttäuscht haben, und
6. wir, die wir unsere Eltern in der Vergangenheit enttäuscht haben.

Verwirrend, nicht wahr? Die idealen Fantasieversionen und die enttäuschenden Vergangenheitsversionen von uns und unseren Eltern bestimmen den aktuellen Gesprächsverlauf oft mehr als die zwei realen Personen, die sich begegnen. So wie bei Stefan und seiner Mutter, bei denen schon die Begrüßung ausreichte, um Stefan zu triggern, regredieren zu lassen und ihm seine Stimmung zu verderben.

»Wie komme ich denn jetzt aus diesem Teufelskreis raus?«, fragt Stefan. »Ich möchte den Kontakt nicht ganz abbrechen, aber so geht es auch nicht weiter. Das kostet mich zu viele Nerven.«

Wer den Kontakt mit den Eltern als ähnlich schwierig empfindet, für den gibt es mehrere Möglichkeiten:

- Wir können das Setting, also die äußeren Umstände und die dazugehörigen unausgesprochenen Regeln, verändern;
- wir können unsere innere Haltung verändern;
- wir können unser Verhalten verändern.

Wenn wir erwachsene Verantwortung für die Beziehung zu unseren Eltern übernehmen und deren Ausgestaltung nicht weiterhin unseren Eltern (oder den inneren Kindern unserer Eltern) überlassen, verlassen wir automatisch unsere Kind-Rolle und beenden alte, unpassende Tänze, bei denen wir uns alle auf die Füße treten.

Beginnen wir mit dem Setting: Jeden Sonntagvormittag telefoniert Stefan mit seiner Mutter, ohne sich je gefragt zu haben, ob ihm diese Regelmäßigkeit gefällt.

»Es läuft eigentlich immer gleich ab«, so Stefan. »Ich frage sie, wie es ihr geht, und dann erzählt sie ausdauernd Unpersönliches. Was sie gegessen hat, was die Nachbarn über andere Nachbarn gesagt haben. Sie beklagt sich über das Wetter und das Fernsehprogramm. So geht das bestimmt eine knappe halbe Stunde lang, bis sie sich schließlich über mich beklagt, weil ich mir zu wenig Zeit für sie nehme.« Er seufzt, schon die Erinnerung an so ein Gespräch erschöpft ihn.

»Welche Impulse haben Sie denn während des Gesprächs?«, frage ich ihn.

Er schaut mich überrascht an. »Impulse? Ich lasse es über mich ergehen. Ich hoffe nur, dass es bald vorbei ist. Am Ende, besonders wenn sie anfängt, mich zu kritisieren, fühle ich mich wie erschlagen.«

»Wie beenden Sie die Gespräche?«

»Nach etwas über einer halben Stunde gelingt es mir, mich zu verabschieden.«

»Warum nach einer halben Stunde?«

Er überlegt. »Weil ich das Gefühl habe, dass ich meine Schuld dann beglichen habe.«

Ich gebe ihm die Aufgabe mit, beim nächsten Mal darauf zu achten, wann er gern das Gespräch beenden möchte. Um ihn nicht zu überfordern, sage ich, dass er dem Impuls nicht nachgeben solle oder müsse, er solle nur genau spüren, wann er eigentlich genug hat.

»Nach drei Minuten«, berichtet er beim nächsten Mal. »Nach genau drei Minuten wollte ich das erste Mal auflegen. Das Gefühl hat mich dann auch nicht mehr verlassen, es war furchtbar, das so genau zu spüren und trotzdem auszuhalten.«

»Wer sagt Ihnen, dass Sie das aushalten müssen?«

»Sie! Sie haben gesagt, ich solle meinem Impuls nicht nachgeben.«

»Und die Jahre zuvor, wer hat Ihnen da gesagt, dass Sie unangenehme Gespräche mit Ihrer Mutter aushalten müssen?« Ich versuche, ihm aufzuzeigen, wie leicht er die Verantwortung für sein Wohlgefühl in andere Hände gibt und wie leicht sich (vermeintliche) Erwartungen von anderen zu inneren Vorschriften umwandeln.

»Gute Frage. Meine Mutter hat nie gesagt, dass es genau eine halbe Stunde dauern muss. Das habe ich mir irgendwie so zurechtgelegt, dass eine halbe Stunde ausreichen sollte, damit sie mir keine Vorwürfe mehr machen kann.«

»Stimmt das Konstrukt in der Realität? Reicht eine halbe Stunde aus?«

Er blickt mich alarmiert an, als ob ich vorgeschlagen hätte, er solle von nun an zwei Stunden mit ihr telefonieren. »Nein, sie würde mich wohl auch nach fünf Stunden am Ende kritisieren.«

Stefan und seine Mutter scheinen in einem frustrierenden Ritual gefangen – die Mutter füllt die Leere so lange, bis sie ihren Sohn in den letzten fünf Minuten vor Ablauf des Gesprächs unbewusst mit Vorwürfen zu binden versucht. Wer nicht darauf vertraut, dass das Kind einen gerne anruft, macht ihm vorsichtshalber lieber Schuldgefühle und zwingt es so in den regelmäßigen Kontakt.

Es ist höchste Zeit, etwas zu verändern: Der erste Schritt ist, sich seiner eigenen Gefühle bewusst zu werden. Der zweite Schritt ist, den Gefühlen Taten folgen zu lassen.

»Können Sie sich vorstellen, das nächste Telefonat in dem Moment zu beenden, in dem Sie Ihr Unwohlsein verspüren?«, frage ich Stefan.

»Einfach so? Das geht nicht. Das würde meine Mutter nicht verstehen. Das ginge höchstens, wenn etwas ganz Schlimmes passieren würde«, überlegt er. »Also, wenn ich starke Schmerzen habe, wie während eines Migräneschubs, das wäre ein Grund, nicht weiter zu telefonieren. Oder wenn ich ins Krankenhaus müsste.«

Stefan gibt die typische Antwort eines unabgelösten Kindes. Alte – auch ungesunde – Regeln und Routinen lassen sich vermeintlich nur im Notfall brechen, wenn wir keine Kontrolle über die Umstände haben, wenn wir tatsächlich außer Gefecht gesetzt sind, wenn wir also keine Schuld an der Veränderung haben. Der Begriff »Krankheitswert« erklärt sich hier plötzlich von selbst. Wenn ein Migräneschub uns vor einem unangenehmen Gespräch retten kann, dann liegen wir lieber 12 Stunden in einem verdunkelten Zimmer und krümmen uns vor Schmerzen. Hört sich verrückt an, aber genau so verhalten sich unabgelöste Kinder immer wieder – sie erlauben sich nur unter extremen Bedingungen, unpassende Klauseln eines Vertrags mit ihren Eltern zu brechen.

Wer wie Stefan glaubt, den Beziehungsvertrag mit den Eltern nicht mitbestimmen zu dürfen, handelt aus der Rolle des Kindes heraus, das gelernt hat, seine eigenen Bedürfnisse hinter die der Eltern zu stellen.

Manche unabgelöste Kinder agieren wie Stefan aus einem Unterwerfungs- oder Anpassungsmodus, andere aus einem Rebellionsmodus, sie lehnen alles, was die Eltern sich wünschen, rigoros ab. Beide Haltungen sind unreif und verhindern nicht nur echte, freudvolle Begegnungen mit den Eltern, sondern auch selbstbestimmte Entscheidungen.

Abgelöste Menschen hingegen können sich liebevoll auf die Eltern einlassen und sich gleichzeitig abgrenzen – sie bleiben (ver)handlungsfähig. Sie verstehen sich als gleichberechtigte Mitgestalter der Eltern-Kind-Beziehung und übernehmen Verantwortung für ihr eigenes Wohlbefinden, ohne deshalb Schuldgefühle zu entwickeln.

Wer die Beziehung zu den Eltern verbessern möchte, sollte bereit sein, die eigenen Bedürfnisse und die eigenen Grenzen zu formulieren. Stefan übt in den folgenden Wochen, die Gespräche auf eine Viertelstunde zu begrenzen. Anstatt weiterhin von den mütterlichen Wochenberichten gelangweilt und genervt zu sein, überlegt er sich im Voraus, worüber er mit seiner Mutter sprechen möchte und was er ihr von seinem Leben mitteilen möchte. Nach ein paar Wochen berichtet er mir, dass die Gespräche sich verändert haben: »Es ist jetzt nicht so, als ob ich mit meinem besten Freund telefonieren würde, aber es ist nicht mehr so lähmend und langweilig.«

Darüber hinaus gelingt es ihm, seine Haltung seiner Mutter gegenüber zu ändern. »Ich schätze, sie ist ganz schön einsam, seit mein Vater gestorben ist. Vielleicht ist das Telefonat mit mir sogar das Highlight der Woche für sie.« Das Mitgefühl für seine Mutter erhöht sich weiter, als Stefan mir von der Kindheit seiner Mutter erzählt: Ihm fällt auf, dass auch sie oft von ihren Eltern kritisiert wurde und dass auch sie die Erwartungen ihrer Eltern nie erfüllen konnte. »Wahrscheinlich hat sie sich früher ähnlich gefühlt wie ich«, vermutet Stefan. »Und jetzt ist sie genauso wie ihre Eltern geworden, das ist doch ziemlich traurig.« Wir beide stellen uns die Mutter als gekränktes kleines Mädchen vor, das ihren Eltern nie gerecht werden konnte und wie sie aufgrund ihrer starken Minderwertigkeitsgefühle Jahrzehnte später ihren Sohn triezte: Stefan sollte endlich all das erfüllen und erreichen, was für seine Mutter unmöglich gewesen war. Der Sohn wird zur narzisstischen Erweiterung der Mutter – er ist ihr Hoffnungsträger, und wenn es ihm gelingt, die familiären Erwartungen zu erfüllen, kann sie sich in ihrem Leben endlich wertvoll und gut genug fühlen.

Nach dieser Erkenntnis ist Stefan noch immer genervt von seiner Mutter, aber ihre Kritik verliert für ihn an Schärfe und Macht. »Wenn ich mir meine Mutter als kleines Mädchen vorstelle, das sich minderwertig fühlt, dann prallt ihre Kritik eher an mir ab, weil ich es besser einordnen kann. Es tut mir dann fast ein bisschen leid, dass sie sich noch immer so beweisen muss – und sei es, indem sie mich für die Kompensation ihrer Minderwertigkeitsgefühle benutzt.«

Stefan ist nun einen entscheidenden Schritt weiter: In dem Moment, in dem er den kindlichen Anteil seiner Mutter erkennt, kann er mit seinen reifen, erwachsenen Anteilen reagieren. Er kann sich einerseits von ihren Erwartungen distanzieren und andererseits mitfühlend auf ihre kindlichen Anteile schauen. So gelingt es ihm, den einstudierten Tanz der jeweiligen kindlichen Anteile zu unterbrechen oder die Einladung zum Tanz von vorneherein abzulehnen. Denn es sind die alten, unbewussten Tänze, die uns miteinander verstricken und uns in die Verzweiflung treiben, weil sie eine erwachsene Begegnung zwischen Eltern und Kindern unmöglich machen.

Wir sehen: Wenn wir die Beziehung zu unseren Eltern heute verbessern möchten, reicht es nicht aus, den Eltern der Vergangenheit großmütig zu verzeihen, es bedarf auch einer aktuellen Veränderung – in Bezug auf die innere Haltung und den Umgang miteinander. So wie bei Harold Bloomfield und Stefan, denen es gelingt, die Beziehung zu ihren Eltern maßgeblich zu verbessern, indem sie ihre Kind-Rolle hinter sich lassen, erwachsene Verantwortung übernehmen und anfangen, die Beziehung mit den Eltern bewusst mitzugestalten.

Die dabei oftmals größte Herausforderung besteht darin, in echten Kontakt mit den Eltern zu treten, ohne den Kontakt zu sich selbst dabei zu verlieren. Für diese Gratwanderung ist eines unerlässlich: gesunde Grenzen.

Gesunde Grenzen setzen

»Good fences make good neighbors« – Gute Zäune führen zu guter Nachbarschaft –, schrieb der US-amerikanische Lyriker Robert Frost 1914 in seinem Gedicht »Mending Wall«. Diese Metapher stimmt auch für alle anderen Beziehungen, insbesondere für die Beziehung zu den Eltern. Denn erwachsen werden heißt, sich zu behaupten, eigene Wege zu gehen, und auch, sich von den Eltern und ihren Wünschen und Erwartungen abzugrenzen.

Egal, ob es sich um wichtige persönliche Entscheidungen wie beispielsweise unsere Partner-, Berufs- oder Wohnortwahl oder die Erziehung unserer Kinder handelt: Ein untrügliches Zeichen für den Grad unserer Ablösung erkennen wir in unserer Fähigkeit, den Eltern angemessene Grenzen zu setzen.

Gesunde Grenzen sind keine Abwehr, kein Trotz, keine Rache, keine Strafe, sondern ein Ausdruck der eigenen Bedürfnisse, die ruhig und klar vermittelt werden können und zu denen wir stehen, auch wenn sie unseren Eltern missfallen.

Aber je weniger geübt wir darin sind, Grenzen zu setzen, desto schwerer fallen sie uns, und desto größer ist die Gefahr, sich automatisch zurückzunehmen, sich selbst zu verlieren oder anderen gegenüber überzureagieren.

»Ich wünschte, meine Eltern wären tot«, sagt Martin, nachdem er mir von einem schlimmen Streit mit seiner Frau Helena berichtet hat. Helena hatte ihm vorgeworfen, eine Marionette seiner Eltern zu sein, weil er wie so oft deren Wünsche über die seiner Frau und seiner Kinder gestellt hatte. Zehn Tage gemeinsamen Urlaub auf Mallorca in ihrer neuen Ferienwohnung hatten die Eltern sich gewünscht. Und das, obwohl Martins Eltern eine Ehekrise hatten, sie Helena insgeheim ablehnten und seine Kinder für nicht gut erzogen hielten.

»Du willst ganze zehn Tage mit vier Erwachsenen und zwei Teenagern auf engstem Raum wohnen? Da sind Konflikte doch vorprogrammiert!«, warnte Helena.

»Es ist vielleicht das letzte Mal, dass wir als ganze Familie Urlaub machen können, immerhin sind meine Eltern schon über 80.«

»Ja, aber es ist vielleicht auch das letzte Mal, dass wir vier als Familie gemeinsam Urlaub machen. Leo wird 17, und Mia ist 15.«

Martin versuchte zu vermitteln: »Es ist doch schönes Wetter, wir machen Ausflüge, man kann sich ja aus dem Weg gehen.«

»Wenn man vor dem Urlaub schon überlegt, wie man sich aus dem Weg gehen kann, wieso macht man dann überhaupt Urlaub zusammen?«

»Du bist kein Familienmensch«, hatte Martin seiner Frau daraufhin vorgeworfen. »Nur weil du nie auf die Idee kommen würdest, mit deinen Eltern gemeinsam Urlaub zu machen, musst du anderen alles vermiesen.«

»Das kommt darauf an, was du unter Familie verstehst«, hatte Helena daraufhin geantwortet. »Für mich sind die Kinder und du meine Familie. Ihr seid diejenigen, die mir am nächsten sind. Das heißt nicht, dass ich meine Eltern nicht liebe oder dass sie nicht auch zur Familie gehören. Aber ich würde ihre Bedürfnisse nicht über eure stellen. Das ist *meine* Art von Familiensinn.«

Martin fühlte sich ohnmächtig und wütend, aber er konnte nicht aufhören, für etwas zu kämpfen, das seine Eltern von ihm verlangten. »Das Schlimmste ist, dass Helena absolut recht hat. Ich habe mich von meinen Eltern so unter Druck gesetzt gefühlt, dass ich keinen anderen Ausweg gesehen habe, als diesen Druck an meine Frau und die Kinder weiterzugeben. Ich weiß eigentlich, dass diese Art von Urlaub alle unglücklich machen würde. Dass das eine Fantasievorstellung meiner Eltern ist, als große, glückliche Familie zusammen zu sein, die sich für niemanden einlösen würde.«

»Wie stellen *Sie* sich eigentlich Ihren idealen Sommerurlaub vor?«, frage ich Martin.

Er zuckt mit den Schultern. »Ein Teil von mir möchte es meinen Eltern einfach recht machen, um jeden Preis, auch um den Preis, meine Frau und meine Kinder unglücklich zu machen. Ein anderer Teil möchte so geradeaus und klar wie meine Frau sein und meinen Eltern einfach sagen: Keine gute Idee, danke für das Angebot, aber nein.«

»Es gibt also Teile in Ihnen, die für Ihre Eltern sorgen, und Teile, die für Ihre Frau und Ihre Kinder einstehen würden«, fasse ich zusammen. »Gibt es auch einen Teil, der fühlen kann, was Sie selbst möchten?«

Er schüttelt den Kopf. »Das war noch nie meine Stärke. Dafür weiß ich umso besser, was alle anderen wollen, angefangen bei meinen Eltern.«

»Deshalb auch der Gedanke, dass alles einfacher wäre, wenn Ihre Eltern tot wären«, sage ich. »Sie glauben, dass Sie sich dann endlich erlauben könnten, über Ihre eigenen Bedürfnisse nachzudenken.« Martin nickt und verbirgt sein

Gesicht in beiden Händen. »Ich schäme mich für diese Gedanken. Ich wünsche mir nicht, dass sie sterben. Ich würde nur so gerne endlich frei sein. Auf niemanden mehr Rücksicht nehmen müssen. Keine Vorwürfe, keine Enttäuschung, keine Schuldgefühle mehr.«

Martin ist 46 Jahre alt, er lebt seit 24 Jahren in einer anderen Stadt als seine Eltern, ist beruflich erfolgreich, glücklich verheiratet und hat zwei Kinder. Von außen sieht es so aus, als würde er ein eigenständiges Leben führen. Innerlich jedoch fühlt er sich so verstrickt mit seinen Eltern, dass der einzige Ausweg ihr Tod zu sein scheint. »Ich wünschte, meine Eltern wären tot« – dieser Satz ist rein symbolisch zu verstehen, es geht nicht um den realen Tod der Eltern, sondern um die Auflösung der Verstrickung und darum, dass sie endlich keine Macht mehr über Martin haben.

Wie so viele unabgelöste Kinder, die wenig Zugang zu ihren eigenen Bedürfnissen haben und nicht geübt sind, Grenzen zu setzen, schwankt Martin in Bezug auf seine Eltern zwischen den beiden Polen Unterwerfung und starkem Widerstand bis hin zum Kontaktabbruch. (Denn nichts anderes wäre ja ein natürlicher Tod der Eltern.)

»Aber ich habe gar keine Wahl«, sagt Martin. »Wenn ich meinen Eltern sagen würde, dass es keine gute Idee ist, sie im Urlaub zu besuchen, wäre die Hölle los. Vielleicht würde dann sogar der Kontakt zwischen uns abbrechen.«

Auch Martins Befürchtung, dass das Einstehen für die eigenen Bedürfnisse und Grenzen zwangsläufig zu schwersten, unlösbaren Konflikten oder gar zu einem finalen Bruch führt, ist typisch für nicht abgelöste Kinder, die den Zorn der gottähnlichen Elternfiguren fürchten. Kein Wunder – denn unabgelöste Kinder sind oft unsicher an ihre Eltern gebunden und vertrauen nicht auf deren bedingungslose Liebe. So kommt es dazu, dass Menschen entweder in ihrer Autonomie-Entwicklung stagnieren oder den Eltern entscheidende

Teile ihrer Persönlichkeit und ihres Lebens verheimlichen. Durch ihr angepasstes Verhalten nehmen unabgelöste Kinder sich selbst und ihren Eltern die Möglichkeit, sich auf Augenhöhe zu begegnen und Lösungen für ihre Konflikte zu finden. Anders gesagt: Statt erwachsen zu werden, bleiben sie in der Kind-Rolle stecken, was zu entfremdeten Pseudobeziehungen führt und zu einer Fehleinschätzung, was Konflikte betrifft. Denn tatsächlich liegt vor einem eventuellen Bruch ja erst einmal die große Chance, einander besser kennenzulernen und eine erwachsenere Beziehung aufzubauen. Eine Beziehung, die nicht mehr auf Druck, Verpflichtungen und Schuldgefühl, sondern auf gegenseitigem Verständnis und Respekt basiert.

Aber die nicht vollzogene Ablösung von den Eltern beeinträchtigt nicht nur die persönliche Entwicklung und die Beziehung zu den Eltern – sie wirkt sich auch auf alle anderen Beziehungen aus. Martins Frau Helena leidet seit Jahren darunter, dass es Martin nicht gelingt, seine Loyalität auf sie und die Kinder zu übertragen. »Deine Eltern rufen, du springst«, wirft sie Martin vor und teilt ihm mit, dass sie den Sommerurlaub nun ohne ihn planen – und definitiv nicht mit seinen Eltern verbringen wird. Martin ist verzweifelt und entscheidet sich, mit therapeutischer Hilfe an seiner Abgrenzung zu arbeiten: »Ich habe Angst, das Thema mit meinen Eltern anzugehen, aber noch mehr Angst habe ich, meine Frau zu verlieren. Auch meine Kinder leiden unter unseren Spannungen. In Situationen, die meine Eltern betreffen, bin ich nicht der beste Partner und auch nicht der beste Vater, denn ich erwarte von allen, sich meinen Eltern unterzuordnen. Mein Sohn hat mir vor Kurzem gesagt, dass er nicht bereit ist, in den Urlaub mitzufahren, wenn wir keine Lösung finden, mit der alle zufrieden sind. Dann kam er mit einer Liste von Dingen, die er sich wünscht. Erst fand ich ihn unverschämt und war wütend auf ihn, aber eigentlich bewundere ich ihn für seine Klarheit. Und dann dachte ich mir, wenn ein 17-Jähriger seinem Vater die Stirn bieten kann, kann ich es vielleicht auch noch lernen.«

Viele Sitzungen widmen wir zunächst der Erforschung seiner Bedürfnisse. Martin tut sich schwer damit – nur auf sich selbst zu schauen, ist Neuland für ihn. Aber er lässt sich ein auf diese beschwerliche Reise, weil er versteht, dass er nur am Ziel ankommt, wenn er sich selbst besser kennenlernt. Denn bevor wir eine Grenze setzen können, müssen wir erst einmal wissen, was wir wollen. Und was wir nicht (mehr) wollen.

»Ich möchte diesen Urlaub mit meinen Eltern nicht. Ich möchte nicht mal nach Mallorca!«, stellt er eines Tages fest. Gemeinsam mit seiner Frau und seinen Kindern plant er eine Reise nach Norwegen, der alle zustimmen und auf die sich alle freuen. Und dann fährt Martin zu seinen Eltern und teilt ihnen mit klopfendem Herzen mit, dass er und seine Familie sie im Sommerurlaub nicht besuchen werden. Seine Eltern reagieren wie erwartet enttäuscht. »Ihr erster Gedanke war, dass Helena schuld sein muss. Weil sie es einfach nicht kennen, dass ich ihnen einen Wunsch abschlage.« Martins Vater ist wütend, seine Mutter fleht ihn an, es sich noch einmal zu überlegen. Eine Woche später besuchen die Eltern Martin unangekündigt, um ihn zu überreden, doch nach Mallorca zu kommen. Als Martin ablehnt, wirft der Vater ihm vor, undankbar zu sein. Anstatt wie üblich Schuldgefühle zu entwickeln, wird Martin wütend, weil er sich manipuliert fühlt. »Ich habe euch nicht um dieses Angebot gebeten. Ich habe mehrfach dankend abgelehnt. Ihr hört mich nicht. Ihr geht über meine Wünsche hinweg, und das nicht zum ersten Mal. Ich bin erwachsen, sogar meine Kinder sind schon fast erwachsen, und wir haben uns entschieden, diesen Urlaub zu viert zu verbringen. Ich bitte euch, das

Thema jetzt fallen zu lassen und dann in Ruhe mit uns Abendbrot zu essen. Könnt ihr das?«

»Und wenn wir das nicht können? Schmeißt du uns dann raus?«, ruft der Vater.

Martin ist wütend und ängstlich zugleich, er möchte nicht streiten, weiß aber, dass es überfällig ist, seine Konflikte mit den Eltern auszutragen und sich nicht weiterhin vor ihnen zu verstecken.

»Ich wünsche mir, dass ihr meine Entscheidung akzeptiert.« Er schaut erst seine Mutter, dann seinen Vater an: »Wollt ihr eine gute Beziehung zu mir oder eine, die nur funktioniert, weil ich alles so mache, wie ihr es euch wünscht, und in der ich mich von euch nicht gesehen und ständig zerrissen fühle?« Eine Weile herrscht angespanntes Schweigen.

»Ich habe mich gerade wieder daran erinnert, dass wir viele Jahre lang am Sonntagnachmittag zu deinen Großeltern gefahren sind«, sagt Martins Mutter schließlich. »Habe ich dir jemals gesagt, dass ich es gehasst habe? Dass ich lieber Zeit mit deinem Vater und dir allein verbracht hätte?« Martin ist überrascht, er dachte, er wäre der Einzige, der diese Besuche langweilig fand und immer froh war, wenn sie vorbei waren. »Ich habe das einfach so hingenommen, es gehörte zu meinem Leben dazu«, sagt die Mutter leise. Diese quälenden Sonntagstreffen bei Martins Großeltern endeten allerdings nicht mit solch einer ehrlichen Aussprache der Familie. Sie endeten mit dem Tod seiner Großeltern.

In familientherapeutischen Sitzungen passiert es recht häufig, dass Eltern und Kinder gemeinsam transgenerationale Wiederholungen aufdecken – wie beispielsweise die Schwierigkeit, sich abzulösen. Mitunter beruhen blockierte Ablösungsprozesse auf generationenalten Verträgen, die dringend hinterfragt und angepasst werden sollten. Wenn diese Fehler im System jedoch erkannt und korrigiert werden, kann sich die gesamte Familie weiterentwickeln.

So wie Martins Familie, in der die Mutter ihren Sohn schließlich aus der Verpflichtung entlässt, in der Großfamilie Urlaub zu machen. Martins Vater hadert lange mit den – für ihn unerwünschten – Veränderungen, aber auch er findet sich irgendwann mit den neuen Tatsachen ab. Es kommt nun zwischen Martin und seinen Eltern immer mal wieder zu offenen Konflikten und Enttäuschungen, aber Martin übt weiterhin, seine Bedürfnisse und seine Grenzen zu formulieren. Er hat allen Grund dazu, denn seine neue Klarheit wirkt sich äußerst positiv auf seine Ehe aus. »Du bist greifbarer geworden«, sagt seine Frau zu ihm, »ich habe das Gefühl, dass ich dir viel mehr vertrauen kann als früher.« Es gibt weniger Spannungen und mehr liebevolle Momente. Und auch die Beziehung zu Martins Eltern verändert sich im Laufe der Zeit: Die Eltern gehen respektvoller mit ihrem Sohn um, sie fragen oder bitten um sein Einverständnis, und sie machen ihm weniger Vorwürfe als früher.

All diese positiven Veränderungen sind nur entstanden, weil Martin sie aktiv initiiert hat – unter anderem, weil er immer wieder den Mut aufbringt, sich von seinen Eltern abzugrenzen.

Ob wir nicht jeden Sonntagnachmittag bei unseren Eltern verbringen oder nicht gemeinsam mit ihnen verreisen möchten, ob wir bestimmte Fragen nicht mehr hören oder keine Einmischung in unser Leben möchten – klar umrissene Grenzen sind wichtig für die Qualität von Eltern-Kind-Beziehungen. Die Erfahrung, sich Schritt für Schritt von den Eltern abzugrenzen und dennoch mit ihnen verbunden zu bleiben, wirkt sich positiv auf unser gesamtes Leben aus: Wir lernen, uns selbst und andere wichtig zu nehmen. Wir lernen, dass wir und andere ein Recht auf Grenzen haben und dass Grenzen Schutz und Sicherheit geben.

Leider haben viele Menschen diese guten Erfahrungen nicht gemacht und scheuen sich bis ins Erwachsenenalter, sich deutlich zu positionieren und Grenzen zu ziehen. Andere schwanken zwischen Wut und Resignation, weil die Eltern ihre Grenzen nicht akzeptieren und immer wieder überschreiten.

Was können wir tun, wenn unsere Eltern auf unsere Grenzen nicht reagieren?

Die US-amerikanische Psychotherapeutin Nedra Tawwab[48] nennt zwei elementare Schritte beim Grenzensetzen: Kommunikation und Aktion. Damit andere uns verstehen, müssen wir unsere Bedürfnisse in klare Worte fassen, denn niemand – nicht einmal unsere Eltern – kann unsere Gedanken lesen. Und mitunter müssen wir unsere Grenzen mit unserem Verhalten unterstreichen.

Nehmen wir Hajo, der darunter leidet, dass sein cholerischer Vater ihn oft anschreit. Ich bitte ihn, seinem Vater Folgendes mitzuteilen: »Es ist mir wichtig, dass du mich nicht anschreist. Egal, wie aufgebracht du bist, ich bitte dich, von nun an leise mit mir zu sprechen, damit ich dir besser zuhören kann.«

Nun werden Grenzen nicht immer sofort von anderen akzeptiert, mitunter werden sie schlicht vergessen, oder es fällt schwer, sich an sie zu halten. In solchen Fällen bedarf es einer grenzsetzenden Aktion. Ich schlage Hajo also vor, das nächste Mal, wenn sein Vater nicht auf seine Bitte reagiert, diese Grenzverletzung auch durch sein Verhalten deutlich zu machen, indem er das Gespräch unterbricht und dem Vater sagt: »Du schreist, deshalb gehe ich jetzt eine Runde spazieren, damit wir uns beide beruhigen und unser Gespräch anschließend leiser fortsetzen können.«

Ein weiteres Beispiel ist Patricia, die ihre Mutter bittet,

keine Fotos mehr von ihrer Tochter auf Facebook zu posten, um deren Privatsphäre zu schützen. »Sie ist zwei Jahre alt«, protestiert die Mutter. »Sie weiß doch gar nicht, dass ich es tue. Und so können alle meine Freundinnen sehen, was für eine süße Enkelin ich habe.« Patricia besteht auf ihrem Wunsch, und als sie feststellt, dass die Mutter weiterhin gegen ihren Willen Fotos von ihrer Tochter postet, schickt sie ihrer Mutter keine Fotos mehr.

Wenn Eltern immer wieder über die Grenzen ihrer Kinder gehen, braucht es deutliche Ansagen und Verhaltensveränderungen vonseiten der Kinder. Und dann folgt ein gemeinsamer Lernprozess, in dem idealerweise mehr Klarheit und Respekt entstehen.

In gesunden Beziehungen sind Regeln jederzeit verhandelbar, nicht zuletzt deshalb, weil alles in Bewegung bleibt – wir entwickeln uns weiter, wir treten von einer Lebensphase in die nächste, wir nehmen neue Rollen an und legen alte Rollen ab. Besonders spürbar werden Veränderungen und Rollenverschiebungen in der Phase der Elternschaft: Aus Kindern werden Eltern, aus Eltern werden zusätzlich Großeltern – und alle Verhältnisse zueinander werden noch einmal neu definiert. Und je besser wir unsere Bedürfnisse und unsere Grenzen erkennen und formulieren können, desto harmonischer kann diese neue Lebensphase mit den Eltern erlebt werden.

Neue Rollen – Wenn schlechte Eltern gute Großeltern werden

Manche Kinder beginnen versöhnlicher auf ihre Eltern zu blicken, wenn sie selbst Kinder bekommen. Die neue Verantwortung, die Erschöpfung, das Abwägen der eigenen Bedürfnisse mit denen der Kinder, die guten Vorsätze, die mitunter in der banalen Realität untergehen – wir erkennen, wie schwer es ist, die Eltern zu sein, die wir immer werden wollten. Egal, ob Sie zu den Menschen gehören, die alles genauso machen möchten wie ihre Eltern, oder zu jenen, die alles unbedingt anders machen möchten – Sie werden feststellen, dass es nicht einfach ist, den eigenen Erwartungen gerecht zu werden. Diese Erkenntnis führt oftmals zu mehr Verständnis für die eigenen Eltern, die mit uns genauso überfordert waren, wie wir es mit unseren Kindern mitunter sind.

Aber die Geburt eines Kindes verändert nicht nur die eigene Rolle, auch unsere Eltern nehmen nun eine zusätzliche Rolle ein: Sie werden Großeltern. Und mit dieser neuen Rolle kommen Chancen und Risiken zugleich: Die Chance, die Kinder zu unterstützen und den Enkelkindern wichtige zusätzliche Bindungspersonen zu sein; und das Risiko, einander wieder zu enttäuschen.

»Ich war als Kind oft enttäuscht von meinen Eltern, weil sie so wenig Zeit für mich hatten«, erinnert sich Paul. »Und heute melden sie sich oft, um uns die Kinder abzunehmen. Sie springen spontan ein, wenn eines der Kinder krank wird. Sie ermöglichen uns, mal ein Wochenende durchzuatmen. Ich bin ihnen wirklich total dankbar für ihre Hilfe. Mir gefällt auch, wie sie mit den Kindern umgehen. Und die Kinder lieben sie. Die Beziehung zwischen ihnen ist unbelastet – ganz anders, als es zwischen uns damals war.« Tatsächlich ist die Beziehung zwischen Großeltern und Enkeln oft leichter – es gibt keinen Erziehungsauftrag und weniger Erwartungen; Enkelkinder sind für ihre Großeltern kein Vollzeitjob, sondern eher das schönste Hobby der Welt.

»Aus meinen schlechten Eltern sind gute Großeltern geworden«, so Paul. »Das hört sich hart an, aber ich kann weder die Vergangenheit beschönigen, noch möchte ich die Gegenwart kleinreden. Ich habe nie gedacht, dass ich meine Eltern mal loben würde – aber in ihrer Funktion als Großeltern sind sie wirklich großartig.« Indem Paul seinen Eltern trotz der alten Enttäuschungen unvoreingenommen erlaubt, ihre neue Großelternrolle anzunehmen, gelingt ihm ein weiterer Schritt der Ablösung. Anstatt die Eltern festzuschreiben auf die einstmals »schlechte« Elternrolle, gibt er der ganzen Familie die Chance, neue Beziehungen miteinander einzugehen. »Es ist für mich wie eine Art Wiedergutmachung, es stimmt mich friedlich, wenn ich sehe, wie sehr sie meine Kinder lieben und umgekehrt, und wie wohl sie sich miteinander fühlen.« Die Liebe zwischen den Generationen lässt auch das Band zwischen ihm und seinen Eltern wieder fester werden.

Tatsächlich bietet die Großelternschaft eine immense Chance für Eltern, die Beziehung zu ihren Kindern zu reparieren – indem sie diese unterstützen, aber auch, indem sie die Kinder in ihrem Erwachsensein und ihrer neuen Elternrolle anerkennen. Erinnern Sie sich noch an Tobias, dessen Eltern von der Nachricht, dass er Vater wird, so geschockt waren? »Unser Sohn ist ein richtig toller Vater«, schreiben sie mir in einer Mail ein paar Jahre nach unserer Sitzung. »Es ist für uns sehr schön, zu sehen, wie er durch die neue Aufgabe gewachsen ist. Er übernimmt Verantwortung, und wir haben gelernt, mehr loszulassen und ihm zu vertrauen. Außerdem genießen wir es, Zeit mit unserem Enkelkind zu verbringen. Wir haben nicht vergessen, was vor der Geburt unseres Enkels passiert ist, es ist uns allen eine Warnung geworden, respektvoller miteinander umzugehen …«

Nicht immer jedoch gelingt die Annahme der neuen Rollen so reibungslos wie in Pauls oder Tobias' Familie. Schwierigkeiten können entstehen, wenn die Rollenerwartungen der verschiedenen Generationen sich nicht decken, wenn also die Großeltern nicht so sind, wie ihre Kinder es sich wünschen, und umgekehrt. Oder wenn es noch alte, unverheilte Wunden gibt. Denn Kinder, die ihren Eltern gegenüber noch Groll aus der Kindheit hegen, können sich auf die positive Entwicklung ihrer Eltern oft nicht einlassen, geschweige denn sie genießen.

So wie die 38-jährige Jasmin, die die Veränderungen ihrer Eltern misstrauisch beobachtet: »Früher hatten meine Eltern nie Zeit für mich. Das Einzige, was sie interessiert hat, waren meine Noten und dass ich funktioniere. Für meine Gefühle und meine Probleme war kein Platz. Erst seit ich Kinder habe, wollen sie plötzlich regelmäßigen Kontakt haben und fragen ständig nach, wie es uns geht.« Obwohl Jasmin mit zwei kleinen Kindern die Unterstützung ihrer Eltern gut brauchen könnte, ist sie irritiert vom ungewohnten Wunsch ihrer Eltern nach Nähe: »Das ist mir alles zu viel auf einmal.«

Als sie ihren Eltern eines Tages ein Treffen absagt und ihre Mutter daraufhin vorschlägt: »Aber du musst doch gar nicht mitkommen. Wir wollen nur mit den Kleinen auf den Spielplatz gehen«, platzt Jasmin der Kragen: »Es geht ihnen mal wieder nicht um mich. Es geht ihnen nur um meine Kinder.« Niemand gibt es gern zu, aber wenn die Eltern bessere Großeltern als Eltern sind, kann Eifersucht entstehen. Und dann kann es dem gekränkten inneren Kind schwerfallen, ein liebevolles Großeltern-Enkel-Verhältnis zuzulassen, weil die eigene Beziehung zu den Eltern nicht so freudvoll und unbelastet war.

»Mit mir sind meine Eltern nie auf den Spielplatz gegangen«, klagt Jasmin.

»Möchten Sie jetzt mit Ihren Eltern auf den Spielplatz gehen?«, frage ich, und Jasmin muss lachen und weinen zugleich. »Nein, aber ich gönne es ihnen nicht, dass sie jetzt mit meinen Kindern die Freude haben, die mir immer verwehrt wurde.« Jasmin spricht und fühlt unbewusst noch immer aus ihrem Kind-Ich, also lenke ich Jasmins bewusste Konzentration auf diesen unversorgten Anteil und dessen Bedürfnisse: »Was wünscht sich die kleine Jasmin? Was müsste passieren, dass sie so viel Freude hätte, dass sie sich so richtig gesehen und geliebt fühlen würde?« Jasmin denkt lange nach. »Zuerst dachte ich, dass meine Eltern mir irgendwas geben müssten. Aber was könnte das sein? Ich bin ja jetzt kein Kind mehr. Eigentlich wäre es schön, wenn ich ein bisschen Zeit für mich hätte. Ein Buch lesen. Oder mal wieder allein zum Schwimmen gehen, ohne auf die Kinder aufzupassen.« Jasmin ist es gelungen, von ihrem Kind-Ich wieder in ihr Erwachsenen-Ich zurückzukehren. Und der erwachsenen Jasmin wird bewusst, dass sie die Unterstützung der Großeltern sehr gut brauchen könnte.

»Aber müsste ich ihnen dann nicht dankbar sein?«, fragt Jasmin widerstrebend. Mitunter gibt es starken Widerstand, die neuen Rollen wirklich zuzulassen – weil daraus folgen würde, die alten Rollen und die damit verbundenen Gefühle hinter sich zu lassen. Für Jasmin würde das bedeuten, ihren Groll aufzugeben: »Ich dürfte ihnen nicht mehr böse sein für die ganzen Jahre, in denen sie mich alleingelassen haben.«

»Wo steht das geschrieben? Können Sie Ihren Eltern nicht gleichzeitig böse und dankbar sein?«, frage ich und schlage vor: »Wie wäre es, wenn Sie der kleinen Jasmin erlauben, weiterhin auf die Eltern böse zu sein, und der erwachsenen Jasmin von heute erlauben, die Hilfe der Eltern dankbar anzunehmen.« Jasmin lässt sich auf das Experiment ein und stellt nach einigen Wochen überrascht fest, dass sie entspannter und weniger wütend ist. »Es ist paradox: Je weniger ich mir meine Gefühle verbiete, desto schwächer wird der Ärger.« Indem sie aufhört, ihre widersprüchlichen Gefühle zu bekämpfen, bekommen sie den nötigen Raum und werden schwächer. Jasmin hat somit gleich ein paar wichtige Ablösungsschritte gemacht: Sie geht liebevoll und achtsam mit sich um, anstatt sich ihre Gefühle zu verbieten, wie sie es von ihren Eltern in ihrer Kindheit gelernt hat. Sie ermöglicht ihren Kindern, eine eigene Beziehung zu den Großeltern einzugehen, ohne diese Beziehung zu beeinflussen. Und sie erlaubt ihren Eltern, die Großelternrolle einzunehmen und dadurch gleichzeitig ihre Elternrolle Jasmin gegenüber im Hier und Jetzt zum Positiven zu verändern.

Aber natürlich liegt es nicht nur an den frischgebackenen Eltern, ihren Eltern die Großelternschaft zu ermöglichen. Es hängt auch davon ab, ob und wie die Großeltern ihre Rolle ausfüllen. Respekt ist eine der Schlüsselqualifikationen, die Großeltern für die Stellenausschreibung »Oma« und »Opa« mitbringen sollten. Die US-amerikanische Schriftstellerin Anna Quindlen, die mit *Nanaville* ein kluges Buch über Großelternschaft geschrieben hat, erklärt: »Es ist eine seltsame Kombination aus sehr erfahren sein und keine Ahnung zu haben: Ich weiß, wie man ein Kind großzieht, aber ich muss lernen, meinem Kind zu helfen, sein eigenes Kind großzuziehen. Wo ich einst den Ton angab, muss ich jetzt lernen zu folgen.«[49] Sie berichtet von einer Situation, in der sie sich in die Entscheidung ihres Sohnes und ihrer Schwiegertochter einmischte, als diese Quindlens Enkelsohn – in ihren Augen viel zu früh – in die Kita geben wollten. Sie stieß jedoch nicht auf offene Ohren und Verständnis, sondern an eine harte Grenze. Ihr Sohn gab ihr unmissverständlich zu verstehen, dass sie kein Mitspracherecht hat. Als sie ihrer Freundin von ihren Sorgen und dem Konflikt mit ihrem Sohn erzählte, schwieg die Freundin lange und stellte anschließend nur eine einzige Frage: »Wurdest du nach deiner Meinung gefragt?«[50] Diese Frage leitet Quindlen seither durchs »Omaland«, es ist für sie der wichtigste Leitsatz geworden, wenn es um ihre Enkelkinder geht.

Großeltern zu werden ist ein Privileg, ein Geschenk, eine Möglichkeit. Großelternschaft ist in erheblichem Maße davon abhängig, wie man sich mit den eigenen (Schwieger-) Kindern versteht – wie sehr sie einem vertrauen und wie sehr es den Großeltern gelingt, ihre (Schwieger-)Kinder als Eltern zu respektieren. Wer die Großelternschaft als Recht missversteht und ungefragt Ratschläge und Kritik verteilt; wer sich über elterliche Regeln hinwegsetzt und statt einer vertrauensvollen Zusammenarbeit Machtkämpfe herstellt; wer das Enkelkind sogar in Loyalitätskonflikte bringt, indem schlecht über dessen Eltern geredet wird, der strapaziert die wertvollste Brücke zum Enkelkind: die Beziehung zu den eigenen Kindern.

In sehr vertrauensvollen Eltern-Kind-Beziehungen drücken die Kinder oftmals beide Augen zu, wenn die Großeltern die Enkelkinder nach Strich und Faden verwöhnen, aber wenn Kinder sich von ihren Eltern nicht respektiert fühlen, kann ein einziges Bonbon das Fass zum Überlaufen bringen: »Ihr geht ständig über meine Grenzen«, heißt es dann. »Und nun zieht ihr sogar noch meine Kinder in eure Spielchen mit hinein.«

Wir sehen: Enkelkinder haben das Potenzial, Familien zu vereinen – oder schwelende Konflikte auf die Spitze zu treiben. Es sind natürlich die Erwachsenen, die diesen Prozess gestalten: Die Großeltern, die idealerweise nicht nur die Chance ergreifen, gute Großeltern zu sein, sondern die sich darüber hinaus bewusst entscheiden, ihren Kindern in dieser Lebensphase gute Eltern zu sein. Und Kinder, denen es gelingt, den alten Groll hinter sich zu lassen, um ihren eigenen Kindern eine unbelastete Beziehung zu den Großeltern zu ermöglichen – und die sich selbst die Chance geben, die Eltern noch einmal in einer anderen Rolle zu erleben. Insofern ist die Geburt eines Kindes der Start einer neuen Entwicklungsphase, die nicht nur die frischgebackenen Eltern, sondern die gesamte Familie betrifft und die den Weg zu einem neuen familiären Frieden ebnen kann.

Was, wenn die Eltern keinen Frieden wollen?

»Das ist doch keine Liebe!«, ruft Anja wütend und empört. Dann fängt sie an zu weinen. Als sie sich nach vielen frustrierenden Streitereien von den Eltern zurückzieht, die infolgedessen Anjas zweijährigen Sohn nicht mehr regelmäßig sehen können, drohen sie ihr, Anjas Chef über ihren »fehlenden Familiensinn« zu informieren. Anschließend setzen ihr die Eltern ein Ultimatum: »Entweder du wirst innerhalb der nächsten vier Wochen wieder vernünftig und entschuldigst dich bei uns, oder wir schalten das Jugendamt ein. Wir haben alles für dich getan und lassen uns nicht so behandeln. Du fügst deinem Sohn (und im Übrigen auch uns!) seelische Grausamkeit zu, wenn wir uns nicht mehr regelmäßig sehen.«

Wenn Kinder sich emanzipieren, indem sie sich elterlichen Regeln widersetzen und die Eltern sich dadurch bedroht oder zurückgestoßen fühlen, sprechen diese zum Teil groteske Drohungen aus, und wir können uns vorstellen, wie zerstörerisch solche Erpressungsversuche auf die weitere Eltern-Kind-Beziehung wirken.

Aber stimmt Anjas Annahme, dass Eltern, die solch schwere Geschütze gegen ihre Kinder auffahren, diese nicht lieben? Viele Eltern, die so extrem reagieren, würden vehement widersprechen: Sie glauben, ihre Kinder über alles zu lieben. Aber es ist eine schmerzhafte, verzweifelte Liebe, die von Machtstreben und Ohnmachtsvermeidung durchsetzt ist. Es ist eine toxische Liebe, in der es Gewinner und Verlierer geben muss und in der die Kinder keinen Wert an sich haben, sondern vor allem der Selbstwerterhöhung der Eltern dienen sollen. Solange das Kind »funktioniert« und sich im Sinne der Eltern verhält, fühlen sie sich mit ihm verbunden. Das Kind ist quasi ein Teil der Eltern – ihre narzisstische Erweiterung, die sie stolz macht und sich gut fühlen lässt.

Unreife Eltern, die über wenig Selbstwertgefühl verfügen, haben oft große Schwierigkeiten, wenn ihre Kinder sich ablösen. Autonome Entscheidungen der Kinder werden nicht als gesunde Schritte in die Selbstständigkeit, sondern als persönlicher Angriff verstanden. Beginnt das Kind schließlich, deutliche Grenzen zu setzen und neue Spielregeln einzufordern, kann dies für narzisstisch gestörte Eltern eine Kriegserklärung bedeuten. Aus Hilflosigkeit und Ohnmacht wird blinde Wut, in gefühlter Notwehr holen die Eltern zu einem massiven Gegenangriff aus: »Bevor du mich vernichtest, vernichte ich dich.«

»Ich habe richtig Angst vor meinen Eltern«, sagt Anja traurig. Immer wieder hatte sie auf einen Neuanfang gehofft. Immer wieder träumte sie davon, dass die Eltern sie verstehen und sich bei ihr entschuldigen. Immer wieder ist sie enttäuscht, weil die Eltern ihr Vorwürfe machen. »Ich war und bin nie gut genug«, fasst Anja zusammen. »Ich habe mich verbogen, bis es nicht mehr ging. Ich wollte immer nur von ihnen geliebt werden, aber die Kritik hört einfach nicht auf.« Gespräche scheiterten immer wieder, denn für die Eltern war klar: Ihre Tochter Anja ist kompliziert, empfindlich, undankbar und letztlich schuld an allen Konflikten.

Wie Anja hoffen viele erwachsene Kinder, irgendwann doch noch von ihren Eltern verstanden zu werden und insgesamt eine bessere Beziehung zu ihnen aufzubauen. Glücklicherweise gibt es viele Eltern, die ihre Kinder zwar nicht wirklich verstehen, sich aber trotzdem bemühen, auf deren Anregungen einzugehen; Eltern, die vielen Entscheidungen ihrer Kinder nicht zustimmen und die trotzdem Interesse an ihren Kindern und deren Leben haben; Eltern, die versuchen, trotz aller Konflikte den Kontakt zu ihren Kindern nicht zu verlieren.

Aber leider gibt es auch Eltern, die nicht in der Lage sind, ihre Kinder loszulassen, und die sich weigern, Verantwortung für ihr eigenes Verhalten zu übernehmen. Es gibt Eltern, die so unreif sind, dass sie ihre eigenen Bedürfnisse dauerhaft über die ihrer Kinder stellen und die fortschreitende Ablösung ihrer Kinder als Bedrohung oder als persönliche Kränkung wahrnehmen. Statt ihren Kindern aufmerksam zuzuhören, sich in sie einzufühlen, ihre Grenzen zu achten und das eigene Verhalten dementsprechend anzupassen, werten sie die Bedürfnisse ihrer Kinder ab. Oder sie werden selbst zum Kind.

»Meine Mutter fängt sofort an zu weinen, wenn ich sie mit ihrem unangemessenen Verhalten konfrontiere«, sagt Anja. Manche Eltern weinen, einige flüchten sich in Ironie, andere ziehen sich hinter Schweigemauern zurück, wieder andere drehen den Spieß um und beschuldigen das Kind, schuld an der ganzen Misere zu sein: »Wir waren perfekte Eltern, aber du warst und bist ein undankbares Kind.« All diese unreifen elterlichen Ausweichmanöver führen dazu, dass das Kind sich nicht gehört und nicht gesehen fühlt. Seine Bedürfnisse werden ihm abgesprochen und entwertet, stattdessen soll es, wie in einer Rollenumkehr üblich, die Eltern versorgen, sie trösten, sich entschuldigen und alles zurücknehmen, was Konflikte hervorgerufen hat.

Sie ahnen wahrscheinlich, was hinter diesem frustrierenden Verhalten der Eltern steckt: Je mehr sich die realen Kinder ablösen, desto heftiger reagieren die inneren Kinder der Eltern. Sie haben Angst. Sie sind wütend. Sie sind ohnmächtig. Je unreifer die Eltern sind, desto bedrohlicher ist es, wenn die Kinder sich weiterentwickeln, denn nun ändern sich die Spielregeln, denen vorher alle blind folgten – und deren alleinige Urheber sie waren.

Unreife Eltern, die Angst haben, den Kontakt zu ihren Kindern zu verlieren, wissen oft nicht, wie sie dies auf konstruktive Art und Weise mitteilen können, also greifen sie wie Anjas Eltern zu kindischen und drastischen Mitteln.

»Wie soll ich denn jetzt mit diesen Drohungen umgehen?«, fragt Anja mich.

»Möchten Sie sie ernst nehmen?«, frage ich, um Anja zu signalisieren, dass sie Wahlmöglichkeiten hat.

»Sie machen mir auf jeden Fall Angst, und ich finde meine Eltern unberechenbar.«

Wir gehen gemeinsam die Drohungen durch, um ihre tatsächliche Gefahr für Anja abzuschätzen, und Anja stellt erleichtert fest, dass es sehr unwahrscheinlich ist, dass sich ihre Eltern an ihren Chef wenden oder sie beim Jugendamt anzeigen, und selbst wenn, hätte es keine Konsequenzen für sie.

Je mehr Anja die verzweifelten inneren Kinder ihrer Eltern wahrnehmen kann, desto kleiner wird ihre Angst: Sie durchschaut plötzlich das Schattentheater, in dem die ohnmächtigen inneren Kinder der Eltern monsterhafte Bilder an die Wand werfen, und erkennt, dass die Eltern keine wirkliche Macht mehr über sie haben. »Das beruhigt mich total. Jetzt tun mir meine Eltern sogar ein bisschen leid, weil ich erkennen kann, wie verzweifelt sie sein müssen.«

Anjas Gefühlswandel ist typisch – je mehr wir uns aus den Verstrickungen mit unseren Eltern lösen, desto eher können auch wieder positive Gefühle für sie entstehen. Aber Mitgefühl für die Eltern heißt nicht, das alte destruktive Spiel wieder aufzunehmen. Wir können mit unseren Eltern mitfühlen und trotzdem gesunde Grenzen wahren. »Ich wünsche mir immer noch, dass wir das irgendwann gemeinsam hinbekommen, aber dazu müssen meine Eltern ihr Verhalten reflektieren und mehr Verständnis für mich haben«, sagt Anja. »Solange sie das nicht schaffen, bleibt mir nichts anderes übrig, als aus Selbstschutz eine sichere Distanz zu wahren und meine Grenzen sehr deutlich zu formulieren.«

Die meisten Eltern brauchen Zeit, um sich an die Entwicklung ihrer Kinder zu gewöhnen. Ablösungsprozesse können für alle Beteiligten ein wenig furchteinflößend und schmerzhaft sein. Wenn Kinder beispielsweise neue Grenzen setzen, kann das für die Eltern zunächst einmal ungewohnt und verletzend sein, selbst wenn diese Grenzen gesund sind und die familiären Beziehungen zum Guten verändern können.

Aber es gibt auch Eltern, die vor Angst und Ohnmacht erstarren und vielleicht sogar den Kontakt zu ihren Kindern abbrechen, solange diese sich ihnen und den alten Regeln nicht wieder unterordnen. Diese Starre ist tragisch, denn die Eltern nehmen nicht nur ihren Kindern, sondern auch sich selbst die Chance, sich weiterzuentwickeln.

Was können wir also tun, wenn unsere Eltern an ihrem destruktiven Verhalten festhalten und sich weigern, auf uns und unsere Bedürfnisse einzugehen?

Das Einzige, was uns bleibt, ist loszulassen. Wenn Eltern von uns fordern, uns selbst aufzugeben; wenn sie sich weigern, unsere Grenzen zu achten; wenn sie uns mutwillig verletzen, ist es notwendig, uns in Sicherheit zu bringen.

In nicht wenigen Fällen erkennen Eltern die Grenzen ihrer Kinder irgendwann doch noch an, sie bewegen sich, weil sie ihre Kinder nicht verlieren möchten. Andernfalls entsteht die traurige Gewissheit, dass die Eltern nicht in der Lage sind, uns liebe- und respektvoll ins abgelöste Erwachsenenleben zu begleiten. Es folgt der Schmerz über den Verlust der Eltern – zu denen der Kontakt oftmals auf ein Minimum reduziert oder gar abgebrochen wird.

Dürfen wir den Kontakt zu unseren Eltern abbrechen?

»Anfangs lieben Kinder ihre Eltern; wenn sie älter werden, halten sie Gericht über sie; manchmal verzeihen sie ihnen«[51], schrieb Oscar Wilde. Aber was, wenn die Verletzungen durch die Eltern zu schwerwiegend waren? Was, wenn Kinder immer wieder vergeben und die Eltern immer wieder dieselben Fehler machen, wenn sie vielleicht nicht einmal einsehen, dass sie die Kinder verletzen?

Kontaktabbruch in Familien ist weiter verbreitet, als man denken mag. In den meisten Fällen sind es die Kinder, die den Kontaktabbruch aussprechen – nicht aus einer Laune heraus, sondern nachdem sie sich lange Zeit nicht gesehen und respektiert gefühlt haben.

Anja ist ein typisches Beispiel: »Ich habe alles versucht, und es hat sich nichts verändert«, sagt sie resigniert, bevor sie den Kontakt zu ihren Eltern erst einschränkt und schließlich abbricht, nachdem diese tatsächlich einen Anwalt engagiert haben, der ihr im Namen der Eltern droht, das Jugendamt einzuschalten, um ihr das Sorgerecht zu entziehen. »Da war für mich eine Grenze erreicht. Vorher dachte ich immer noch, ich kann sie irgendwie erreichen, aber Eltern, die mir mein eigenes Kind wegnehmen wollen – das geht zu weit.«

Anja ist über diese Entwicklung verzweifelt und unglücklich, aber sie hat – wie viele Kinder, die den Kontakt zu ihren Eltern abbrechen – das Gefühl, sich vor den Eltern schützen zu müssen.

Vielen Eltern ist nicht bewusst, wie sehr sie ihre Kinder mit ihren Erwartungen oder ihrem Verhalten belasten, und sie reagieren oftmals mit noch mehr Druck, wenn die Kinder sich abgrenzen oder sich von ihnen abwenden. Nicht wenige Eltern haben ihren Kindern vor ihrem Kontaktabbruch *selbst* subtil bis deutlich mit Liebesentzug, also emotionalem Kontaktabbruch, gedroht:

»Wenn du nicht so bist, wie ich dich gerne hätte, dann habe ich dich nicht mehr lieb.«

»Wenn du nicht meiner Meinung bist, dann bist du gegen mich.«

»Wenn du nicht tust, was ich sage, wirst du mein Feind, dann muss ich dich bekämpfen.«

Liebevolle, weiche Begegnungen werden immer seltener bis unmöglich, am Ende fühlen sich beide unverstanden und enttäuscht. Und dann gibt es diesen einen Streit, dieses eine Treffen, nach dem das Kind sich entscheidet: »Ich kann nicht mehr, so kann es nicht weitergehen, ich breche den Kontakt ab.« Für viele Eltern kommt dieser Schritt überraschend. Schockiert stehen sie der Entscheidung ihres Kindes gegenüber, ohne emotional nachvollziehen zu können, was dazu geführt hat.

Für die Kinder jedoch folgt auf den Kontaktabbruch oftmals zunächst eine Phase der Erleichterung. Endlich gibt es eine Gefechtspause, endlich gibt es Schutz und die Möglichkeit, durchzuatmen ohne ständige Konflikte, Vorwürfe oder Entwertungen.

Tatsächlich ist ein Kontaktabbruch – so hart und final er sich für alle Beteiligten zunächst einmal anfühlen mag – in den seltensten Fällen für die Ewigkeit, im Gegenteil: Familienmitglieder strecken immer wieder die Arme nacheinander aus. Die Sehnsucht nacheinander und die Hoffnung auf einen Neuanfang führen oftmals nach einer gewissen Zeit zur Wiederaufnahme des Kontakts.

Immer wieder werde ich Zeugin von bewegenden Annäherungen und bin beeindruckt, wie versöhnlich Kinder ihren Eltern gegenübertreten, wenn diese sich bemühen, ihre Kinder besser zu verstehen und mehr Verantwortung für die Konflikte zu übernehmen. Denn einige Eltern nutzen die Funkstille zur intensiven Selbstreflexion: Aus Liebe zu ihren Kindern beginnen sie, ihre Haltung zu hinterfragen, sie erkennen Fehler und übernehmen Verantwortung für diese. Sie versuchen, sich besser als je zuvor in ihre Kinder hineinzuversetzen.

»Es tut weh, und ich schäme mich für manches Verhalten, das ich in der Vergangenheit gezeigt habe«, sagt die 64-jährige Jutta, die darunter leidet, dass ihre Tochter Vanessa den

Kontakt zu ihr abgebrochen hat. »Ich habe mittlerweile verstanden, wie sehr ich meine Tochter verletzt habe mit meiner ständigen Einmischung in ihr Leben. Ich habe mir halt Sorgen gemacht. Aber für meine Tochter war das jedes Mal ein Zeichen, dass ich ihr nicht vertraue und ihr nichts zutraue.« Jutta blickt ihre Tochter an, die einem gemeinsamen Gespräch in meiner Praxis zögernd zugestimmt hat, nachdem sie fast ein Jahr keinen Kontakt zu ihrer Mutter hatte.

»Dafür möchte ich mich bei dir entschuldigen«, sagt Jutta mit rauer Stimme zu ihrer Tochter. »Ich kann nicht versprechen, dass ich ab jetzt alles richtig mache. Aber bitte glaube mir, dass ich weiter lernen möchte. Ich verspreche, dass ich versuche, dir besser zuzuhören, deine Grenzen zu respektieren und mich besser zu kontrollieren. Du bist mir sehr wichtig. Ich möchte dich nicht verlieren.«

Vanessa sitzt stumm da und nickt. Sie ist vorsichtig, es wird viele Sitzungen und Treffen brauchen, um wieder Vertrauen aufzubauen, aber sie ist bereit für einen Neuanfang, denn sie spürt die Ernsthaftigkeit, mit der ihre Mutter ihr eigenes Verhalten kritisch hinterfragt. Auch sie beginnt, ihren Anteil an der Eskalation zu verstehen: Wo sie ihrer Mutter zu viel Macht gegeben und deshalb zu stark auf sie reagiert hatte, und wie wichtig es ist, ihre Bedürfnisse klarer zu formulieren und bessere Grenzen zu setzen. In dieser Familie war der temporäre Kontaktabbruch der Tochter die notwendige Initialzündung für individuelle Entwicklungen und eine Veränderung der familiären Dynamik.

Aber was, wenn die Eltern ihr Verhalten nicht reflektieren und keine Verantwortung für ihren Teil der Konflikte übernehmen? Oder wenn die Kinder den Eltern nicht verzeihen können? Wenn das Vertrauen zueinander nachhaltig gestört ist und statt Verständnis tiefes Misstrauen herrscht? Solange die Fronten so verhärtet sind, ist eine Annäherung zwischen Kindern und ihren Eltern leider zum Scheitern verurteilt.

Der französische Schriftsteller Hervé le Tellier beschreibt in *All die glücklichen Familien* seine langjährige Ablösung von seinem abwesenden Vater und seiner »verrückten« Mutter – wie er versuchte, sich von ihnen zu lösen, und doch an sie gebunden blieb. Am Ende stellt er fest, »dass ein Kind manchmal keine andere Wahl hat, als die Flucht zu ergreifen, und dass es, bei aller Gefahr, die seine Zerbrechlichkeit mit sich bringt, seinem Ausbruch eine noch viel größere Liebe zum Leben verdanken wird.«[52]

Wie Hervé le Tellier hat auch der 34-jährige Niklas das Gefühl, keine andere Wahl zu haben, als nach jahrelangen unlösbaren Konflikten den Kontakt zu seiner Mutter abzubrechen. Seit der zehn Jahre zurückliegenden Trennung der Eltern verlangt die Mutter unaufhörlich, dass Niklas mit seinem Vater bricht, obwohl er zu ihm ein liebevolles und enges Verhältnis hat. »Sie sagt, ich falle ihr in den Rücken. Ich bin in ihren Augen ein Verräter, der mit dem Feind kollaboriert.«

Niklas erlebt den Kontaktabbruch nicht nur als Entlastung, sondern auch als großen Verlust. Immer wieder fragt er sich, ob er sein eigenes Wohl über das seiner Mutter stellen darf. »Bin ich ein schlechter Sohn? Darf man den Kontakt zu seinen Eltern abbrechen? Muss man nicht jede Chance ergreifen, sich wieder zu vertragen?« Er macht sich selbst Vorwürfe. Er macht seiner Mutter Vorwürfe. Er hadert, er trauert, er ist wütend auf seine Mutter und wünscht sich, dass sie sich verändert.

Als seine Freundin schwanger wird, macht er einen weiteren Versuch, auf seine Mutter zuzugehen. Er endet enttäuschend. »Sie hat mich wieder vor die Wahl gestellt, entweder sie oder mein Vater. Es ist schwer erträglich, aber wichtiger als die Freude über mein Kind war ihre Forderung, dass auch ihr Enkelkind keinen Kontakt zu seinem Großvater haben dürfe.«

Niklas beginnt schweren Herzens, den Status quo zu akzeptieren, und gibt seine Hoffnung auf Veränderung auf. Im Laufe der Zeit wird er ruhiger. Die quälenden inneren Zwiegespräche, die er zuvor täglich mit seiner Mutter führte, werden seltener. Er konzentriert sich immer weniger darauf, ein (in den Augen der Mutter) guter Sohn zu sein, sondern eher darauf, ein guter Vater zu werden. Ein Vater, der sein Kind bedingungslos liebt und es in seinen Entscheidungen unterstützt oder zumindest nicht einschränkt, geschweige denn dafür bestraft. In diesem Prozess verändert sich auch seine Haltung seiner Mutter gegenüber, sein Blick auf sie weitet sich wieder, er nimmt sie vollständiger wahr, nicht nur ihre ungerechten, egozentrischen, verbitterten, sondern auch ihre liebenswerten Seiten – wie sie ihn als Kind verwöhnt und mit ihm gespielt hatte, wie sie ihn getröstet und gestreichelt hatte, wie sicher er sich bei ihr als kleiner Junge gefühlt hatte. Gegen Ende der Therapie stellt er fest: »Ich liebe meine Mutter. Ich habe gute, warme Erinnerungen an sie, als ich klein war. Es gibt viele Momente, in denen ich mich geborgen und sehr geliebt gefühlt habe.« Die Wertschätzung gegenüber seiner Mutter ändert jedoch nichts an seiner nunmehr sehr bewussten Entscheidung, keinen Kontakt mehr zu ihr aufzunehmen. »Weil ich verstanden habe, dass ihr Hass auf meinen Vater stärker ist als die Bindung und die Liebe zu mir.« Niklas hat zudem erkannt, dass der Kontaktabbruch seine einzige Chance ist, seine Gefühle nicht unterdrücken zu müssen: weder seinem Vater noch seiner Mutter gegenüber. »Paradoxerweise hilft mir der Kontaktabbruch, meine Mutter weiter zu lieben«, sagt Niklas. »Weil ich mich nicht mehr in ihren verbitterten Kampf verstricken lasse. Und je wichtiger ich meine Bedürfnisse und meine Integrität nehme, desto eher gelingt es mir auch, die Begrenzungen meiner Mutter zu akzeptieren. Ich bedaure nach wie vor, dass die Situation so ist, aber ich akzeptiere, dass wir beide keinen Schritt mehr aufeinander zugehen können.« Niklas' Beschreibung der Situation macht deutlich, dass er – wie viele andere Kinder, die keinen Kontakt mehr zu ihren Eltern haben – irgendwann beginnt, den Kontaktabbruch als traurige, aber bestmögliche Lösung zu akzeptieren.

»Ich habe mir lange Zeit nicht vorstellen können, mich damit abzufinden, aber heute geht es mir gut mit der Situation. Ich habe aufgehört, mir etwas von meiner Mutter zu wünschen, was sie nicht geben kann. Ich habe den alten Groll losgelassen. Ich sehe sie so, wie sie ist, mit ihren liebevollen, liebenswerten Seiten und den krassen, ungerechten Seiten, die dazu führen, dass sie glaubt, mich zu hassen, wenn ich nicht genau das tue, was sie sich von mir wünscht. Es tut mir leid, dass sie sich so im Weg steht, und ich wünschte, sie würde sich Hilfe holen. Aber ich habe verstanden, dass ich sie weder umstimmen noch retten kann. Und aus dieser sicheren Entfernung kann ich mit wohlwollenden Gefühlen auf sie blicken.« Niklas hat inneren Frieden mit seiner Mutter geschlossen, auch wenn er keinen Kontakt mehr zu ihr hat. Er hat es geschafft, sich unter schwierigsten Bedingungen von seiner Mutter abzulösen.

Wie nachhaltig dieser Reifeschritt ist, stellen wir fest, als Niklas mich ein paar Jahre nach unserem letzten Gespräch erneut aufsucht, weil seine Freundin sich gerade von ihm getrennt hat. »Es geht mir so schlecht wie nie zuvor«, sagt er. »Ich bin unglaublich wütend auf meine Freundin. Aber eines ist mir klar: Ich möchte, dass meine Tochter so unbeschadet wie möglich aus der Trennung hervorgeht. Ich möchte alles dafür tun, um sie nicht in einen Loyalitätskonflikt zu bringen. Sie ist erst fünf Jahre alt.« Er weint, der Kummer über die Trennung und die Last seiner Verantwortung für seine Tochter überwältigen ihn. Aber er bleibt seinem selbst gesetzten Ziel treu und wächst in dieser Krise über sich selbst – und die unreifen mütterlichen Konfliktstrategien – hinaus. Er verarbeitet die Wut auf seine Frau und seine Kränkung, verlassen worden zu sein, im Rahmen der Therapie, ohne seine Tochter damit zu belasten.

»Kein böses Wort über den anderen«, ist das Motto, an das sich Niklas und seine Freundin stoisch halten. Und noch etwas ist Niklas wichtig: »Ich war acht Jahre mit meiner Freundin zusammen, ich habe sie sehr geliebt, und sie wird als Mutter unserer Tochter immer Teil meines Lebens bleiben. Ich möchte – egal, wie enttäuscht ich gerade bin – auf Dauer eine gute Beziehung zu ihr haben. Ich möchte es wirklich anders machen als meine Eltern – nicht nur für meine Tochter, sondern auch für mich selbst.« Niklas und seine Ex-Freundin erleben viele schmerzhafte Momente, aber sie begegnen sich respektvoll und bleiben versöhnlich und beschützen ihre Tochter somit vor Loyalitätskonflikten.

Darüber hinaus beendet Niklas einen transgenerationalen Kreislauf von Beziehungsabbrüchen. Denn ein Blick in seine Familiengeschichte zeigt ein für Kontaktabbrüche typisches Phänomen: Sie fanden in seiner Familie über Generationen hinweg immer wieder statt. Niklas' Großvater wurde zur Persona non grata, nachdem er seine Frau und die Kinder verlassen hatte. Die Kinder sind untereinander zerstritten, Niklas' Mutter hat zu drei von vier Geschwistern keinen Kontakt mehr. Auch mit der Großmutter gab es viele Konflikte, bis zu ihrem Tod herrschte eine von Schuldgefühlen vergiftete Atmosphäre.

Niklas jedoch entscheidet sich, die destruktive Familientradition hinter sich zu lassen. Er lebt seiner Tochter vor, dass es reifere Konfliktlösungsstrategien gibt, als den Kontakt abzubrechen, und dass man auch nach einer Trennung wertschätzend miteinander umgehen kann. Eine Wunde aber bleibt: Niklas' Tochter wächst bisher ohne Kontakt zu ihrer Großmutter auf. Niklas hat sich fest vorgenommen, auf die Wünsche seiner Tochter einzugehen: »Wenn sie Kontakt zu ihrer Oma aufnehmen möchte, helfe ich ihr dabei. Wenn sie gut mit ihr klarkommt, wunderbar. Wenn nicht, bin ich da, um sie aufzufangen.«

Wir sehen an Niklas' Geschichte, dass Friedenschließen auf unterschiedlichsten Ebenen stattfindet: Es bedeutet, die Eltern so zu akzeptieren, wie sie sind. Zu betrauern, dass sie uns nicht die Bindungspartner sind, die wir uns wünschen oder die wir brauchen. Es bedeutet, den eigenen Reifegrad und den der Eltern zu erkennen und sich weniger auf die Veränderung der Eltern, sondern eher auf die persönliche Weiterentwicklung zu konzentrieren, um aus den alten Verstrickungen herauszutreten.

Der Grad unserer Ablösung zeigt sich nicht zuletzt in den Momenten, in denen wir in eine Krise geraten – fallen wir in alte familiäre Muster oder auf alte Überlebensstrategien zurück? Oder gelingt es uns, einen anderen, besseren Weg einzuschlagen, der uns vor den Fehlern der Vergangenheit bewahrt? Niklas beweist, dass wir uns entscheiden können, wie wir unser Leben gestalten. Dass wir inneren Frieden mit unseren Eltern finden können, egal, wie unreif und unversöhnlich sie sind, und egal, ob wir Kontakt zu ihnen halten oder nicht. Denn Frieden finden geht oft mit innerem Verzeihen, aber nicht immer mit einer Versöhnung einher.

Der Tod der Eltern – Verlust und Befreiung zugleich

Er steht uns allen bevor, der endgültige Abschied von den Eltern. Egal, ob wir mit unseren Eltern verstrickt waren, ob wir den Kontakt zu ihnen abgebrochen haben oder uns altersgemäß und gesund von ihnen ablösen konnten – der

Tod der Eltern geht uns nah, weil er Tatsachen schafft, Hoffnungen zerstört, Sehnsüchte mit ins Grab nimmt.

Für viele brechen nach dem Tod der Eltern die Wunden der Vergangenheit noch einmal schmerzhaft auf. Der Schriftsteller Peter Weiss beschreibt diese Trauer um das Versäumte in seinem Roman *Abschied von den Eltern:* »Die Trauer, die mich überkam, galt nicht ihnen, denn ich kannte sie kaum, die Trauer galt dem Versäumten, das meine Kindheit und Jugend mit gähnender Leere umgeben hatte. Die Trauer galt der Erkenntnis eines gänzlich missglückten Versuchs von Zusammenleben, in dem die Mitglieder einer Familie ein paar Jahrzehnte lang beieinander ausgeharrt hatten. Die Trauer galt dem Zu-spät, das uns Geschwister am Grab überlagerte und das uns dann wieder auseinandertrieb, ein jedes in sein eigenes Dasein.«[53]

Ganz anders empfinden Kinder, die sich mit ihren Eltern liebevoll verbunden fühlen: Sie betrauern den immensen Verlust, die große Leerstelle in ihrem Leben, die mit dem Tod der Eltern entsteht. »Nie wieder telefonieren. Nie wieder seine Stimme hören. Nie wieder von ihm getröstet werden oder mit ihm lachen«, sagt Paula, deren Vater vor ein paar Tagen plötzlich verstorben ist. Sie steht unter Schock, und es wird ein gutes Jahr dauern, bis die tiefe Verzweiflung nachlässt. »Ich habe einfach nicht damit gerechnet«, sagt sie. Natürlich wissen wir alle, dass die Eltern im Normalfall vor uns sterben, aber wir verdrängen diese Gewissheit zum Teil sehr erfolgreich. Denn spätestens der Tod unserer Eltern konfrontiert uns mit unserer eigenen Endlichkeit und auch dem Allein-verantwortlich-Sein in der Welt.

»Auf irgendeinem der dunklen Wege hinter dem offiziellen Bewusstsein hat mich der Tod des Alten sehr ergriffen«, so Sigmund Freud, der 40 Jahre alt war, als sein Vater starb. »Ich habe ihn sehr geschätzt, sehr genau verstanden, und er hat viel in meinem Leben gemacht, mit der ihm eigenen

Mischung von tiefer Weisheit und phantastisch leichtem Sinn. Er war lange ausgelebt, als er starb, aber im Innern ist wohl alles Frühere bei diesem Anlaß aufgewacht … Ich habe nun ein recht entwurzeltes Gefühl.«[54] Auch wenn wir längst erwachsen sind und schon eigene Kinder haben – mit unseren Eltern verlieren wir ein wichtiges Stück Vergangenheit, Zugehörigkeit und Halt. Der Tod der Eltern zwingt uns zu einem weiteren Ablösungsschritt, der oftmals schwieriger ist, als wir dachten.

Während einige über den Tod liebevoller Eltern lange trauern und vielleicht nie ganz aufhören, sie zu vermissen, entsteht für Kinder von toxischen Eltern oft Erleichterung, weil mit ihrem Tod auch die Beziehung zu ihnen vorbei ist und nun endlich das eigene Leben freier gestaltet werden kann. Die Künstlerin Marina Abramović ist eine der wenigen, die das Tabu, die Eltern über deren Tod hinaus zu ehren und zu schützen, öffentlich bricht und Klartext redet. »Ich habe keine guten Erinnerungen an meine Mutter«, sagt Marina Abramović in einem Interview. »Ich fühle mich wirklich frei, seit sie gestorben ist.«[55]

Abramović wuchs bei ihrer Großmutter auf, bis sie sechs Jahre alt war. Als ihr Bruder geboren wurde, holten die Eltern sie zurück, die für sie wie Fremde waren. »Von diesem Moment an war meine Kindheit sehr unglücklich. Ich wuchs auf mit unglaublicher Kontrolle, Disziplin und Gewalt zu Hause. Alles war extrem. Meine Mutter küsste mich nie. Wenn ich sie fragte, warum, antwortete sie: Um dich nicht zu verwöhnen, natürlich.«[56]

Nachdem die Eltern sich getrennt hatten, blieb Abramović bei ihrer Mutter, sie zog erst mit 29 Jahren aus und verließ ihre Heimat Belgrad, um ihrem Mann nach Amsterdam zu folgen. Betrachtet man Abramovićs künstlerisches Werk, erscheint es wie eine konstante Auseinandersetzung mit ihrer Mutter: der Härte, der Disziplin, der Gewalt, die sie über sich ergehen lässt oder sich selbst zufügt. Aber das Gefühl der Freiheit stellt sich für sie erst ein, als ihre Mutter stirbt. Marina Abramović ist da bereits 61 Jahre alt.

Marina Abramović ist kein Einzelfall. Wem es zu Lebzeiten nicht gelungen ist, sich von den Eltern gesund abzulösen, für den bedeutet der Tod der Eltern nicht nur einen schmerzlichen Verlust, sondern oft auch eine Befreiung. Dies gilt im Besonderen für Kinder, die zeitlebens unter ihren Eltern gelitten haben.

So wie Pia, die 47 Jahre alt war, als ihre Mutter Ulla starb. Solange sie sich erinnern kann, war die Mutter auf sie angewiesen. »Im Grunde habe ich immer versucht, meine Mutter zu retten«, erinnert sich Pia. Pia war da, wenn es ihrer Mutter nicht gut ging, wenn die Mutter mit dem Vater stritt, wenn der Mutter langweilig war. Sie flog aus dem Urlaub zurück, weil ihre Mutter über Herzstechen klagte, sie trennte sich von einem Partner, der der Mutter nicht gefiel, sie sagte ein attraktives Jobangebot ab, weil der Weg nach Hause zu weit gewesen wäre und ihre Mutter ihr vorwarf, sie allein zu lassen. Egal, was Pia für ihre Mutter aufgab, egal, was sie ihr anbot und wie sehr sie sie auch unterstützte, nachdem sie längst ausgezogen war: Die Mutter veränderte nichts und ergriff keine der Chancen, die sich ihr boten. Weder nahm Ulla einen Beruf auf, als die Tochter aus dem Haus war, noch trennte sie sich von ihrem Mann. Sie entschied sich, bis zu ihrem Tod Opfer der Umstände zu bleiben. Pia hingegen litt bis zum Tod ihrer Mutter unter Schuldgefühlen. Egal, wie sehr sie sich bemühte: Sie konnte die Mutter nicht retten.

Erst nachdem Ulla gestorben war, fühlte Pia sich zum ersten Mal frei. Sie war ihrer Mutter keine Rechenschaft mehr schuldig, es gab kein mütterliches Unglück mehr, an dem sie sich die Schuld geben konnte, und keine dramatischen Rettungsaktionen, die stets fehlschlagen mussten, weil Glück im Leben der Mutter nicht vorgesehen war. Stattdessen gab es nun Raum und Zeit, ihr eigenes Leben zu betrachten. Pia stellte fest, dass sie nicht glücklich war. Zu viele Entscheidungen hatte sie nur für ihre Mutter getroffen. Zu wenig hatte sie auf ihre eigenen Bedürfnisse geachtet. Befreit durch den Tod der Mutter, hatte sie plötzlich ein neues Ziel: ein glücklicheres Leben als ihre Mutter zu führen und keinen Tag länger zu warten.

Für Pia und für viele andere ist der Tod der Eltern deshalb eine Erlösung, weil sie das Kapitel Eltern-Kind-Beziehung endgültig abschließen können. Es gibt keine Verpflichtungen mehr, keine Anrufe oder Besuche, kein »so tun, als ob« man eine gute Beziehung hätte. Es gibt keine Auseinandersetzungen mehr, keine Verletzungen, keine Enttäuschungen. Der Tod der Eltern ist wie ein natürlicher Endpunkt, den man hinter die Vergangenheit setzen kann. Wir können Abschied nehmen von dem, was nie war und nie sein wird: von unserer Sehnsucht nach idealen Eltern, die uns bedingungslos lieben; von reifen Eltern, die Konflikte konstruktiv austragen; von Eltern, die Geborgenheit und Sicherheit vermitteln und uns gleichzeitig in unserer Autonomie bestärken. Die meisten Menschen tragen lange (wenn nicht für immer) ein Sehnsuchtsbild der Eltern mit sich herum; sie geben ihren Eltern immer wieder die Chance, bessere Eltern zu werden, und sind immer wieder enttäuscht, dass sie die Alten bleiben. Wenn die Eltern sterben, gibt es keine Aussicht mehr auf eine Veränderung. Die Hoffnung stirbt zuletzt – sie stirbt mit dem Tod der Eltern.

Der Tod der Eltern ist auch eine Zäsur im eigenen Leben, denn die alten Herrschaftsverhältnisse werden ein für alle Mal aufgelöst. Tote Eltern können nichts mehr fordern und nicht mehr enttäuscht sein, sie haben buchstäblich nichts mehr zu sagen. Während die elterlichen Erwartungen verschwinden, treten eigene Bedürfnisse in den Vordergrund. »Jetzt fange ich endlich an zu leben«, nehmen sich deshalb viele Kinder vor, die wie Pia übermäßig in das Leben der Eltern verstrickt waren.

Und so entsteht in manchen Menschen nach dem Tod der Eltern etwas, was lange Zeit kaum denkbar war: innerer Frieden.

»Es ist etwas von mir abgefallen«, sagt Tom über den Moment, als er am Totenbett seines Vaters stand. »Die ganze Last unserer Beziehung.« Toms Vater war Alkoholiker, bis zu seinem elften Lebensjahr erinnert Tom sich an ihn als lallenden, auf dem Sofa liegenden Fremden. Als Toms Mutter mit Scheidung droht, macht der Vater einen Entzug und schwört sich zugleich: »Sobald die Kinder aus dem Haus sind, fange ich wieder an zu saufen.« Er hält Wort. Mit 17 zieht Tom, der Jüngste, aus, und nicht mal eine Woche später trinkt der Vater wieder.

Vater und Sohn treffen sich in den Folgejahren ab und zu, aber es ist wie ein Treffen unter Fremden. »Mein Vater war nett, wir konnten uns ganz gut unterhalten. Aber es war nie persönlich. Er hat nie Interesse an mir gezeigt. Ich weiß, dass er vor anderen mit mir angegeben hat. Aber echten Kontakt – das gab es zwischen uns nicht. Eigentlich wollte er immer nur trinken.«

Als Tom selbst Vater wird, gratuliert sein Vater nicht zur Geburt, er fragt nicht nach seinem Enkelkind und will es nicht sehen. Er ist als Großvater so abwesend, wie er es als Vater war. Der Kontakt bricht nun vollends ab. Aus einem Jahr wird ein Jahrzehnt, Tom gewöhnt sich an den Kontaktabbruch, aber die Leerstelle Vater bleibt: »Ich hatte immer ein bisschen Phantomschmerzen.«

22 Jahre nachdem Tom den Vater das letzte Mal gesehen hat, informiert ihn eine Verwandte, dass der Vater im Ster-

ben liege, damit er sich von ihm verabschieden kann. Tom ist aufgewühlt und unsicher, also lässt er den Vater fragen, ob er seinen Besuch wünsche. Der Vater sagt: »Wenn er will, kann er kommen.« Eine halbe Stunde bevor Tom eintrifft, verstirbt der Vater. Es ist, als verwehrte er dem Sohn sogar den letzten Abschied. Er gestaltet die Beziehung so wie eh und je: Er lässt keinen wirklichen Kontakt zu.

Als Tom am Totenbett des Vaters steht, blickt er auf einen Fremden: Vom Alkohol gezeichnet, klein und zerbrechlich liegt der tote Vater da. Der letzte Atemzug ist getan, er wird nie mehr aufstehen, nie mehr ein Wort an Tom richten, sich an nichts mehr freuen und unter nichts mehr leiden.

»Da habe ich Gefühle gehabt, die ich kaum in Worte fassen kann. Es war wie eine Erleuchtung, eine ganz große Klarheit: Er war tot, und ich war lebendig. Mir wurde plötzlich klar, dass er mich nie wieder enttäuschen kann. Er hat keine Macht mehr, über nichts und niemanden. Und dann entstand diese wahnsinnig tröstliche Erkenntnis – egal, was er mir angetan hat, er hat mir vor 54 Jahren alles gegeben, was er mir geben konnte: mein Leben.«

Das größte Geschenk, das unsere Eltern uns gegeben haben, ist unser Leben. Müssen wir ihnen dafür dankbar sein? Nein, denn wir haben sie nicht darum gebeten, und für manch einen ist das Leben eine schwere Bürde – je schlechter wir von den Eltern versorgt wurden, desto schwerer haben wir an ihr zu tragen.

Aber egal, wofür wir unseren Eltern aus freien Stücken dankbar sind – Dankbarkeit schafft innere Ruhe und Zufriedenheit. Wer dankbar ist, kann loslassen. So wie Tom, der sich am Totenbett seines Vaters endgültig von seinen Enttäuschungen und seinem Groll verabschieden konnte.

Und so gelingt ihm der Ablösungsschritt, der denjenigen, deren Eltern noch leben, noch bevorsteht – die Eltern nach ihrem Tod loszulassen und sich gleichzeitig von den Fesseln zu befreien, die uns bisher in unserem Leben eingeschränkt und behindert haben.

Der Tod der Eltern ist keine Garantie für den letzten Schritt der Ablösung. Manche Menschen bleiben über den Tod hinaus an sie gebunden. Sie folgen den elterlichen Aufträgen, sie fühlen sich schuldig, weil sie die Eltern nicht retten konnten, sie sehnen sich nach ihnen – oft genug nach etwas, was die Eltern ihnen zu Lebzeiten nicht geben konnten. Sie bekämpfen die Eltern oder ihre Werte, sie bestrafen sie, sie rächen sich an ihnen, indem sie ihre Erwartungen boykottieren und schlimmstenfalls ihr gesamtes Leben der Anpassung an oder der Rebellion gegen die Eltern widmen.

Aus diesem Grund ist der Tod unserer Eltern ein wichtiger Moment, sich erneut ihres Einflusses auf unser Leben bewusst zu werden: Denn erst wenn wir erkennen, wo wir den elterlichen Aufträgen und Gesetzen blind folgen oder gegen sie rebellieren, können wir den inneren, von den Eltern eingestellten Autopiloten ausstellen und unser Leben neu und selbstbestimmt ausrichten.

SECHS

I am the master of my fate:
I am the captain of my soul.

WILLIAM ERNEST HENLEY, INVICTUS

Und wenn ich noch gute Eltern brauche? Sich selbst eine gute Mutter und ein guter Vater sein

Laut den Schamanen der Anden kommen Menschen mit zwei Büchern auf die Welt: einem goldenen und einem silbernen Buch. Das silberne Buch ist bereits vollgeschrieben, das goldene Buch besteht aus leeren Seiten. Wir verbringen zunächst eine Weile damit, unser Leben nach dem bereits geschriebenen silbernen Buch auszurichten. Aber im Leben eines jeden Menschen kommt irgendwann die Zeit, in der wir das silberne Buch zur Seite legen und anfangen müssen, das goldene Buch zu füllen. Etwas wissenschaftlicher ausgedrückt: Den bekannten Erbe-Umwelt-Prägungen wird ein weiteres Element hinzugefügt, nämlich unsere eigene Entscheidungsfähigkeit. Denn während wir durchaus das Produkt unserer Familie sind und ihr genetisches und emotionales Erbe in uns tragen sowie durch familiäre Aufträge und verinnerlichte Glaubenssätze geprägt sind, so sind wir gleichzeitig seit unserer Geburt mit unserer Ablösung und unserer Ich-Werdung beschäftigt. Ablösung bedeutet, das Vorgegebene zu erkennen, zu hinterfragen und sich von den Teilen zu lösen, die nicht zu uns passen oder die uns nicht guttun. Ablösung bedeutet, den eigenen Weg zu finden, anstatt dem Weg der Eltern blind zu folgen. Ablösung bedeutet, das silberne Buch zu schließen und anzufangen, die Seiten des goldenen Buches zu füllen.

Manche Menschen nehmen das goldene Buch erst in die

Hand, wenn die Eltern gestorben sind. Andere scheuen sich, Verantwortung für ihr Leben zu übernehmen, sie wünschen sich viel zu lange ideale Eltern herbei, die nicht existieren. Wieder andere beginnen schon früh, ihr eigenes Drehbuch zu schreiben.

Für diejenigen, die erkannt haben, dass es Zeit ist, ihr Leben selbst in die Hand zu nehmen, die aber auch ein wenig Angst vor diesem letzten großen Schritt der Ablösung haben, ist dieses Kapitel. Denn selbst wenn wir bereit sind, Frieden zu schließen mit den realen Eltern und erwachsene Verantwortung für unser eigenes Leben zu übernehmen, kann es eine leichte Unsicherheit oder gar Furcht geben: »Was ist, wenn ich es ganz allein nicht schaffe und doch noch ab und an gute Eltern brauche?« Eine wichtige Frage, die sich uns allen stellt, spätestens wenn die Eltern sterben. Denn egal wie selbständig und abgelöst wir sind – wir brauchen zeit unseres Lebens gute Elternfiguren, die uns liebevoll begleiten, uns Mut machen und uns trösten. Manche Menschen suchen sich beizeiten Ersatzeltern, sie »adoptieren« Ersatz-Väter und -Mütter, die fürsorglicher sind als die leiblichen Eltern, sei es der gutmütige ältere Kollege, die warmherzige Nachbarin oder die großzügigen und interessierten Schwiegereltern.

Aber es gibt noch einen anderen Ort, wo wir liebevolle Eltern finden können: und zwar in uns. Denn egal, wie gut oder schlecht unsere realen Eltern uns versorgen konnten – wir können jederzeit anfangen, uns selbst gute Eltern zu sein. Das, was wir uns von unseren Eltern gewünscht hätten, können wir uns als Erwachsene selbst geben: Wir können unsere Gefühle ernst nehmen, unsere Bedürfnisse achten, gesunde Grenzen setzen und insgesamt liebevoll und fürsorglich mit uns umgehen.

Um uns selbst die guten Eltern zu sein, die wir benötigen, müssen wir zunächst ein wenig im silbernen Buch blättern und verstehen, welche Form der Unterstützung und Begleitung wir vermisst haben und was wir brauchen, um uns weiterentwickeln zu können. Besonders wichtig ist, herauszufinden, welche von den Eltern übernommenen und womöglich negativen Glaubenssätze noch in uns wirken. Denn schädigende Glaubenssätze vergiften uns, sie mindern unser Selbstwertgefühl und halten uns zurück. Glücklicherweise lassen sie sich mit ein wenig Übung durch positive Glaubenssätze ersetzen, die uns stärken und durchs Leben tragen.

Das goldene Buch schreibt sich nicht von allein. Wir selbst sind Urheber:innen jedes Satzes und jeder Handlung. Wir haben die Verantwortung für unser Leben, wir, wir allein entscheiden, wie wir mit uns umgehen.

Sie sind nun an dem vielleicht höchsten Ausblick Ihrer Ablösung angelangt, wenn Sie erkennen: Egal, wie Ihre realen Eltern waren – Sie können heute beginnen, sich selbst eine gute Mutter und ein guter Vater zu sein.

Das Einmaleins der Selbstfürsorge oder mit sich selbst schwanger gehen

Am 4. November 1977, neun Tage nach dem Tod seiner Mutter, schreibt der Schriftsteller Roland Barthes in sein *Tagebuch der Trauer*: »Gegen 18 Uhr: die Wohnung ist warm, angenehm, hell, sauber. Ich bringe sie mit Energie und Hingabe in Ordnung (ich genieße es mit Bitterkeit): Von nun an und für immer bin ich meine eigene Mutter.«[57] Spätestens der Tod der Eltern zwingt uns, selbstständig zu werden und uns um uns selbst zu kümmern. Zum Erwachsenwerden gehört, elterliche Fürsorge Schritt für Schritt durch Selbstfürsorge zu ersetzen. Selbstfürsorge hat viele Facetten, sie betrifft sowohl unseren Körper als auch unsere Psyche, im Grunde fällt unter Selbstfürsorge alles, was unserer Gesundheit und unserem Wohlbefinden dient.

Viele Menschen haben jedoch nie gelernt oder im Laufe der Zeit verlernt, achtsam und fürsorglich mit sich selbst umzugehen. Das fängt bei ganz grundlegenden Dingen an: nicht zu essen oder zu trinken, wenn wir Hunger oder Durst haben, oder es beiläufig zu tun, ohne es zu genießen, oder vor allem Dinge zu uns zu nehmen, die ungesund sind. Wir entwickeln alle möglichen Arten von Körperschmerzen, gegen die wir Schmerzmittel nehmen, anstatt auf unseren Körper zu achten und ihm sowohl die Bewegung als auch die Ruhe zu gönnen, die ihm guttut. Und viel zu oft gehen wir über ein unangenehmes Gefühl hinweg und lenken uns ab oder betäuben uns, anstatt unseren Gefühlen auf den Grund zu gehen, sie zu verstehen, zu integrieren und loslassen zu können.

»Wie oft haben Sie heute schon innegehalten und nachgespürt, wie es Ihnen geht?«, frage ich Iris.

»Nicht ein einziges Mal, um ehrlich zu sein«, antwortet sie. Sowohl in ihrer Partnerschaft, in ihren Freundschaften als auch im beruflichen Kontext geht die 37-Jährige ständig über ihre Grenzen. Anschließend ist sie ausgelaugt, traurig und wütend, weil niemand auf sie achtet. Abends, wenn ihr Freund und ihre Tochter bereits schlafen, schleicht sie sich ins Wohnzimmer, wo sie heimlich Süßigkeiten isst und Serien schaut, mitunter bis spät in die Nacht. Danach fühlt sie sich schlecht und macht sich Selbstvorwürfe, weil sie undiszipliniert ist und ein Kilo nach dem anderen zunimmt. Iris hat mich aufgesucht, weil sie spürt, dass nicht nur ihr Körper, sondern im Grunde ihr ganzes Leben aus der Balance geraten ist. Nachdem sie sich fast eine Stunde über ihren Partner, ihre Kolleg:innen und ihren Chef beschwert hat, die ihr ständig zu viel abverlangen, sage ich: »Das hört sich alles so anstrengend an, dass ich an Ihrer Stelle gar keine Lust mehr hätte, so weiterzumachen. Was bräuchten Sie denn, um besser auf sich selbst achten zu können?«

Die Frage überrascht sie, weil sie den Fokus von dem Ärger auf alle anderen auf ihre Eigenverantwortung legt. Sie überlegt eine ganze Weile und findet keine Antwort.

»An welche Situation in der Vergangenheit erinnern Sie sich, in der es Ihnen gelungen ist, richtig gut auf sich zu achten?«, verändere ich meine Fragestellung.

»Als ich schwanger war«, sagt sie wie aus der Pistole geschossen. »Meine Schwangerschaft war die schönste Zeit meines Lebens. Ich habe sehr bewusst und sehr gesund gelebt, mir Ruhepausen gegönnt und insgesamt wirklich gut auf mich aufgepasst.« Sie macht eine kleine Pause. »Aber da hatte ich ja auch Verantwortung für ein kleines Wesen in mir.«

»Und heute?«, frage ich. »Für wen tragen Sie heute die Verantwortung?«

Sie streicht unbewusst über ihren Bauch. »Sie meinen, ich sollte mich genauso gut versorgen wie mein ungeborenes Kind.« Dann schaut sie mich ernst an: »Das wird schwer, das kann ich Ihnen jetzt schon sagen.«

Aber genau das ist letztlich das Ziel für uns alle: uns selbst gute Eltern zu sein; uns selbst so liebevoll und diszipliniert zu versorgen, wie wir unsere Kinder versorgen würden. Es geht darum, achtsamer für unsere eigenen Bedürfnisse und Grenzen zu werden, anstatt diese Aufgabe weiterhin anderen zu überlassen und anschließend wütend und enttäuscht zu sein, weil wir nicht das bekommen, was wir brauchen.

Die folgenden Monate arbeite ich mit Iris daran, mit sich selbst schwanger zu gehen: »In dieser speziellen Schwangerschaft tragen Sie kein Kind aus, sondern Sie lernen Tag für Tag, *sich selbst* eine gute Mutter zu sein.« Ich bitte sie, ein Tagebuch zu führen, in das sie jeden Abend aufschreibt, wie und wann sie sich gut versorgt hat. Es geht zunächst um kleine, umsetzbare Schritte, wie beispielsweise für gesunde, regelmäßige Mahlzeiten und genügend Schlaf zu sorgen.

»In der letzten Woche habe ich es viermal geschafft, vor Mitternacht ins Bett zu gehen, und bin morgens ausgeschlafen aufgewacht«, berichtet Iris stolz in der nächsten Sitzung. »Außerdem habe ich angefangen, vor dem Schlafengehen ein Buch zu lesen, in dem ich mich ein bisschen verlieren kann, das habe ich schon ewig nicht mehr gemacht.« Weil Iris die guten Auswirkungen ihrer Selbstfürsorge sofort spürt, fällt es ihr leichter, diszipliniert zu bleiben. Aber es gibt auch Angewohnheiten, die sie nicht so einfach ablegen kann. »Ich lade mir nach wie vor zu viel auf. Neinsagen fällt mir so wahnsinnig schwer«, gesteht sie. »Und dann kommt gleich wieder die Wut. Erst auf die anderen, die mich überfordern, und dann auf mich selbst, weil ich es schon wieder nicht geschafft habe, mich zu schützen.«

Der erste Schritt zur Veränderung ist, sie unbedingt zu wollen. Der zweite ist, zu erkennen, wo wir ihr selbst im Wege stehen. Aber es hilft nicht, uns zu martern, wenn die Veränderung nicht so schnell umsetzbar ist wie gewünscht. Also bitte ich Iris stattdessen, sich daran zu erinnern, ob es ihr seit ihrem Selbstfürsorge-Training gelungen ist, Nein zu sagen. Plötzlich fallen ihr gleich drei Momente aus den letzten Wochen ein.

»Wunderbar«, sage ich. »Und was würde eine gute Mutter jetzt machen?«

»Sich freuen. Und das Kind loben!«, sagt sie und klopft sich lächelnd auf die Schulter.

Tatsächlich sind die meisten von uns wie Iris recht geübt im Uns-selbst-Kritisieren. Uns selbst zu loben fällt uns hingegen schwerer. Stellen wir uns nun für einen Moment vor, wir hätten ein Kind, das gerade laufen lernt und immer wieder hinfällt. Würden wir es kritisieren? Natürlich nicht. Gute Eltern kritisieren ihr Kind nicht, wenn es scheitert. Ganz im Gegenteil: Sie trösten es. Außerdem richten sie ihren Fokus nicht auf die misslungenen Versuche ihres Kindes, sondern auf dessen Fortschritte. Gute Eltern feuern ihr Kind beim Gehenlernen an, sie loben es für jeden kleinen Schritt, so wackelig er auch sein mag. Und diese liebevolle Begleitung brauchen wir auch als Erwachsene noch von uns selbst, besonders wenn wir uns an schwierige oder gar schmerzhafte Lernprozesse machen.

»Warum fällt es mir bloß so schwer, freundlicher zu mir zu sein?«, fragt Iris, als ihr bewusst wird, wie lieblos und kritisch sie oft mit sich umgeht.

»Weil Sie es offensichtlich gerade erst lernen«, erkläre ich. Denn Menschen, denen es schwerfällt, achtsam und liebevoll mit sich umzugehen, hatten oft kritische und überfordernde Eltern, die unsensibel für die Bedürfnisse ihrer Kinder waren.

Sich selbst gute Eltern zu sein heißt in vielen Fällen, sich selbst besser zu versorgen, als die Eltern es einst konnten. Das ist zugegebenermaßen eine sehr schwierige Aufgabe – aber sie ist zu bewältigen, wenn wir uns an die ultimative Ablösungsphase wagen: Wenn wir beginnen, unsere grundlegenden Annahmen zu hinterfragen. Wenn wir uns von schädigenden Glaubenssätzen, die in der Kindheit entstanden sind, verabschieden und stattdessen neue positive Botschaften formulieren.

Glaubenssätze erkennen und verändern

Wir tragen unsere Eltern in uns, auch wenn wir schon längst erwachsen und ausgezogen sind, selbst wenn die Eltern bereits gestorben sind. Denn in uns spielt das elterliche Radioprogramm, das wir seit unserer Kindheit gehört haben. Es ist wie eine Art Hintergrundmusik, die uns unser ganzes Leben lang begleitet. Wenn wir Glück haben, ist es eine aufmunternde Melodie, die uns Mut macht und uns stärkt. Aber nicht selten ist das Radioprogramm anstrengend und kräftezehrend. Die Texte der Lieder sind streng und voller

Kritik: Es sind die altbekannten, auch nonverbalen Botschaften, die wir von unseren Eltern erhielten, während sie uns versorgten und erzogen und versuchten, uns im Sinne der familiären und gesellschaftlichen Traditionen aufs Leben vorzubereiten.

Im Grunde wird das elterliche Radioprogramm seit dem ersten Tag unseres Lebens in uns installiert – und zwar zunächst über die Art und Weise, wie unsere Eltern uns versorgen. Je feinfühliger die Eltern unsere Bedürfnisse erkennen und befriedigen, desto wohler und sicherer fühlen wir uns. Über die beruhigenden Stimmen der Eltern, ihre Wärme und ihren Trost entwickeln wir Selbstvertrauen und Vertrauen in die Umwelt. Gesunde Glaubenssätze entstehen: *Ich bin gut, die Welt ist gut, ich bin sicher.*

Die Kindheit und wie wir in unserer Entwicklung gefördert werden, ist entscheidend für die Zusammensetzung unseres »inneren Kabinetts«: gute, tröstende, selbstwertstützende, aber auch negative, kritische, verzweifelte und hoffnungslose Stimmen. Wenn die negativen Stimmen überhandnehmen, gerät unsere innere Balance in eine Schieflage: Wir fühlen uns klein, schlecht, minderwertig, wir trauen uns nichts mehr zu, wir verlieren die Hoffnung. Schlimmstenfalls entwickeln wir eine psychische Störung, wie beispielsweise eine Depression, oder eine Abhängigkeit, mit der wir unsere Gefühle zu betäuben versuchen.

Jeder Mensch kennt sowohl stärkende als auch schwächende innere Stimmen, aber bei psychisch stabilen Menschen überwiegen die positiven inneren Stimmen und Monologe, die aufbauen und Selbstvertrauen geben: *»Das wird schon wieder, beim nächsten Mal läuft es besser, das ist kein Weltuntergang, ich bin liebenswert, auch wenn mir nicht alles gelingt.«*

Was aber, wenn unsere Eltern uns in unserer Kindheit nicht optimal versorgen konnten? Wenn sie also unsere

Grundbedürfnisse nach Bindung und Autonomie, nach Lustbefriedigung und Anerkennung nicht lesen oder erfüllen konnten? Wenn sie uns vielleicht sogar vernachlässigt oder misshandelt haben? Dann haben wir es schwerer als andere, weil diese frühen Erfahrungen unsere Sicht auf uns selbst und unsere Umwelt prägen. Die Welt wird dann eher als ein unsicherer, vielleicht sogar als feindseliger Ort wahrgenommen. Wir lernen, dass unsere Hilferufe unbeantwortet bleiben oder dass wir für unsere Bedürfnisse bestraft werden. Wir fühlen uns ohnmächtig und mutterseelenallein und entwickeln starken psychischen Stress, der Folgen für unser gesamtes Leben haben kann: Denn ohne die Hilfe von erwachsenen Bezugspersonen bleibt die notwendige Regulation unserer Gefühle aus – was dazu führt, dass es uns schwerfällt, uns selbst zu beruhigen oder uns von anderen beruhigen zu lassen.[58] Auch als Erwachsene werden wir dann von unseren Gefühlen überwältigt und rutschen immer wieder in die tiefe Verzweiflung ab, die in unserer Kindheit vorherrschte.

Eltern haben also die wichtige Aufgabe, ihren Kindern beim Navigieren durch ihre Gefühlswelt zu helfen: sich in ihre Kinder einzufühlen und deren Gefühle für sie einzuordnen und zu benennen, sodass die Kinder lernen, sich selbst zu verstehen.

»Du bist traurig, weil Mama weg ist«, sagt der Vater zu seinem zweijährigen Sohn Ben, als dieser zu weinen beginnt, nachdem die Mutter das Haus verlassen hat. Sowohl mimisch (durch ein trauriges Gesicht) als auch verbal spiegelt er also die Gefühle des Kindes, ohne sie zu bewerten – und gibt seinem Sohn damit zu verstehen, dass es erlaubt ist, traurig zu sein. Dann nimmt er Ben auf den Arm und tröstet ihn: »Mama kommt bald wieder. Lass uns in der Zeit was Schönes spielen. Worauf hast du Lust?« Ben zeigt auf seine Bauklötze, und während des gemeinsamen Spiels beruhigt sich das Kind vollends. Als die Mutter zwei Stunden später wieder da ist, freut Ben sich über ihre Wiederkehr. Durch diese feinfühlige Spiegelung und die Einordnung der Gefühle hat der Vater seinem Sohn geholfen, sich selbst zu verstehen und sich zu beruhigen. Aufgrund vieler solcher Interaktionen entwickeln sich Glaubenssätze und innere Stimmen, die uns durch unser gesamtes Leben begleiten. Ben lernt, dass jedes seiner Gefühle erlaubt ist, dass andere Menschen für ihn da sind, dass er liebenswert ist und geliebt wird.

Aber nicht alle Eltern sind so einfühlsam wie Bens Vater. Antons Vater reagiert ganz anders in der gleichen Situation. »Hör auf zu weinen«, sagt er zu seinem zweijährigen Sohn und gibt ihm somit zu verstehen, dass Antons Gefühle unerwünscht sind. Als Anton sich nachvollziehbarerweise nicht beruhigt und noch heftiger weint, dreht der Vater den Fernseher lauter. Er ignoriert sein Kind, wofür es mehrere Gründe geben kann: Vielleicht hat er selbst in seiner Kindheit gelernt, dass er seine Gefühle unterdrücken muss, weil sie von den Eltern ignoriert oder bestraft wurden. Vielleicht überfordert ihn die Traurigkeit seines Sohnes, weil er nicht weiß, wie er ihn trösten kann. Vielleicht kämpft er gegen seine eigene Traurigkeit oder andere unangenehme Gefühle an, die ihn belasten, und schafft es deshalb nicht, sich seinem Sohn liebevoll zuzuwenden.

Es gibt viele Gründe, warum Eltern ihre Kinder nicht ausreichend feinfühlig begleiten können, und oftmals liegt die Ursache in ihrer eigenen Kindheit – weil sie selbst nie erfahren haben, wie es ist, ausreichend gespiegelt und getröstet zu werden.

Die mangelnde Spiegelung und Einordnung unserer Gefühle in der Kindheit führt dazu, dass wir uns selbst – und auch andere – nicht gut verstehen. Oftmals entwickeln wir dauerhaft Angst vor Gefühlen, weil wir keine Erfahrung damit haben, dass sie sich abschwächen, wenn wir uns ihnen zuwenden. Wenn unsere Eltern häufig unangemessen mit unseren Gefühlen umgegangen sind, lernen wir, sie zu bagatellisieren und zu verdrängen – oder wir stolpern aufgelöst von einem emotionalen Ausnahmezustand in den nächsten, weil wir völlig ungeübt darin sind, unsere Gefühle einzuordnen und uns zu beruhigen.

Wenn ein Kind von den Eltern emotional immer wieder alleingelassen wird, entstehen viele kleine Verletzungen,[59] weil das Kind dadurch die Botschaft erhält, dass es nicht wichtig ist oder falsch ist. Selbstwertzweifel – oder Selbstwertschädigungen und Bindungsängste können die Folge dieser frühen Verletzungen sein. Oftmals entstehen tiefe Überzeugungen wie »Ich bin nicht wichtig und nicht liebenswert« oder »Ich kann niemandem vertrauen, ich kann mich nur auf mich selbst verlassen«. Diese Glaubenssätze prägen dann unser weiteres Leben, sie steuern unsere Wahrnehmung und unser Verhalten – und zwar oft ohne dass es uns bewusst ist.

Erinnern wir uns an Iris, der es so schwerfällt, Grenzen zu setzen, und die die Bedürfnisse anderer Menschen oft über ihre eigenen stellt: »Ich schaffe es einfach nicht, Nein zu sagen!« Sie ist davon überzeugt, dass sie nur geschätzt und geliebt wird, wenn sie alles für andere macht.

»Wann, wo und von wem haben Sie gelernt, dass ein Nein von Ihnen gefährlich ist?«, frage ich sie, um mit ihr gemeinsam den Ursprung ihrer irrationalen Annahmen herauszufinden.

»Ein Nein war quasi undenkbar bei uns zu Hause«, sagt sie. »Wenn meine Eltern etwas von uns Kindern wollten, mussten wir das erledigen.« Rebellionen der Kinder wurden im Keim erstickt, die Mutter schrie, der Vater wandte sich ab. Iris lernte also schon früh, sich den Wünschen anderer anzupassen und nicht zu widersprechen, weil sie unter dem Zorn der Eltern und deren Liebesentzug litt. In ihrer Kindheit bildeten sich ihre Glaubenssätze aus, die es ihr bis heute schier unmöglich machen, gesunde Grenzen zu setzen: »Wenn du Nein sagst, machst du alles kaputt und wirst verlassen«, und: »Grenzen sind gefährlich. Nur wenn ich alles für andere mache, werde ich geliebt.«

Während Iris den ersten Satz deutlich ihren Eltern zuordnen kann, ist der zweite Satz wie die Lehre, die sie daraus gezogen hat, oder die kindliche Überlebensstrategie, die ihr vermeintlich ein wenig Kontrolle zurückgibt.

Was Iris erlebte, gilt für uns alle. Unsere Eltern prägen uns nachhaltig, denn ihre Botschaften dringen tief in uns ein, bis wir irgendwann kaum noch unterscheiden können, ob es elterliche Stimmen oder die eigenen sind, die wir hören. Aus diesem Grund bleibt auch der Wahrheitsgehalt unserer Glaubenssätze oft unhinterfragt. Mehr noch: Negative Glaubenssätze sind gewissermaßen unsere ganz persönlichen »alternativen Fakten«. Wir erstellen mitunter vollkommen verrückte »Wenn-dann«-Konstruktionen (»Wenn ich Grenzen setze, dann bin ich nicht liebenswert und werde verlassen« oder »Wenn ich funktioniere und viel leiste, dann werde ich geliebt«), die uns korrekt und wahr erscheinen, weil sie uns vertraut sind und wir schon lange mit ihnen leben. Und so folgen wir auch im Erwachsenenalter noch unlogischen und fehlerhaften Annahmen, die einmal Teil einer kindlichen Überlebensstrategie waren – heute allerdings längst keinen Sinn mehr machen, ungesund oder gar gefährlich für uns geworden sind. So wie Iris, die bis heute über ihre Grenzen geht, weil sie dieses Verhalten als Kind lernte, um die Beziehung zu ihren Eltern nicht zu gefährden.

Wie können wir diesen Kreislauf durchbrechen? Wie können wir ein altes, negatives und fehlerhaftes Radioprogramm ändern und ungesunde Prägungen hinter uns lassen?

Mit konsequenter Übung ist es möglich, sich von alten, destruktiven Glaubenssätzen zu befreien: indem wir sie zunächst als solche identifizieren, sie auf ihren Wahrheits- oder Realitätsgehalt überprüfen, ihre Schädlichkeit bilanzieren und sie anschließend durch positive Glaubenssätze ersetzen. All diese Schritte sind wichtig, denn zur gesunden Ablösung gehört, die von den Eltern verinnerlichten Stimmen zu erkennen und sie gegebenenfalls zu verändern.

Übung Glaubenssätze

Negative Glaubenssätze erkennen

Schreiben Sie negative Glaubenssätze auf, die Ihre Stimmung drücken, Sie entmutigen, kraftlos und klein machen oder einengen: Haben Sie vielleicht das Gefühl, dass Sie nicht gut genug sind? Dass Sie nicht wichtig oder nicht liebenswert sind? Dass Sie perfekt sein müssen? Dass Sie keine Grenzen setzen dürfen?

Glaubenssätze ihren Urheber:innen zuordnen

Ordnen Sie die Sätze nun den Personen zu, die sie gesagt haben (könnten). Viele unserer Glaubenssätze sind das Echo unserer Bezugspersonen. Nicht alle destruktiven Glaubenssätze, denen wir folgen, wurden in unserer Kindheit genau so von unseren Eltern ausgesprochen. Oftmals basieren sie auch auf unausgesprochenen elterlichen Erwartungen, an die wir uns bis heute unbewusst halten, obwohl sie uns nicht entsprechen oder uns nicht guttun.

Um uns weiterentwickeln zu können, ist es wichtig, die von den Eltern verinnerlichten Stimmen als Fremdkörper zu identifizieren, die nicht zu unserem wahren Selbst gehören.

Wenn wir feststellen, dass ein bestimmter Satz wie beispielsweise »Ich darf keine Grenzen setzen« eigentlich eine Botschaft unserer Mutter war, die nicht damit umgehen konnte, dass wir unabhängiger wurden, können wir ihn umformulieren: »Meine Mutter fand, dass ich keine Grenzen setzen sollte.« Aus einem bisher unbewussten und einflussreichen Glaubenssatz ist nun eine Aussage über unsere Mutter geworden, von der wir uns distanzieren können.

Realitäts-Check:

Unterziehen Sie jeden Glaubenssatz einem umfassenden Realitäts-Check, zum Beispiel: »Ich muss perfekt sein.«

Realitäts-Check: »Niemand ist perfekt. Es ist unmöglich, perfekt zu sein.«

Oder: »Ich darf keine Grenzen setzen.«

Realitäts-Check: »Grenzen sind wichtig und gesund. Wer keine Grenzen setzt, gibt sich selbst auf. Ohne Grenzen sind wir schutzlos. Jeder Mensch und jede Beziehung braucht Grenzen.«

Durch diese ganz bewusste Auseinandersetzung werden Sie mit etwas Abstand unweigerlich erkennen, wie unsinnig und unhaltbar negative Glaubenssätze sind.

Auswirkungen:

Schreiben Sie nun hinter jeden Glaubenssatz, welche Auswirkungen er auf Ihr Leben hat: Beeinträchtigt er Ihr Selbstwertgefühl? Nimmt er Ihnen Mut oder Hoffnung? Hält er Sie davon ab, auf andere zuzugehen oder gar eine Beziehung einzugehen? Hindert er Sie daran, Vertrauen zu entwickeln oder Ihre Träume zu verfolgen? Kostet ein Glaubenssatz Sie Spontaneität oder sogar Lebensfreude?

Dieser erste sachliche Realitäts-Check und die Bestandsaufnahme der negativen Auswirkungen sind wichtig, um den nächsten emotionalen Schritt vorzubereiten. Denn weil diese fehlerhaften Glaubenssätze uns schon seit unserer Kindheit unbewusst begleiten, reicht die bloße Erkenntnis schädlicher Glaubenssätze meist nicht aus, um sie dauerhaft zu entkräften. Wir brauchen zusätzlich noch ein spezielles, gut wirksames Gegenmittel, um unsere inneren Sätze und Monologe zu verändern: *neue* Glaubenssätze.

Glaubenssätze verändern

Finden Sie für jeden negativen Glaubenssatz eine entsprechende positive Umkehrung: Aus »Ich bin nicht gut genug« wird beispielsweise »Ich bin okay, so wie ich bin« oder »Ich darf Fehler machen und bin trotzdem liebenswert«. Aus »Ich darf nicht Nein sagen, weil ich andere sonst enttäusche« wird »Ich darf mich abgrenzen und gesunde, ausgewogene Beziehungen führen, in denen man mich und meine Grenzen respektiert«.

Falls Sie ein wenig Widerstand spüren oder dem neuen Glaubenssatz nicht ohne Weiteres glauben können, finden Sie konkrete Situationen, in denen er stimmt, wie beispielsweise »Ich bin für meine Freunde okay, so wie ich bin« oder »Ich darf Fehler machen und bin trotzdem für meine Kinder liebenswert«.

Sprechen Sie den neuen, positiven Satz ein paarmal leise oder laut aus, und spüren Sie, wie er Sie stärkt und Ihre Stimmung hebt. Achten Sie auch darauf, wie Ihr Körper auf den neuen Satz reagiert – vielleicht entspannen sich Ihre Schultern, vielleicht spüren Sie von Ihrem Bauch ausgehend eine Wärme, vielleicht können Sie freier und tiefer atmen, vielleicht sitzen oder stehen

Sie aufrechter, vielleicht löst sich irgendwo in Ihrem Körper eine Anspannung.

Nehmen Sie sich die Zeit, und machen Sie sich ganz bewusst die Mühe, Ihr altes inneres Skript zu überschreiben. Jeder schädigende Glaubenssatz sollte unter die Lupe genommen werden, denn unsere Überzeugungen prägen unsere Wahrnehmungen, unsere Gefühle und unser Verhalten. Je länger wir mit einem Glaubenssatz unhinterfragt gelebt haben, desto herausfordernder kann die Veränderung werden, aber: Alles, was wir gelernt haben, lässt sich auch wieder verlernen. Und zwar durch konsequentes und regelmäßiges Üben.

Am besten, Sie beginnen mit einem ungünstigen Glaubenssatz, der Sie jetzt gerade in Ihrem Leben besonders behindert. Nehmen Sie sich jeden Morgen und jeden Abend ein, zwei Minuten Zeit, sich auf Ihren neuen Glaubenssatz zu konzentrieren. Sie können die Verankerung Ihrer neuen Glaubenssätze unterstützen, indem Sie eine für Sie angenehme Körperhaltung einnehmen, tief ein- und ausatmen und den Satz wie ein Mantra wiederholen. Die Arbeit an unseren Glaubenssätzen durchdringt unser gesamtes Leben, sie führt zu mehr Achtsamkeit, zu bewussteren Gedanken, Gefühlen und Handlungen, zu einem besseren Selbstwertgefühl und zu positiven Wechselwirkungen in unseren Beziehungen.

Jede Glaubenssatz-Umkehrung ist ein Schritt in die richtige Richtung. Jedes Mal, wenn Sie Ihre neuen, gesunden Glaubenssätze üben, korrigieren Sie eine alte, schmerzhafte und entmutigende Erfahrung – und sind sich selbst die liebevolle, unterstützende Elternfigur, die Sie schon immer gebraucht hätten.

Den eigenen Selbstwerttopf füllen

Die Arbeit an den Glaubenssätzen berührt oft unser Selbstwertgefühl – denn die negative Ur-Überzeugung vieler Glaubenssätze ist: »Ich bin nicht liebenswert.« Um die eigene Wertlosigkeit nicht zu spüren, betäuben wir uns entweder mit Arbeit, Konsum oder Suchtmitteln, oder wir verhalten uns möglichst gefällig, um Anerkennung oder Wertschätzung von außen zu erhalten. Menschen mit geringem Selbstwertgefühl empfinden ihr Leben häufig als sehr anstrengend – sie müssen ständig etwas leisten und haben gleichzeitig oft Angst, übersehen zu werden.

Unser Selbstwertgefühl entsteht in unserer Kindheit im Zusammenleben mit unseren Eltern: Wenn Eltern ihr Kind annehmen und lieben, wie es ist, lernt das Kind, sich selbst auch anzunehmen und zu lieben.

Heißt das, dass diejenigen unter uns, die von ihren Eltern nicht ausreichend Wertschätzung erhalten haben, heute nichts mehr tun können für ihr Selbstwertgefühl? Keinesfalls. Der eigene Selbstwert lässt sich glücklicherweise auch im Erwachsenenleben noch erhöhen. Die Familientherapeutin Virginia Satir prägte das Bild eines »Selbstwerttopfes«, den jeder Mensch in seinem Inneren hat. Bei manchen Menschen ist der Topf randvoll gefüllt, bei anderen bedeckt der Selbstwert gerade mal den Boden und sollte dringend aufgefüllt werden.

Wie geht das? Wie lässt sich unser Selbstwerttopf füllen?

Indem wir zunächst unsere Selbstgespräche beobachten und sie dann peu à peu verändern. Viele Menschen sind geschockt, wenn sie anfangen, auf ihre Selbstgespräche zu achten. »Du dicke Kuh, hör auf, den ganzen Tag zu fressen«, zitiert Iris mir am Beginn unserer Sitzungen eines ihrer typischen inneren Zwiegespräche. »Das hast du jetzt davon, so undiszipliniert und faul, wie du bist«, beschimpfte sie sich in Gedanken morgens, wenn sie auf die Waage stieg. Ein gemeiner Umgang mit uns selbst ist leider nicht ungewöhnlich. Wohl jeder Mensch hat einen inneren Kritiker: eine negative innere Stimme, die auf Fehlersuche ist und kein gutes Haar an uns lässt. Manche können ihren inneren Kritiker ganz leicht einem Elternteil zuordnen, bei anderen hat der innere Kritiker sich verselbstständigt und ist so scharf und unerbittlich geworden, dass die einstigen Botschaften der Eltern regelrecht harmlos anmuten.

So überzeugend sich die inneren Kritiker mitunter anhören mögen – sie sind nicht vernünftig, sondern vernichtend. Und so brauchen sie ein Gegengewicht, eine positive, selbstwertstärkende Stimme, die ihnen widerspricht. Eine Stimme in unserem Inneren, die liebevoll und wertschätzend mit uns umgeht, die uns lobt und bei Bedarf tröstet, so wie gute Eltern es tun würden.

Der US-amerikanische Psychologe John Gottman[60] fand heraus, dass das Wohlbefinden in Partnerschaften von guter Kommunikation abhängt, und stellte demzufolge die 5:1-Regel auf: Auf eine negative Interaktion sollten fünf positive Interaktionen folgen, das heißt, eine Kritik sollte durch fünfmal so viel Lob, Anerkennung, Aufmerksamkeit und Zärtlichkeit ausgeglichen werden. Was in Partnerschaften gerade noch gelingen mag, läuft im Umgang mit uns selbst leider oft schief, und je mehr negative Interaktionen im Inneren stattfinden, desto schlechter wird unser Selbstwertgefühl.

Um nun liebevoller und wertschätzender mit sich selbst umzugehen, könnten Sie sich beispielsweise folgende Fragen beantworten:

Was mag ich an mir?
Was mögen andere an mir?
Was ist mir heute gut gelungen?
Wofür bin ich zuletzt gelobt worden?

Wie oft lobe ich mich selbst im Laufe eines Tages?
Welche Herausforderungen habe ich in meinem Leben bisher bewältigt, und wie ist mir dies gelungen?

Was kann ich gut?

Was kann ich vielleicht sogar besser als andere?

Welche meiner Eigenschaften würde ich mir bei meinen Mitmenschen wünschen?

Was macht mich zu einem guten Menschen?

Worauf kann ich in meinem Leben stolz sein?

Welche selbst gesetzten Ziele habe ich in meinem Leben erreicht, und wie ist mir dies gelungen?

Diese vermeintlich leichten Fragen bereiten manchen Menschen Kopfzerbrechen. Und statt Freude oder Stolz über ihre guten Eigenschaften und Fähigkeiten empfinden sie eher Scham, als wäre es unrecht, sich selbst zu loben oder sich gut zu behandeln. Für Kinder, die von den Eltern vernachlässigt und entwertet wurden, fühlt es sich oft fremd und somit erst einmal unangenehm an, die eigenen Stärken zu erkennen und zu benennen. Aber gerade wenn die Eltern unseren Selbstwerttopf nicht gefüllt haben, müssen wir irgendwann anfangen, es selbst zu tun.

Wir sollten uns selbst täglich Komplimente machen, uns jeden Abend daran erinnern, was uns heute gut gelungen ist, uns immer wieder wertschätzend und aufmunternd ansprechen. Und dann passiert mit der Zeit etwas Wunderbares: Wer nämlich den eigenen Selbstwerttopf regelmäßig füllt, der wird unabhängiger von äußerer Anerkennung.

Bitte verstehen Sie mich nicht falsch: Kein Mensch ist eine Insel, wir alle brauchen andere Menschen, wir brauchen soziale Interaktionen und Anerkennung, aber je wertschätzender unser *eigener* Umgang mit uns selbst ist, desto besser können wir auch Wertschätzung von anderen annehmen. Unser Selbstwerttopf füllt sich also von innen und von außen, und je aufnahmefähiger wir für positive Botschaften werden, desto stärker wächst unser Selbstwert.

Wenn wir liebevoll(er) mit uns umgehen, entwickeln wir automatisch ein neues, gesünderes Selbstbild: Wir sind gut genug, wir sind liebenswert, wir dürfen Fehler machen. Wir nehmen uns an, wie wir sind. Wir schätzen uns und achten unsere Fähigkeiten, unsere Verletzlichkeit und unsere Grenzen.

Anders gesagt: Wir fangen an, uns selbst zu lieben, wie eine gute Mutter und ein guter Vater.

Sich selbst beeltern – die inneren Kinder erkennen und versorgen

»Ich möchte meinen Kindern eine gute Mutter/ein guter Vater sein und sie nicht mit meinen Lebensthemen belasten« – diese Aussage höre ich oft auf meine Frage, warum eine Psychotherapie begonnen wird. Aber um unseren Kindern gute Eltern zu sein, sie zu verstehen, uns in sie einzufühlen und ihnen zu helfen, ein gesundes Selbstwertgefühl zu entwickeln, müssen wir erst einmal uns *selbst* gute Eltern sein.

Neben Selbstfürsorge, der Veränderung unserer Glaubenssätze und dem Füllen des inneren Selbstwerttopfes ist die Fähigkeit zur Selbstberuhigung ein weiterer wichtiger Schritt beim Sich-selbst-Beeltern.

Wenn ich von Selbstberuhigung spreche, meine ich hier eine ganz spezielle Form der Beruhigung. Es geht darum, unsere kindlichen Anteile zu versorgen, die manchmal Besitz von uns ergreifen oder die sogar recht dauerhaft unsere Gefühle und Handlungen bestimmen: Da wären die pseudoautonomen, grandiosen inneren Kinder, die sich einbilden, alles alleine zu können; die überloyalen inneren Kinder, die voller Schuldgefühl an die Eltern gebunden sind; die rebellischen inneren Kinder, die im Trotzalter oder in jugendlichem Widerstand stecken geblieben sind; die unterdrückten oder überverwöhnten inneren Kinder, die gelernt haben, hilflos statt selbstwirksam zu sein; die parentifizierten, überforderten inneren Kinder, die verantwortlich für die Eltern waren; die ungeliebten inneren Kinder, die keinen Selbstwert spüren; die ängstlichen inneren Kinder, die alleingelassen und vernachlässigt wurden, und die emotional verpanzerten, scheinbar gefühllosen inneren Kinder, die frühe Bindungstraumata erlebt haben.

Jeder Mensch hat unversorgte, verletzte Anteile in sich schlummern. Und je besser wir diese erkennen und beruhigen, desto leichter wird unser ganzes Leben.[61]

Der 42-jährige Karsten hat vor ein paar Wochen erfahren, dass seine Freundin schwanger ist, und seitdem quälen ihn starke Ängste. »Ich traue mir das einfach nicht zu, ein Kind zu haben«, sagt er verzweifelt in unserer Sitzung. »Ich habe Angst, alles falsch zu machen.« Obwohl er seine Freundin liebt, überkommen ihn plötzlich Fluchtimpulse und Trennungsgedanken. Er kann nicht mehr schlafen, fühlt sich erschöpft und nervös und steigert sich immer weiter in Versagensängste hinein.

»Welcher Anteil von Ihnen hat eigentlich solche Angst, ein Kind zu bekommen?«, frage ich ihn, um die Möglichkeit von Ambivalenzen und verschiedenen inneren Anteilen aufzuzeigen.

»Der Teil, der keine Idee hat, wie ein guter Vater ist«, sagt Karsten nach längerem Überlegen.

»Erzählen Sie mir ein bisschen von Ihrem eigenen Vater«, bitte ich ihn. Karstens Gesichtsausdruck verhärtet sich, als er von seinem Vater berichtet: Wie grob der Vater mit ihm umging, wie gemein er werden konnte, wie kalt die Beziehung zwischen ihnen war und ist. »Mein Vater hat mich oft beschämt«, erinnert er sich. Bei einem Ausflug in seiner

Kindheit beispielsweise setzte der Vater ihn gegen seinen Willen auf ein Pony, woraufhin er sich aus Angst einnässte. »Erst lachte er über mich, dann schimpfte er mit mir, und bis heute wird diese Geschichte noch gern in großen Runden erzählt, wie ich als Achtjähriger noch in die Hose gemacht habe.«

»Was hätte der achtjährige Karsten gebraucht?«, frage ich Karsten und leite mit dieser Frage eine Szene der Nachbeelterung ein. Ich bitte Karsten, sich die damalige Situation mit geschlossenen Augen noch einmal ganz genau vorzustellen, als ob sie jetzt gerade passierte.

»Der Achtjährige sieht total ängstlich aus«, sagt Karsten. »Er macht sich kleiner, als er ist. Er zittert. Er weint. Er möchte strampeln, als der Vater ihn hochhebt, aber er ist wie gelähmt vor Angst«, sagt Karsten.

Ich wiederhole Karstens Beobachtungen Wort für Wort, es gibt nun bereits zwei mitfühlende Zeug:innen, die bereit sind, den kleinen Karsten und dessen Gefühle wahrzunehmen. Karsten hört mir zu und nickt. »Er fühlt sich total ohnmächtig auf dem Pferd, und gleich wird er in die Hose pinkeln, er wird sich schämen und schuldig fühlen.«

Ich frage Karsten erneut, was der Achtjährige brauchen würde, um sich wieder sicher und wohl zu fühlen.

»Er bräuchte Hilfe von einem Erwachsenen«, sagt Karsten.

»Dieser hilfreiche Erwachsene sind nun Sie. Sie haben nun die Chance, dem kleinen Karsten zu helfen, indem Sie sich in ihn einfühlen, ihn beruhigen und trösten.«

Karsten nickt. Seine Augen sind geschlossen, als er seine Hände ausstreckt. »Als Erstes hebe ich ihn vom Pferd. Dann beruhige ich ihn auf meinem Arm.« Karstens Atem wird ruhiger und tiefer, seine Gesichtszüge, die bis eben angespannt waren, lösen sich. »Jetzt ist es besser«, sagt er.

»Wie geht es dem Kleinen?«, frage ich.

»Er weint noch ein bisschen. Aber er entspannt sich langsam, er ist erleichtert, nicht mehr auf dem Pferd zu sitzen.«

Ich bitte Karsten, abzuwarten und den Achtjährigen weiter auf seinem Arm zu behalten, bis dieser sich vollends beruhigt hat. Karsten lehnt sich mit geschlossenen Augen auf seinem Sessel zurück. Nach einer Weile sagt er: »Der Kleine steht jetzt neben mir. Er hält meine Hand. Er möchte sich das Pony noch einmal ansehen. Er hat jetzt keine Angst mehr, er ist eher neugierig.«

Karsten beschreibt das heilsame Resultat seiner Nachbeelterung: Das Kind in ihm ist ruhig geworden. Es hat seine Angst bewältigt. Es ist von dem erwachsenen Karsten so gut versorgt worden, dass es sich wieder sicher fühlt und neugierig auf seine Umgebung wird. Diese Veränderung wirkt sich auch positiv auf den 42-jährigen Karsten aus, denn jede Beruhigung unserer kindlichen Anteile strahlt automatisch auf unser gesamtes Wohlbefinden aus.

»Wie fühlen Sie sich jetzt?«, frage ich Karsten, als er seine Augen wieder öffnet.

»Erschöpft. Ruhig. Friedlich«, antwortet er.

»Sie haben Ihren Achtjährigen beruhigt, getröstet und ihm wieder Selbstvertrauen geschenkt«, fasse ich zusammen und füge nach einer kleinen Pause hinzu: »Genau so verhält sich ein guter Vater.« Ein wertvolles Samenkorn ist gesetzt – Karsten hat die Erfahrung gemacht, dass er die Fähigkeit hat, sich selbst liebevoll zu versorgen – was eine der Voraussetzungen dafür ist, seinem Kind ein guter Elternteil zu werden.

Wer diese Form der Selbstberuhigung praktiziert, macht korrigierende und heilsame Erfahrungen, die die Kraft haben, alte traumatische Erfahrungen zu überschreiben. Jedes nachträglich versorgte innere Kind sorgt für eine stabilere psychische Basis. Anders gesagt: Je besser wir unsere inneren Kinder beruhigen, desto ruhiger wird unser gesamtes

Ich. Jede Begegnung mit den inneren Kindern, in denen unsere reifen Anteile liebevolle Elternfunktionen übernehmen, sorgt dafür, dass wir die schmerzhafte Vergangenheit ein Stück hinter uns lassen und wir uns weiterentwickeln können.

Wenn auch Sie lernen möchten, Ihre inneren Kinder zu versorgen, hilft es, auf die Momente zu achten, in denen Sie auf kindlichere Stufen hinabrutschen. Wir alle kennen Momente, in denen wir regelrecht davongetragen werden von unseren Gefühlen – uns packt die blinde Wut oder die schiere Verzweiflung, eine tiefe Hoffnungslosigkeit oder Trauer. Kurze oder geraume Zeit später kommen wir wieder zu uns und blicken verwundert, bestürzt oder geschockt auf unsere starken Gefühle und Reaktionen zurück. Wer zurück in die Kindheit getriggert wird, wird wie von einer Welle erfasst, es geht blitzschnell, wir verlieren den Boden, die Orientierung, wir werden geflutet von Emotionen und handeln rein instinktiv – und leider oftmals ziemlich destruktiv. Denn unsere inneren Kinder haben keinen erwachsenen Überblick, sie werden auf ihre frühen Erfahrungen mit den Eltern zurückgeworfen und auf ihre kindlichen Überlebensstrategien, die heute oftmals nicht mehr passend sind. Um aus diesem emotionalen Strudel wieder auftauchen zu können, ist es notwendig, dass unsere erwachsenen, reifen Anteile unseren inneren Kindern bewusster als je zuvor begegnen.

Viele Klient:innen, die ich beim Nachbeeltern ihrer kindlichen Anteile begleite, stellen fest, dass ihre inneren Kinder sich sehr lange Zeit sehr allein gefühlt haben und dass es eine Weile braucht, bis sie Vertrauen fassen und die erwachsenen Anteile an sich heranlassen. Es bedarf also manchmal ein wenig Geduld.

Machen Sie sich ganz in Ruhe mit Ihren inneren Kindern

vertraut. Es mag sein, dass Ihnen an einem Tag ein hilfloser, verzweifelt schreiender Säugling begegnet, an einem anderen Tag ein trotziger Dreijähriger oder eine sich in ihrer Autonomie unterdrückt fühlende 17-Jährige. Jedes Ihrer inneren Kinder hat Sehnsüchte und Bedürfnisse, und es ist an Ihnen, diese herauszufinden und sich Ihren kindlichen Anteilen anzunähern.

Wenn möglich, nehmen Sie auf verschiedensten Ebenen Kontakt auf: Schauen Sie Ihr inneres Kind an, fühlen Sie sich in es ein, bieten Sie ihm an, seine Hand zu halten oder es auf Ihren Schoß zu nehmen. Vielleicht möchte Ihr inneres Kind, dass Sie ihm übers Haar streichen, vielleicht will es einfach nur ruhig neben Ihnen sitzen, jedes Bedürfnis ist okay, es gibt hier kein Falsch und kein Richtig.

Vielleicht können Sie spüren, wie durch die Verbindung zu Ihrem inneren Kind Ihr Herzschlag und Ihre Atmung ruhiger werden, wie sich ein Gefühl der inneren Ruhe und des Friedens oder des Trosts in Ihnen ausbreitet. Vielleicht spüren Sie auch die Wärme Ihres inneren Kindes, wenn Sie es auf den Arm nehmen – und Sie können sicher sein, dass es auch Ihre Wärme spürt.

Sprechen Sie es an, beruhigen und trösten Sie es, erzählen Sie ihm all das, was dieses Kind Ihrer Meinung nach an unterstützenden Botschaften hören sollte.

Bleiben Sie so lange bei Ihrem inneren Kind, bis Sie spüren, dass es gut versorgt ist. Anschließend versprechen Sie ihm, es von nun an regelmäßig aufzusuchen, um sich zu vergewissern, dass es ihm gut geht.

Es kann sein, dass Ihr inneres Kind schon sehnsüchtig auf Sie wartet. Es ist genauso gut möglich, dass Ihnen die Kontaktaufnahme zu Ihren kindlichen Anteilen nicht auf Anhieb gelingt. Dass Ihr inneres Kind verängstigt ist und sich nicht so schnell von Ihnen beruhigen lässt. Oder Sie selbst fühlen sich bei der Idee, Ihrem inneren Kind zu begegnen und es zu versorgen, überfordert. Klient:innen, die sich noch nicht zutrauen, sich selbst nachbeeltern zu können, schlage ich vor, dass sie sich eine Person, ein Tier oder irgendeine Figur vorstellen, die gemeinsam mit ihnen ihr inneres Kind aufsucht.

»Ich hätte gerne Professor Dumbledore aus *Harry Potter* dabei«, sagt die 24-jährige Maja, die bei einer schwer traumatisierten alleinerziehenden Mutter aufwuchs und bis heute unter Schuldgefühlen leidet, weil sie ihre kranke Mutter nicht retten konnte.

Aber kein Kind der Welt kann seine traumatisierte Mutter retten. Und nicht selten erfahren Kinder von traumatisierten Eltern selbst ein Bindungs-Trauma, denn sie machen die Erfahrung, dass sie in der Bindung zu ihren Eltern nicht sicher sind. In solchen Fällen kann der erste Widerstand dagegen, sich selbst zu bemuttern oder zu bevatern, sogar ein gutes Zeichen sein: Denn Maja spürt, dass sie mehr Unterstützung braucht, eine Erkenntnis, die sie als Kind unbedingt hätte abwehren müssen, weil der Schmerz über die Realität des Alleinseins sonst nicht erträglich gewesen wäre.

»Was hat Professor Dumbledore für Fähigkeiten, die Sie und Ihr inneres Kind gut brauchen können?«, frage ich Maja.

»Er ist weise und gütig, außerdem kann er zaubern.« Maja lächelt. »Ich habe ihn mir früher oft als Vater gewünscht, als jemanden, der mich beschützt und meiner Mutter hilft. Außerdem hatte er selbst eine schwere Kindheit, er kann sich also hoffentlich gut in mich einfühlen.«

Dumbledore scheint mir perfekt ausgewählt für die Begegnung mit ihren verletzten kindlichen Anteilen: Sie vertraut ihm, und er ist stärker und weiser als sie, sie kann sich also an ihn anlehnen, etwas, wonach sich die kleine Maja immer gesehnt hatte.

In meinen Praxisraum erscheinen regelmäßig Märchenfiguren, wilde Tiere und Haustiere, verstorbene Verwandte,

Roman- und Filmfiguren – jede Vision ein kreativer Akt von Menschen, die bereit sind, ihren kindlichen Anteilen zu begegnen. Und dann geschieht das, worauf die inneren Kinder schon lange gewartet haben: Sie werden gesehen. Sie werden gehört. Sie werden angenommen mit allen ihren Gefühlen. Sie dürfen klein und schwach sein, wütend und ohnmächtig, hilflos und unsicher, abweisend und fordernd. Sie erhalten das, wonach sie sich immer gesehnt haben – sie werden erkannt und in ihren Bedürfnissen gespiegelt und beantwortet.

Seien Sie geduldig, und schätzen Sie jeden kleinen Schritt. Wenn Sie das Gefühl haben, dass diese Übung Sie überfordert, suchen Sie sich therapeutische Unterstützung. Für viele Menschen ist die Begegnung mit dem inneren Kind in einem geschützten therapeutischen Rahmen mit professioneller, wertschätzender Begleitung leichter möglich als allein. Tatsächlich wird diese Art von emotionaler Selbstversorgung üblicherweise im Rahmen einer Psychotherapie gelernt, und oft deutet ihr Gelingen die Endphase einer Therapie an. Ohnehin ist die Versorgung der inneren Kinder kein einmaliger Akt, sondern eine Reihe von Begegnungen, bis ein andauernder Kontakt zu ihnen hergestellt ist und sie darauf vertrauen, dass sie sich auf uns verlassen können.

Jedes Mal, wenn wir bewusst Kontakt mit unserem inneren Kind aufnehmen, üben wir, uns selbst zu beruhigen. Und diese Selbstberuhigung ist eine wichtige Fähigkeit auf dem Weg der Ablösung, denn sie stärkt unsere Selbstwirksamkeit und unsere Bindungsfähigkeit. Sie macht uns emotional unabhängiger und verhindert viele Enttäuschungen und Konflikte in Bezug auf unsere Eltern und alle anderen Beziehungen – denn wir suchen nicht weiterhin verzweifelt nach Retter:innen, sondern lernen, uns selbst bestmöglich zu versorgen.

Lucy Barton, die Protagonistin von Elizabeth Strouts Romanen *Die Unvollkommenheit der Liebe* und *Oh William*, beschreibt diesen inneren Heilungs- und Entwicklungsprozess sehr gut: »Mom!, rief ich der Mutter zu, die ich mir über die Jahre hinweg ausgedacht habe, Mommy, es tut so weh! Und die Mutter, die ich mir über die Jahre hinweg ausgedacht habe, sagte: Ich weiß, Herzchen, ich weiß.«[62] Im Gegensatz zu ihrer realen, kühlen und mitunter gewalttätigen Mutter ist die Mutter, die Lucy sich in ihrem Inneren erschaffen hat, verständnis- und liebevoll. Diese gute mütterliche oder väterliche Stimme in uns zu finden – das ist unser aller Aufgabe.

Leider können wir durch keine Anstrengung der Welt unsere Vergangenheit ändern. Es ist nicht möglich, aus einer unglücklichen Kindheit eine glückliche zu machen. Aber heute, heute können wir eine ganze Menge dazu beitragen, ein gutes Leben zu führen. Wir können beginnen, uns selbst besser zu versorgen und uns selbst die Eltern zu werden, die wir immer gebraucht hätten. Wir können fürsorglich mit uns umgehen und auch die unbeliebten, die abgespaltenen oder verletzten Anteile und Gefühle wahrnehmen und integrieren. Wenn uns dies gelingt, helfen wir unserem inneren Kind dabei, wichtige, bisher blockierte Entwicklungsstufen endlich zu bewältigen. Und nach jeder überwundenen Entwicklungsstufe wird unser Leben etwas leichter, denn wir werden reifer, unsere Haltung wie auch unsere Kommunikation wird klarer, innere und äußere Konflikte werden lösbar. Jede nachträgliche Selbst-Bemutterung oder Selbst-Bevaterung führt zu innerer Ruhe und Frieden. Und dann wird Schritt für Schritt wahr, was C.G. Jung einst feststellte: »Ich bin nicht, was mir widerfahren ist. Ich bin, was ich zu werden beschlossen habe.«

Eigenverantwortung – der Schlüssel zum Erwachsenwerden

»Don't grow up. It's a trap.« – »Werde nicht erwachsen. Es ist eine Falle.« Erwachsen zu werden geht nicht selten mit unattraktiven Assoziationen einher, die einem das Lachen durchaus vergehen lassen können. Erwachsen zu werden, so wird uns oft gedroht, bedeute, den Ernst des Lebens zu spüren, sich nicht mehr die Rosinen rauspicken zu dürfen und festzustellen, dass das Leben kein Ponyhof ist. Bedeutet erwachsen werden tatsächlich vor allem, die Zähne zusammenbeißen, funktionieren und sich zusammenreißen zu müssen?

Die erleichternde Antwort: Es kommt darauf an, wie wir selbst *erwachsen sein* definieren.

Erwachsen sein heißt nämlich, entscheiden zu können, was erwachsen sein bedeutet.

Mit unserer Volljährigkeit werden wir geschäftsfähig – und mehr Rechte gehen mit mehr Freiheiten einher, aber auch mit mehr Verantwortung. Es liegt nun allein an uns, wie wir unser Leben gestalten: Ob wir Chancen ergreifen oder in unser Unglück rennen, ob wir uns erlauben, andere um Hilfe zu bitten, oder verbissen alleine kämpfen, ob wir liebevoll für uns und andere sorgen oder uns in Machtkämpfe verstricken, ob wir gute oder falsche Prioritäten setzen – wir sind die Urheber:innen unseres Lebensglücks und unseres Leidens.

Ist das nicht zu kurz gedacht – spielen die Gene und die frühen Prägungen nicht eine große Rolle in unserem Leben? Sind uns nicht einige Probleme bereits in die Wiege gelegt und durch Kindheitserfahrungen verfestigt worden? Durchaus, denn unsere Eltern beeinflussen nicht nur unsere genetische Grundausstattung, sondern auch, welche Einstellungen und Verhaltensmuster wir erlernen. Um ein konkretes

Beispiel zu nennen: Für Suchterkrankungen* gibt es eine genetische Disposition,[63] und wer dazu noch mit Eltern aufwächst, die Suchtverhalten vorleben, hat ein erhöhtes Risiko, selbst abhängig zu werden. Aber die Verantwortung dafür, dass wir heute trinken oder Drogen nehmen, liegt allein bei uns. Unsere Eltern, unsere Gene und unsere Kindheitserfahrungen prägen uns zwar, aber sie haben nicht die Macht, unser gesamtes Leben zu bestimmen.

Es ist nicht einfach, eine Krankheit wie eine Sucht oder andere starke Prägungen zu bekämpfen, aber wer sich mit einem vermeintlich vorbestimmten Schicksal abfindet, entscheidet sich dafür, einen großen Teil seiner Handlungsfähigkeit zu verleugnen und aufzugeben.

Denn ohne Verantwortung zu übernehmen, können wir unser Leben nicht verändern. Solange wir uns als Opfer unserer Eltern, der Vergangenheit oder der aktuellen äußeren Umstände wähnen, weichen wir jeder Vorwärtsbewegung, jeder Entwicklung aus. »Externalisierer« – so nennt die US-amerikanische Psychotherapeutin Lindsay C. Gibson[64] Menschen, die die Schuld für das eigene Unglück im Außen verorten. Externalisierer glauben, dass Gefühle sich nicht steuern lassen. Sie erwarten Hilfe von anderen oder erwarten, dass andere sich verändern. Sie stecken noch in einer Kind-Rolle fest und lehnen es ab, Verantwortung für ihr Leben zu übernehmen.

Nehmen wir Arne, der ständig über seine Frau schimpft, sie sei wie seine Mutter, sie würde ihn einengen, er fühle sich gegängelt wie ein kleiner Junge. Jedes Mal, wenn er über seine Frau zu schimpfen beginnt, frage ich ihn: »Wer hat sich bloß diese Frau an Ihrer Seite ausgesucht?« Wenn er der Frage ausweicht und weiterschimpft, frage ich: »Wie kommt es, dass Sie sich dafür entscheiden, sich von dem

* und andere psychische Erkrankungen

Verhalten Ihrer Frau angegriffen zu fühlen, anstatt sich geliebt und umsorgt zu fühlen?« Oder: »Was bräuchten Sie, um aus diesem unangenehmen Kreislauf – sich eingeengt zu fühlen, wütend zu werden, tagelang zu streiten – aussteigen zu können?«

Mit jeder meiner Fragen lenke ich die Konzentration auf ihn selbst zurück. Denn er allein hat sich seine Frau als Partnerin ausgesucht, und er allein interpretiert ihr Verhalten als *gegen* ihn gerichtet. Sein Verharren in der Opfer- und Kind-Rolle verhindert, dass er erwachsen für seine Bedürfnisse einsteht und sie seiner Frau mitteilt. So ist er außerstande, die Beziehung zu seiner Frau zum Guten zu verändern oder sich von ihr zu trennen.

»Sie erwarten zu viel von mir – wie meine Mutter und meine Frau!«, wirft Arne mir vor, bis er erkennt, dass er in jeder Frau früher oder später seine Mutter sieht und sich daraufhin in die Opferrolle flüchtet, in der er zu schwach scheint, um Verantwortung zu übernehmen.

Neben der Opferrolle gibt es noch weitere Strategien, Verantwortung abzuwehren: »Ich kann nicht«, sagen viele Menschen, wenn sie eigentlich sagen müssten: »Ich will nicht.«

»Ich kann nicht mit meinem Mann schlafen«, sagt Laura, die gemeinsam mit ihrem Mann eine Paartherapie bei mir macht.

»Sie *wollen* nicht mit Ihrem Mann schlafen«, korrigiere ich sie, nachdem ich mehrfach beobachtet habe, wie sie ihren Mann zurückweist und jede seiner Annäherungen boykottiert.

»Ich kann nicht«, wiederholt sie, verzweifelt an der Opferrolle festhaltend. Aber wer sich längere Zeit in dieser Schonhaltung versteckt, für den wird sie Normalität. Es wird schließlich immer schwieriger, zu einer gesunden, selbstbestimmten Haltung zurückzufinden – ähnlich wie bei körperlichen Schmerzen, bei denen wir uns verbiegen oder bestimmte Bewegungen aus Angst vor den Schmerzen nicht mehr ausführen.

»Was bräuchten Sie, um wieder mit Ihrem Mann schlafen zu wollen?«, frage ich, um zu signalisieren, dass etwas nicht zu können nicht heißt, es nicht verändern oder lernen zu können. Es stellt sich heraus, dass Laura ihrem Mann nicht verziehen hat, dass sie sich nach einer Fehlgeburt von ihm alleingelassen fühlte. Erst die bewusste Verbindung zwischen der ursprünglichen Verletzung und der daraus entstandenen Distanz ermöglicht den beiden, sich endlich darüber auszutauschen: Wie sie auf unterschiedliche Weise über ihren Verlust trauerten und gemeinsam immer einsamer wurden.

In dem Moment, in dem Laura bereit ist, ihre »Ich kann nicht«-Haltung zu hinterfragen, entsteht wieder Bewegung in der eingefahrenen und frustrierenden Beziehungsdynamik. Es gelingt ihnen, sich anzunähern, wieder Vertrauen aufzubauen und alten Groll hinter sich zu lassen.

Für ein erfülltes Leben ist es existenziell, eine »Ich kann nicht«-Haltung aufzugeben und stattdessen herauszufinden, warum wir etwas nicht können *wollen.* Denn »Ich will nicht« ist eine Haltung, für die wir Verantwortung übernehmen können. Wir bleiben somit kein Opfer der Umstände, sondern werden Akteur:innen unseres Lebens und gestalten unsere Beziehungen aktiv und selbstbestimmt.

Eine weitere Abwehr der Verantwortung liegt in der Übernahme von starren elterlichen Aufträgen, die sich oftmals ausdrücken in dem Gefühl »Ich sollte« oder »Ich sollte nicht«. Neben der sachlichen Frage »Was spricht dafür und was dagegen?«, ist es genauso wichtig, zu erkennen: *Wem* zufolge sollten wir oder sollten wir nicht?

»Sollte ich meinen sicheren Job behalten oder mich lieber selbstständig machen?«, fragt mich die 34-jährige Anissa in unserer ersten Sitzung. Vor ein paar Monaten hatte sie einen schweren Autounfall verursacht, nachdem sie übermüdet und gestresst nachts aus dem Büro nach Hause gefahren war. »Als ich auf den Baum zuraste, dachte ich noch: Wenn es das jetzt war, habe ich endlich Ruhe«, erzählt sie mir und weint, als ihr bewusst wird, dass ein Teil von ihr lieber sterben wollte, als dieses anstrengende Leben weiterzuführen.

Ich bitte Anissa, auf ein großes Blatt Papier zwei Versionen ihrer Zukunft zu malen: links die Version, in der sie ihren sicheren Job behält, und rechts die Version, in der sie sich selbstständig macht. Nach ein paar Minuten konzentrierter Arbeit zeigt sie mir ihr Werk: Die Version, in der alles so bleibt, wie es ist, ist mit schwarzem Filzstift gezeichnet, eine Straße, ein Auto, ein Baum, aus einer dunklen Wolke fällt Regen. Auf der rechten Seite des Blattes, in der Version, in der sie sich selbstständig macht, sehe ich eine bunte Landschaft, die Sonne scheint, Blumen blühen, eine Figur fährt Fahrrad und streckt die Arme aus.

»Wenn ich angestellt bleibe, ist mein Leben schwarzweiß. Nichts verändert sich. Ich bin unglücklich. Wenn ich mich selbstständig mache, bekomme ich Schmetterlinge im Bauch – aus Angst, aus Unsicherheit, aber auch aus Freude. Ich fange an, zu leben und mich und meine Umgebung wieder wahrzunehmen. Mein Leben bekäme wieder Farbe.«

»Auf welche dieser beiden Lebensversionen möchten Sie in fünf, in zehn und in vierzig Jahren lieber zurückblicken und warum?«, frage ich sie.

Sie seufzt. Dann lächelt sie. »Wenn Sie das so fragen, dann ist die Antwort plötzlich ganz einfach: Ich möchte auf ein fröhliches, buntes Leben zurückblicken. Und wenn alle Stricke reißen, könnte ich ja auch wieder in ein Angestelltenverhältnis zurück. Nur der Job, den ich gerade habe – den kann und will ich nicht länger machen.« Allerdings gibt es eine große Hürde: »Meine Eltern. Sie finden es unverantwortlich, wenn ich meinen festen Job kündige. Sie betrachten den Sprung in die Selbstständigkeit als verrückt, in ihren Augen ist mein derzeitiger Job zukunftssicherer.« Anissas Eltern haben noch großen Einfluss auf das Leben ihrer Tochter. Sie glauben zu wissen, was das Beste für ihre Tochter ist, und bisher ist Anissa ihrem Rat bedingungslos gefolgt. Aber was, wenn die Ideen und Pläne unserer Eltern nicht mehr zu uns passen? Was, wenn ihre Erwartungen uns überfordern?

An unpassenden elterlichen Aufträgen festzuhalten ist ein Hinweis auf eine nicht vollzogene Ablösung. Denn wer dem von den Eltern gesteckten Parcours blind folgt, obwohl er weder Sinn noch Freude macht, entfernt sich von sich selbst. Es gehört zum Erwachsenwerden dazu, sich von elterlichen Aufträgen zu lösen, wenn sie nicht zu uns passen oder uns überfordern.

»Eigentlich weiß ich, was ich will«, sagt Anissa. »Ich weiß auch, was ich dafür tun müsste. Aber ich traue mich nicht, es meinen Eltern zu sagen.« Sie ist gewohnt, es ihren Eltern recht zu machen, auch weil sie Konflikte schwer aushält und fürchtet, dass sie den elterlichen Argumenten nicht standhalten könnte. »Meine Eltern können sehr überzeugend sein«, sagt sie. »Und nachdem sie eine Weile auf mich eingeredet haben, fühle ich mich oft ganz klein und denke, dass sie recht haben, dass sie es wirklich besser wissen.«

»Schauen Sie bitte noch einmal auf Ihre beiden Bilder«, bitte ich Anissa, damit sie ihre Konzentration von den Eltern zurück auf sich selbst richtet. »Möchten Sie das schwarzweiße Leben führen, das Ihre Eltern für Sie ausgesucht haben, oder das bunte Leben, das Sie sich vorstellen?«

Anissa fängt wieder an zu weinen. »Es ist so schwer«, sagt sie. »Ich will sie nicht enttäuschen. Oder ihnen Sorgen machen.«

Wer nicht ausreichend abgelöst ist, dem fällt es oft schwer, die Erwartungen der Eltern zu enttäuschen. Aber ich kann es gar nicht oft genug wiederholen: Wir kommen nicht auf die Welt, um die Aufträge unserer Eltern zu erfüllen. Erst recht nicht, wenn sie uns unglücklich machen. Denn wer an seinem Leben vorbeilebt, läuft nicht nur Gefahr, sehr unglücklich, sondern auch krank zu werden: Psychische Krankheiten entstehen nicht zuletzt, weil wir unsere Bedürfnisse und Gefühle konsequent übergehen und das Wohl anderer vor unser eigenes stellen.

Anissa braucht noch eine ganze Weile, um den Mut aufzubringen, ihre berufliche Laufbahn entgegen den Wünschen der Eltern auszurichten, aber irgendwann wird ihr klar, dass sie allein über ihre Zukunft entscheiden muss. Sie macht sich schließlich mit einer befreundeten Kollegin selbstständig und entwickelt trotz der anstrengenden Gründungsphase wieder Lebensfreude und Begeisterung für ihre Arbeit. Langsam, aber stetig wächst ihr Kundenstamm, ihre Existenzängste verringern sich, stattdessen steigt ihr Selbstvertrauen. »Ich mag mein Leben wieder«, sagt sie mir am Ende des Therapieprozesses. »Es fühlt sich gerade alles so aufgeräumt und richtig an. Es ist, als ob ich seit meinem Unfall ein anderer Mensch geworden wäre. Ich bin freier und glücklicher.«

Es ist befreiend, ermächtigend und mitunter lebensverändernd, die Kind-Rolle hinter uns zu lassen und Verantwortung für den Verlauf unseres Lebens zu übernehmen.

Und so erscheint erwachsen zu sein plötzlich in einem anderen, erstrebenswerteren Licht: Wir entwachsen alten Rollen, alten Botschaften, alten Gesetzen und entscheiden stattdessen selbst über unser Leben. Mit jedem Schritt, den wir im Bewusstsein dieser Eigenverantwortung machen, kommen wir uns selbst näher. Wir werden die, die wir werden können, die, die wir sein möchten – wir werden wir selbst.

Auszug aus dem Opferland

»Ich bin 58 Jahre alt, und mein Vater unterdrückt mich noch immer«, so stellt sich Sven in der ersten Sitzung vor. Er arbeitet in der Firma des Vaters, der sich nach vielen Kämpfen mit 83 Jahren nach einem Schlaganfall endlich aus dem Unternehmen zurückgezogen hat.

»Mein Vater hat mich immer nur kritisiert«, erinnert er sich. »Nach der Schule habe ich mich nicht getraut zu studieren, sondern bin gleich ins Unternehmen meines Vaters eingestiegen, nur um von ihm tagtäglich erniedrigt zu werden.« Anstatt sich eine andere Stelle zu suchen, bleibt Sven. Er will es dem Vater beweisen. »Aber glauben Sie nicht, dass ich *ein Mal* ein gutes Wort von ihm gehört habe. Er hat mir immer nur gesagt, welche Fehler ich gemacht habe.«

»Das muss furchtbar für Sie gewesen sein«, sage ich.

»Es war unerträglich.«

»Offensichtlich nicht«, entgegne ich. »Denn Sie sind ja geblieben. Sie haben es also ertragen.«

Er schaut mich eine Weile schweigend an. »Ja, das habe ich wohl. Und weil mein Vater mich so unterdrückt hat, weiß ich bis heute nicht, wer ich bin und was ich wirklich will. Ich habe zwar versucht, ihn zu bekämpfen. Aber es hat alles nicht gewirkt. Ich bin so unglücklich. Ich habe null Selbstwertgefühl. Ich bin der, den mein Vater aus mir gemacht hat. Ein Nichts.«

Wie so viele unabgelöste Kinder erzählt Sven seine Lebensgeschichte konsequent aus der Sicht des Opfers. Er beschreibt sich vor allem als das Produkt seines entwertenden Vaters und versetzt sich somit selbst in eine negative Trance, die seine Schwäche und seine Minderwertigkeitsgefühle aufrechterhält. Im Grunde behandelt er sich heute nicht anders, als sein Vater ihn behandelte – er macht sich klein und erlaubt sich nicht, erwachsen zu werden.

Walter Kohl, der Sohn von Altkanzler Helmut Kohl,

schreibt in seiner Autobiografie,[65] wie schwer es für ihn war, aus dem Schatten des mächtigen Vaters herauszutreten und mehr zu sein als nur »der Sohn vom Kohl«. Gegen Ende des Buches gibt es ein Kapitel, das der Lektor verwirrend fand und streichen wollte. Walter Kohl bestand darauf, es zu veröffentlichen – zum Glück. Es ist das Herzstück, das Schlüsselkapitel des Buches, in dem Walter Kohl zum ersten Mal als reifer Erwachsener auftritt, der seine eigene Beteiligung in seinem Lebensdrama reflektiert. Er prägt darin den Begriff »Opferland« und beschreibt, wie er es sich jahrzehntelang darin bequem gemacht hatte – aber auch, wie es ihm gelang, schließlich dort auszuziehen.

Opferland, so Walter Kohl, sei »ein innerer Zustand der Selbstaufgabe [...], ein Ort des Unfriedens und der Knechtschaft, der Abhängigkeit, der Ohnmacht und der Fron.« Er präzisiert: »Vor jedes dieser schlimmen Worte sollte man eigentlich immer ein ›gefühlt‹ setzen. Denn Opferland befindet sich immer nur in unserem Inneren, ausschließlich. [...] In Momenten der Verzweiflung, des Schmerzes und der Einsamkeit scheint Opferland das einzige Asyl zu sein, das bedingungslos offensteht. Doch das täuscht«, warnt er. »Für alle, die drinnen sind, schließt Opferland seine Grenzen. Hinaus kommt man also längst nicht so leicht wie hinein.« Denn im Opferland übernimmt man keine Verantwortung – man gibt die Kontrolle über das eigene Leben ab. »Je tiefer man ins Opferland hineinfährt, umso willenloser wird man.«

Wer durch eine Opferbrille schaut, für den wird das ganze Leben zu »einem einzigen Teufelskreis aus schlechten Erfahrungen der Vergangenheit und Antizipation schlechter Erfahrungen in der Zukunft, die dann auch eintreten, weil man den gegenwärtigen Moment in seinen Möglichkeiten und seiner Schönheit immer weniger wahrnimmt – ebenso wenig wie die Chancen, die er bietet.«[66]

Und so wird Opferland für seine Bewohner:innen schließlich zur Hölle – ein vermeintlich bequemer Ort, in dem sie die Verantwortung abgeben können, in Wahrheit aber ein Gefängnis, in dem sie kein Mitspracherecht über ihr eigenes Leben mehr haben. Opferland ist das Land, in dem sich viele unabgelöste Kinder aufhalten und in dem die Ketten aus der Kindheit binden, obwohl man sie auch abstreifen könnte.

Man kann es gar nicht oft genug sagen: Jede:r von uns besitzt einen Schlüssel zur Freiheit, jeder Mensch kann sich entscheiden, Opferland und die Opferrolle hinter sich zu lassen – und zwar indem wir beginnen, Verantwortung für unser Leben zu übernehmen. Indem wir aufhören, den Blick auf die ungerechte Vergangenheit zu richten, und aufhören, nach dem »Warum« zu fragen, sondern uns stattdessen mit der Zukunft beschäftigen. Indem wir bewusste Entscheidungen treffen, die unabhängig von den Erwartungen und Wünschen der Eltern sind. Dazu gehört auch, den (inneren) Dauerkrieg mit den Eltern zu beenden und die trotzige Lähmung aufzugeben – selbst wenn die Eltern sich an uns schuldig gemacht haben oder sie uns etwas schuldig geblieben sind. Denn solange wir den Eltern die Schuld für unser vermasseltes Leben geben, geben wir ihnen zu viel Macht, während wir selbst nach wie vor unmündige Bürger:innen des Opferlandes bleiben.

»Was brauchen Sie, um heute kein Opfer Ihrer Vergangenheit und Ihrer Eltern mehr zu sein?«, frage ich Sven, und die Antwort auf diese Frage müssen wir alle finden. Wir alle müssen Mittel und Wege finden, die Vergangenheit hinter uns zu lassen, damit sie nicht weiterhin wie eine Mauer zwischen uns und dem Leben steht.

Sven ist fast 60 Jahre alt, als er beginnt, den Schlüssel der Verantwortung zu nutzen und Opferland zu verlassen. Er geht durch ein Tal der Trauer, als er spürt, dass nicht nur sein

Vater, sondern auch er selbst sich von einem befreiten und erfüllten Leben abgehalten hat. Er geht durch Wut und Verzweiflung, macht erst seinem Vater und schließlich sich selbst schwere Vorwürfe. Und dann macht er irgendwann die Tür seiner Zelle auf und übertritt die Grenze von Opferland: Er entscheidet sich, einen langen Urlaub zu nehmen, etwas, das er sich seine ganze Berufslaufbahn verboten hatte, um dem Vater zu beweisen, dass er gebraucht wird. Er fliegt für fünf Wochen nach Australien, und als er zurückkommt, stellt er überrascht und zufrieden zugleich fest: »Es hat sich nichts geändert. Außer mir selbst!« Er ist stolz auf sich, »so etwas Verrücktes« gewagt zu haben und sich nicht darum zu kümmern, was andere darüber denken. »Ich habe es meinem Vater mitgeteilt, aber ich habe nicht um seine Erlaubnis gebeten, und selbst seine Missbilligung habe ich nicht mit auf meine Reise genommen.« Sven hat eine unabhängige Entscheidung getroffen, für die er keine Bestätigung seines Vaters braucht, so, wie es bei erwachsenen und abgelösten Menschen üblich ist. Denn in dem Moment, in dem wir uns ganz allein verantwortlich zeichnen für unsere Entscheidungen, können wir uns von elterlicher Missbilligung leichter distanzieren – sie hat keine tiefe Bedeutung mehr für uns. »Ich habe verstanden, dass mein Vater mich nicht versteht. Dass er mich nicht loben kann. Dass ich wirklich alt genug bin, mein Leben so zu leben, wie es mir passt.«

Sven ist endlich bereit loszulassen. Opferland liegt nun hinter ihm. Er ist bereit, sein Leben auszufüllen. Er hat das silberne Buch geschlossen und begonnen, das goldene Buch zu schreiben. Dieser Schritt mag sich anfühlen wie ein Neubeginn, wie ein neues Leben. Unsere Gedanken und Gefühle verändern sich. Aus Jammern wird Bedauern und schließlich Akzeptanz der Vergangenheit. Es folgt die Entschlossenheit, von nun an eigene, bessere, passendere Entscheidungen für unser Leben zu treffen.

In dieser Phase verändert sich der Blick auf unsere Eltern, aber auch auf uns selbst, er wird klarer und differenzierter: Wir sehen versäumte Möglichkeiten und die daraus entstandene Enttäuschung, wir spüren Kränkungen und die daraus entstandenen Verletzungen, aber es kann auch ein Zugehörigkeitsgefühl entstehen, das unsere Identität stärkt – und vielleicht sogar Liebe zu unseren Eltern, so sprachlos sie auch sein mag.

An dieser Stelle unserer Entwicklung stellen sich neue Fragen:

Was haben meine Eltern mir Gutes mit auf den Weg gegeben?
Wofür bin ich ihnen dankbar?
Was habe ich von ihnen gelernt?
Welches elterliche Erbe möchte ich annehmen, und welches möchte ich lieber ablehnen?

Wo bin ich noch mit meinen Eltern verstrickt, und wo provozieren wir deshalb gegenseitig unsere schlechtesten Versionen?

Wo verletze ich meine Eltern heute – indem ich sie beispielsweise nicht verstehen will, ihnen nicht vergeben will, sie in der Täterrolle festschreibe, obwohl sie sich vielleicht schon längst verändert haben?

Wo muss ich noch (mehr) Verantwortung für mein Leben übernehmen?

All diese Fragen verschieben unseren Blickwinkel – aus Opfern werden Handelnde, aus vergangenem Unrecht wird die Chance, heute alles anders zu machen, und aufgrund schwieriger Erfahrungen entwickelten wir Fähigkeiten und Eigenschaften, die uns heute helfen, uns in der Welt zurechtzufinden.

Wer bereit ist, aus Opferland auszuziehen, ist bereit, die Vergangenheit hinter sich zu lassen und sowohl die Gegenwart als auch die Zukunft zu gestalten. Die Vergangenheit hinter uns zu lassen, heißt nicht, zu verleugnen, was war, sondern im Gegenteil – alles anerkennen: Das Gute zu würdigen und das Schmerzhafte zu betrauern. Die Vergangenheit hinter uns zu lassen heißt, unsere Wunden nachhaltig zu versorgen, damit wir den Blick unbeschwerter auf die Gegenwart richten können – auf das Leben, das vor uns liegt. Auf das, wofür wir dankbar sind, auf das, wofür es sich zu leben lohnt.

Das goldene Buch oder dieses eine, wilde und kostbare Leben

»Tell me, what is it you plan to do with your one wild and precious life?« – Sag mir, was hast du mit deinem einen, wilden und kostbaren Leben vor? – ist eine der meistzitierten Gedichtzeilen der US-amerikanischen Lyrikerin Mary Oliver, der es trotz ihrer schwierigen Kindheit gelang, ein selbstbestimmtes, erfülltes Leben zu führen. Sie fand ihre Rettung, ihren Sinn und ihren Platz im Leben in der Welt der Worte – indem sie Gedichte schuf, die Menschen berühren, trösten, ihnen Hoffnung und einen Zugang zur Natur und zu sich selbst geben.

In Olivers Gedicht »Hum, hum«[67] beschreibt die Pulitzer-Preisträgerin sowohl die Wunden, die ihr in ihrer Kindheit zugefügt wurden, als auch ihre Entscheidung, am Leben zu bleiben. Hum, hum, das unaufhaltsame Summen der Bienen, ist Olivers nährende, aufmunternde Hintergrundmusik, die »furchtbar kleinen« Bienen und deren Lebensdrang sind ihr Vorbild. Denn auch sie war einst sehr klein, als der Vater sie missbrauchte, die Mutter ihr die Schuld gab und wegsah. In vielen von Mary Olivers Gedichten scheint ihr Schmerz hindurch, aber sie verknüpft ihn stets mit der Erfahrung des Überlebens: Sie bleibt in der Gegenwart verankert, sie entscheidet sich, zu leben, zu lieben und sich mit der Natur zu verbinden. Und sie beschließt, nicht Opfer ihrer Eltern zu bleiben.

In ihrem Gedicht »Flare«[68] (übersetzt: »Aufflackern«) widmet Oliver ihren Eltern zwei Absätze: ihrer Mutter – »schwerer als Eisen war das Leben, als sie es von Zimmer zu Zimmer schleppte« – und ihrem Vater, dem »Dämon frustrierter Träume«, dem »Vertrauensbrecher«, der einst »ein armer, dünner Junge« war »mit wenig Glück«.

»Dies war sein Leben«, distanziert sie sich von ihrem Vater und erklärt, dass ihre Abgrenzung weder auf mangelnder Liebe noch auf mangelnder Trauer basiert, sondern auf der bewussten Entscheidung, die Eltern hinter sich zu lassen und ihr eigenes Leben leichter zu gestalten: »Aber das eiserne Ding, das sie trugen, werde ich nicht tragen.« Sie wünscht ihren Eltern alles Gute in der tiefen Erde und verabschiedet sich mit widerstreitenden Gefühlen, höflich und dankbar und wütend zugleich. »Aber ich gebe ihnen nicht den Kuss der Mitschuld, der Mittäterschaft. Ich werde ihnen nicht die Verantwortung für mein Leben geben.«

Mary Oliver spürt: Um wirklich frei zu werden, muss sie selbst Verantwortung für ihr erwachsenes Leben übernehmen und über die Versäumnisse, den Mangel und die Schuld der Eltern hinausblicken. Statt im Opferland zu bleiben, den Eltern die Verantwortung für ihren gesamten Lebensverlauf zu überlassen und sich dadurch für immer an deren Schwere zu ketten, entscheidet sie sich früh und sehr bewusst, sich von ihren Eltern zu lösen und das Beste aus ihrem Leben zu machen.

Ich begegne immer wieder Menschen, die mich beeindrucken und bewegen, weil sie – wie Mary Oliver – trotz traumatischer Kindheitserfahrungen ihrem Leben Sinn und Struktur geben, beruflich Fuß fassen, Partnerschaften führen oder eine Familie gründen konnten. Sie haben alle eines gemeinsam: Sie wollen leben. Sie waren Opfer, aber sie hatten auch Glück. Sie hatten vielleicht eine Person in ihrem

Umfeld, die sie unterstützte, oder ein Hobby, das sie erfüllte, und sie nutzen ihre Intelligenz, ihre Leidenschaft und ihre Fähigkeiten. Neben ihrer Resilienz entscheiden sie sich wieder und wieder, ihr Leben in die Hand zu nehmen und es in die gewünschte Richtung zu lenken. Sie schreiben ihre eigene Geschichte, auch wenn die Worte, Sätze und Kapitel den Eltern missfallen und sie zum Teil viel Mut und Anstrengungen aufbringen müssen, um ihren Weg zu gehen.

So wie der US-amerikanische Schriftsteller David Treuer, der Anfang 2021 auf einem Literaturfestival in Key West, Florida, eine beeindruckende Geschichte seiner Ablösung erzählt. Im Rahmen einer Podiumsdiskussion unterhält er sich mit zwei Schriftstellerinnen darüber, wie schwierig es sein kann, autobiografische Texte zu schreiben, ohne das Umfeld zu verärgern oder zu kränken.

»Wie weit darf man gehen?«, fragt eine junge Frau aus dem Publikum.

David Treuer erzählt daraufhin die Geschichte, wie sein Großvater sich mit 83 Jahren das Leben nahm. Nachdem er sich in seinem Schlafzimmer erschossen hatte, bat die Großmutter den damals 37-jährigen David, alles aufzuräumen, er sollte jeden Blutstropfen seines Großvaters aus dem Zimmer entfernen – von den Wänden, vom Boden, vom Bett. »Es soll wieder gut aussehen«, sagte sie wieder und wieder. Ein paar Jahre später beschreibt er in seinem Buch *Rez Life* über das Leben der Ureinwohner Amerikas, wie er nach dem Suizid seines Großvaters dessen Blut aufwischt und wie er dabei den Teppich, den er zerschneidet, zu hassen beginnt, diesen billigen blauen Teppich, der das Blut seines Großvaters nicht halten konnte, während sein Großvater »– alles von ihm, sein Körper und sein Selbst und seine Worte, sein ganzes Leben – im Boden versunken war.«[69]

Als seine Mutter und seine Großmutter die Stelle lesen, sind sie entsetzt und fordern ihn auf, sie zu streichen. Aber

David widersetzt sich: »Ihr habt mich aufgefordert, die Schweinerei aufzuräumen, und genau das mache ich jetzt. Und zwar auf meine Art.« Er schreibt sich den Suizid seines Großvaters und seine eigene schmerzhafte Konfrontation mit dessen Tod von der Seele. Er unterstützt seine trauernde, überforderte Familie so gut er kann, aber er bleibt auch sich selbst treu. Er entscheidet sich, seine Erinnerungen an das Leben und den Tod seines Großvaters zu veröffentlichen, auch gegen den Willen seiner Familie.

Dürfen wir gegen den ausdrücklichen Willen unserer Familie handeln? Dürfen wir das familiäre Schweigen brechen oder Geheimnisse lüften? Dürfen wir eine familiäre Wunde anders verarbeiten als der Rest unserer Familie? Mit diesen Fragen quälen sich viele Menschen, und oftmals stellen sie das vermeintliche Wohl der Familie über ihr eigenes und versäumen dabei, den Lauf der Geschichte zu beeinflussen.

David Treuer jedoch ist erwachsen und abgelöst genug, sich den Wünschen seiner Familie zu widersetzen. An diesem Abend in Key West findet er klare Worte, die letztlich für uns alle gelten: »Ich schreibe meine Geschichte. Ich lebe mein Leben.«

David Treuer und Mary Oliver sagen mit unterschiedlichen Worten das Gleiche: Wir dürfen uns von unseren Eltern, ihren Botschaften und Zuschreibungen, ihren Regeln und Gesetzen ablösen – wir müssen es sogar, um unser Leben frei und selbstbestimmt zu gestalten.

Je reifer unsere Eltern sind, desto weniger werden sie sich von unserer wachsenden Autonomie bedroht fühlen. Sie wissen, dass es unsere Aufgabe ist, eine gesunde Balance zwischen Loyalität und Autonomie zu finden, und wenn möglich, unterstützen und ermutigen sie uns auf diesem Weg.

Naturgemäß werden unsere Eltern nicht mit allen unseren Schritten und Entscheidungen einverstanden sein. Das ist ihr gutes Recht. Genauso wie es unser gutes Recht ist, diese Schritte zu gehen. Denn niemand außer uns selbst kann unsere Geschichte schreiben. Niemand außer uns selbst kann unser Leben gestalten. Ab einem gewissen Alter liegt es an uns, Verantwortung für unsere Gefühle, unser Handeln und unsere Beziehungen zu übernehmen, fürsorglich und liebevoll mit uns selbst umzugehen, gesunde Grenzen zu setzen und sowohl im Kontakt mit uns selbst als auch mit anderen zu bleiben.

Wenn wir bereit sind, Verantwortung für unser Leben zu übernehmen, sind wir am Gipfel unserer Ablösung angekommen. Ein langer und mitunter beschwerlicher Weg liegt hinter uns. Wir sind nun reif genug, nicht mehr ständig bedauernd zurückzublicken. Wir sind emotional unabhängig und stark genug, um mutig und selbstbewusst nach vorne zu schauen. Wir brauchen keine Schuldigen mehr und auch keine Retter:innen. Wir sind erwachsen, wir sind die Held:innen unserer eigenen Geschichte. Wir sind nun bereit, die Seiten des goldenen Buches zu füllen.

Übrigens: Mary Olivers persönliche Antwort auf die Frage, was sie mit ihrem kostbaren Leben vorhabe, gab sie als 76-Jährige, kurz vor Ende ihres Lebens, in einem ihrer wenigen Interviews: »Ich habe gelernt, zu lieben und geliebt zu werden. Das war nicht einfach für mich. Und ich habe gelernt, das Leben als ein einmaliges Geschenk zu betrachten.«[70]

Dieses einmalige Geschenk haben wir alle erhalten. Es lohnt sich, immer wieder innezuhalten und sich selbst zu fragen:

»Was habe ich mit meinem einen wilden und kostbaren Leben vor?«

*EPILOG
Wie gesunde Ablösung all unsere Beziehungen verbessert – auch die zu unseren Eltern

Ablösung ist eine der wichtigsten Aufgaben unseres Lebens. Denn wer nicht abgelöst ist, bleibt nicht nur mit den Eltern verstrickt, sondern neigt auch dazu, ungelöste familiäre Konflikte mit Partner:innen, Kindern und anderen zu reinszenieren. Wenn wir die Verstrickungen mit unseren Eltern lösen, entstehen auch in allen anderen Beziehungen weniger Knoten.

Je abgelöster wir von unseren Eltern sind, desto selbstbestimmter leben wir, und desto authentischer und empathischer sind wir in all unseren Beziehungen. Gesunde Ablösung beeinflusst also unser gesamtes (Beziehungs-)Leben positiv.

Murray Bowen, einer der Begründer der Familientherapie, prägte in diesem Zusammenhang den Begriff der »Differenzierung des Selbst«[71], die er als das zentrale Ziel unserer Entwicklung ansah und die für gelingende Beziehungen ausschlaggebend ist. Differenzierung, so Bowen, ist die Fähigkeit, im emotionalen Kontakt mit anderen ein stabiles Selbst zu bewahren. Menschen mit einem hohen Differenzierungsgrad können anderen nah und mit ihnen einig sein, ohne sich zu verlieren oder zu verschmelzen. Genauso gut können sie andere Meinungen aushalten und respektieren, ohne sich gekränkt oder isoliert zu fühlen.[72]

Differenzierte Menschen sind emotional reif, und das macht den Kontakt mit ihnen so angenehm: Sie sind ein starkes Gegenüber, ohne dogmatisch oder herrisch zu sein. Es geht ihnen nicht um Macht oder Dominanz, sondern um ein wertschätzendes Miteinander, um Verständnis und Kooperation.

Sie können zwischen ihren Gedanken und ihren Gefühlen unterscheiden, was sie handlungsfähig bleiben lässt. Sie spüren, wenn sie regredieren, und sind in der Lage, sich selbst zu beruhigen. Anstatt zu manipulieren, äußern sie ihre Bedürfnisse ruhig und klar – überzeugt davon, dass sie es wert sind, gehört und beantwortet zu werden. Auf die Gefühle eines anderen Menschen reagieren sie nicht mit Schuldgefühlen, Ärger oder Angst, sondern bleiben innerlich stabil. Gesunde Ich-Grenzen ermöglichen ihnen, die Gefühle anderer Menschen auszuhalten und anzunehmen, ohne sie verändern zu wollen. Differenzierte Menschen können sich gut in andere einfühlen, ohne den Kontakt zu ihren eigenen Gefühlen zu verlieren. Sie sind anpassungsfähig, ohne sich oder ihre Überzeugungen und Ideale zu verraten. Sie können anderen Menschen gegenüber loyal sein, ohne sich selbst untreu zu werden.

Wie zahlreiche Studien belegen, ist das Leben für Menschen mit einem hohen Differenzierungsniveau um einiges leichter als für andere: Sie sind stressresistent und können stabile, zufriedene Partnerschaften aufbauen.[73] Wer hingegen einen geringen Differenzierungsgrad hat, ist ständig auf den Kontakt zu anderen, deren Bestätigung und Übereinstimmung mit ihnen, angewiesen. Bei Menschen mit geringer Selbst-Differenzierung ist sowohl die psychische als auch die partnerschaftliche Stabilität und Zufriedenheit eingeschränkt: Ängste, Depressionen, psychosomatische Beschwerden, Suchterkrankungen und sexuelle Funktionsstörungen treten signifikant häufiger auf.[74]

Selbst-Differenzierung und gesunde Ablösung gehen Hand in Hand – je differenzierter wir sind, desto leichter fällt es uns, uns abzulösen.

Laut Murray Bowen hängt der jeweilige Differenzierungsgrad eines Menschen von seinen Vorfahren ab: wie gut es also seinen Eltern und Großeltern gelang, sich als Individuen weiterzuentwickeln und dabei die emotionale Verbindung zur Familie aufrechtzuerhalten. Unreife Eltern können ihren Kindern hinsichtlich ihrer Ablösung weder Vorbild sein, noch gelingt es ihnen, die Kinder in ihrer Autonomie-Entwicklung ausreichend gut zu unterstützen. Eltern mit einem geringen Differenzierungsgrad neigen zudem dazu, ihre Kinder zu parentifizieren[75], die Eltern-Kind-Rollen also umzukehren: Weil die Eltern ihre eigenen Emotionen nicht regulieren können, erhoffen sie sich unbewusst von ihren Kindern die emotionale Beruhigung und liebevolle Fürsorge, die sie sich selbst nicht geben können. Die Bedürfnisse der Kinder werden dementsprechend weder wahrgenommen noch gespiegelt, noch befriedigt. Stattdessen fühlen sich diese Kinder in ihre Eltern ein und passen sich deren Wünschen an. Überangepasste Kinder zahlen jedoch einen hohen Preis: Denn wenn Kinder unangemessen viel Verantwortung für die Stabilität ihrer Eltern oder des gesamten Familiensystems übernehmen, wird ihre Fähigkeit zu eigenem Denken, Fühlen und Handeln eingeschränkt. So werden sie in ihrer gesunden Entwicklung und ihrer Ablösung nachhaltig behindert.

Aber dieser ungünstige transgenerationale Zyklus lässt sich bewusst durchbrechen: Ich hoffe, dass die Fallgeschichten in diesem Buch zeigen konnten, wie viel Entwicklung möglich ist, auch mit schwierigen Startbedingungen. Denn selbst wer in der Kindheit von den Eltern nicht ausreichend gut emotional versorgt wurde, kann im Erwachsenenleben einiges tun, um den frühen Mangel auszugleichen: Indem wir uns selbst die liebevollen Eltern werden, die wir von jeher gebraucht hätten. Indem wir – gegebenenfalls zunächst mit therapeutischer Hilfe – regelmäßig Kontakt mit unseren kindlichen Anteilen aufnehmen, ihnen liebevoll und geduldig begegnen und sie beruhigen. Jede dieser tröstenden Begegnungen und jede Selbstberuhigung stärkt den Grad unserer Differenzierung. So setzen wir einen positiven Kreislauf in Gang, denn je differenzierter wir werden, desto besser können wir uns ablösen. Je gesünder wir abgelöst sind, desto bessere Eltern werden wir – und desto differenzierter können auch unsere Kinder werden.

Gesunde Ablösung ist also ein Geschenk, das Eltern ihren Kindern machen: indem sie zunächst an ihrer *eigenen* Ablösung arbeiten. Denn sowohl unsere Ablösung als auch unser Differenzierungsgrad sind Prozesse, die wir mitbestimmen und gestalten können.

Wir sind in der Lage, uns stetig weiterzuentwickeln und somit Schritt für Schritt reifere Beziehungen zu führen. Mit uns selbst. Mit unseren Partner:innen, unseren Kindern und allen anderen. Und bestenfalls auch mit unseren Eltern.

Danksagung

Danke!

… allen Klientinnen und Klienten, die mir erlaubt haben, ihre Geschichten zu erzählen, und von denen ich immer wieder lernen darf, wie viel gesunde Weiterentwicklung möglich ist.

… Franziska Günther von der Agentur Graf & Graf – für die verbindliche, wertschätzende Begleitung und die richtige Dosis von Nachfassen und Loslassen.

… dem gesamten Team vom Piper Verlag, insbesondere Anne Stadler und Esther Feustel – für die engagierte und harmonische Unterstützung auf dem Weg zum fertigen Buch.

… Christel Konrad, Kirstin Meyer, Ela Hinnenthal, Petra Galas – fürs kritische Testlesen einzelner Kapitel.

… Helga Intelmann – für die ersten Korrekturen.

… Andreas von Borstel – für deine stoische Geduld mit mir hinsichtlich aller Computerfragen.

… Norman Späth, Susanne Wendt, Rüdi Reinholz – für das Titel-Brainstorming, auch wenn Euer Favorit es dann doch nicht geschafft hat.

… Tini Kilian – für die anti-radikalen Vergebungsdiskussionen.

… Gitte Mohr – fürs Zuhören und Dasein.

… Patrick – für den Titel. Und für alles andere sowieso.

Literaturverzeichnis

Abramovic, Marina: https://www.nytimes.com/video/multimedia/100000002717825/timestalks-marina-abramovic-part-6.html?playlistId=video/times-talks-marina-abramovic

Alexander, Ingrid & Lück, Sabine: *Ahnen auf die Couch. Den Generation-Code® entschlüsseln und vererbte Wunden heilen.* Scorpio Verlag, München 2016.

Arendt, Hannah: *Vita activa oder Vom tätigen Leben.* Piper, München und Zürich 1960/2011.

Barthes, Roland: *Tagebuch der Trauer.* Carl Hanser Verlag, München 2010.

Bass, Ellen & Davis, Laura: *The courage to heal: A guide for women survivors of child sexual abuse.* Harper & Row, New York 1988.

Bleisch, Barbara: *Warum wir unseren Eltern nichts schulden.* Carl Hanser Verlag, München 2018.

Bloomfield, Harold H.: *In Frieden mit den Eltern.* Rowohlt Verlag, Reinbek bei Hamburg 1985.

Bordt, Michael: *Die Kunst, die Eltern zu enttäuschen.* Elisabeth Sandmann Verlag, München 2017.

Boszormenyi-Nagy, Ivan & Spark, Geraldine M.: *Unsichtbare Bindungen. Die Dynamik familiärer Systeme.* Klett-Cotta, Stuttgart 2015.

Bowen, Murray.: *Family Therapy in Clinical Practice.* Jason Aronson, Inc., New York 1978.

Bowen, Murray: »Theory in the practice of psychotherapy«. In: P. J. Guerin (Hg.): *Family therapy* (S. 42–90). Gardner Press, New York 1976.

Buchanan, Tony W. & Lovallo, William R.: »The role of genetics in stress effects on health and addiction«. In: *Current Opinion in Psychology.* 6 (27) 72–76, 2019.

Burri, Andrea, Schweitzer, Robert & O'Brien, Jessica: »Correlates of female sexual functioning: Adult attachment and differentiation of self«. In: *Journal of Sexual Medicine*, 11, 2188–2195, 2014.

Chödrön, Pema: https://www.kraftderverletzlichkeit.online/tag-1/

Chung, Hyejeong & Gale, Jerry: »Comparing self-differentiation and psychological well-being between Korean and European American students«. In: *Contemporary Family Therapy*, 28, 367–381, 2006.

Elieson, Melisa V. & Rubin, Linda J.: »Differentiation of self and major depressive disorders: A test of Bowen theory among clinical, traditional, and internet groups«. In: *Family Journal*, 28, 125 – 142, 2001.

Enright, Robert D.: *Vergebung als Chance*. Verlag Hans Huber, Bern 2006.

Enright, Robert D., Eastin, David L., Golden, Sandra, Sarinopoulos, Issidoros & Freedman, Suzanne: »Interpersonal forgiveness within the helping professions: An attempt to resolve differences of opinion«. In: *Counseling and Values*, 36, 84 – 103, 1992.

Erikson, Erik H.: *Identität und Lebenszyklus*. Suhrkamp, Frankfurt am Main 1966.

Erikson, Erik H.: *Childhood and Society*. W. W. Norton & Co., New York 1963.

Ferenczi, Sándor: *Das unwillkommene Kind und sein Todestrieb. Schriften zur Psychoanalyse*, Bd. II. S. Fischer Verlag, Frankfurt am Main 1972.

Ferreira, Luana C., Narciso, Isabel, Novo, Rosa F. & Pereira, Cícero R.: »Partners' similarity in differentiation of self is associated with higher sexual desire: A quantitative dyadic study«. In: *Journal of Sex & Marital Therapy*, 42, 635 – 647, 2016.

Flaßpöhler, Svenja: *Verzeihen. Vom Umgang mit Schuld*. Deutsche Verlagsanstalt, München 2016.

Fonagy, Peter, Gergely, György, Jurist, Elliot L. & Target, Mary: *Affektregulierung, Mentalisierung und die Entwicklung des Selbst*. Klett-Cotta, Stuttgart 2004

Forward, Susan: *Vergiftete Kindheit*. Goldmann Verlag, München 1993.

Freedman, Suzanne R. & Enright, Robert D.: »Forgiveness as an intervention goal with incest survivors«. In: *Journal of Consulting and Clinical Psychology*, 64, 983 – 992, 1996.

Fromm, Erich: *Die Kunst des Liebens*. S. 73, Manesse Verlag, Zürich 1956 bzw. 1993.

George, Carol, Kaplan, Nancy & Main, Mary: »Adult Attachment Interview«. In: Gabriele Gloger-Tippelt (Hg.): *Bindung im Erwachsenenalter: Ein Handbuch für Forschung und Praxis*. 2., überarb. und erg. Auflage. S. 419 – 439, Verlag Hans Huber, Bern 2012.

Gibson, Lindsay C.: *Kalte Kindheit*. Kalash Verlag, München, 2018.

Gloger-Tippelt, Gabriele: »Das Adult Attachment Interview: Durchführung und Auswertung«. In: Gabriele Gloger-Tippelt (Hg.): *Bindung im Erwachsenenalter. Ein Handbuch für Forschung und Praxis*. 2., überarb. und erg. Auflage. S. 93 – 112, Verlag Hans Huber, Bern 2012.

Gottman, John M. & Levenson, Robert W.: »What predicts change in marital interaction over time? A study of alternative models«. In: *Family Processes Journal*, 38,2, 143 – 158, 1999.

Greene, Gilbert J., Hamilton, Nina & Rolling, Maryann: »Differentiation of self and psychiatric diagnosis: An empirical study«. In: *Family Therapy*, 13, 187–194, 1986.

Greene, Gilbert J. & Mabee, Tamara F.: »Differentiation of self and marital adjustment of clinical and nonclinical spouses«. In: *Journal of Couples Therapy*, 3, 133–144, 1993.

Gruen, Arno: *Der Fremde in uns*. Deutscher Taschenbuchverlag, München 2002.

Gruen, Arno: *Dem Leben entfremdet*. Deutscher Taschenbuchverlag, München 2015

Haarer, Johanna: *Die deutsche Mutter und ihr erstes Kind*. Erstausgabe, Lehmanns, München/Berlin 1934.

Halpern, Howard: *Abschied von den Eltern*. Iskopress, Salzhausen 2010, Originalausgabe 1978.

Handke, Peter: *Wunschloses Unglück*. Suhrkamp, Berlin 2001.

Hansen, Dörte: *Altes Land*. Albrecht Knaus Verlag, München 2015.

Hellinger, Bert: *Ordnungen der Liebe. Ein Kursbuch*. 11. Aufl., S. 190, Carl-Auer, Heidelberg 2015.

Hesse, Hermann: *Demian*. Suhrkamp, Berlin 1919/2011.

Hooper, Lisa M. & DePuy, Venita: »Mediating and moderating effects of differentiation of self on depression symptomatology in a rural community sample«. In: *Family Journal*, 18, 358–368, 2010.

Jung, Carl Gustav: *Selbstwerdung? Gesammelte Werke*. 7, § 266, 404.

Khaddouma, Alexander, Gordon, Kristina C. & Bolden, Jennifer »Zen and the art of dating: Mindfulness, differentiation of self, and satisfaction in dating relationships«. In: *Couple and Family Psychology: Research and Practice*, 4, 1–13, 2015.

Kendler, Kenneth S., Ji, Jianguang, Edwards, Alexis C., Ohlsson, Henrik, Sundquist, Jan & Sundquist, Kristina: »An Extended Swedish National Adoption Study of Alcohol Use Disorder«. In: *JAMA Psychiatry*. 72 (3), 211–218, 2015. doi:10.1001/jamapsychiatry.2014.2138

Kernstock-Redl, Helga: *Schuldgefühle. Woher sie kommen, warum sie Ängste verursachen, wie sie unser Leben unterschwellig lenken und wie wir sie ablegen können*. Goldegg Verlag, Berlin 2020.

Kerr, Michael E. & Bowen, Murray: *Family education. The role of the family as an emotional unit that governs individual behavior and development*. W. W. Norton & Company, London, New York 1988.

Kohl, Walter: *Leben oder gelebt werden*. Integral Verlag, München 2011.

Kohut, Heinz: *Narzißmus – eine Theorie der Behandlung narzißtischer Persönlichkeitsstörungen*. Suhrkamp, Frankfurt am Main 1971.

Konrad, Sandra: *Jeder hat seinen eigenen Holocaust*. Psychosozial Verlag, Gießen 2007.

Konrad, Sandra: *Das bleibt in der Familie*. Piper Verlag, München 2014.

Krüll, Marianne: *Die Mutter in mir*. Klett-Cotta, Stuttgart 2007.

Lal, Arpita & Bartle-Haring, Suzanne: »Relationship among differentiation of self, relationship satisfaction, partner support, and depression in patients with chronic lung disease and their partners«. In: *Journal of Marital Family Therapy*, 37, 169 – 18, 2011.

Lee, Yu-Rim & Enright, Robert D.: *A meta-analysis of the association between forgiveness of others and physical health*. Pages 626 – 643. Received 13 Oct 2017, Accepted 26 Nov 2018, Published online: 22 Jan 2019.

Lennon, John: Live in New York 1972, *Mother* https://www.youtube.com/watch?v=mwTJdibgh9k

Lenz, Alexander & Wiegand-Grefe, Silke: *Kinder psychisch kranker Eltern*. Hogrefe Verlag, Göttingen 2017. https://pubengine2.s3.eu-central-1.amazonaws.com/preview/99.110005/9783840925894_preview.pdf

Le Tellier, Hervé: *All die glücklichen Familien*. Deutscher Taschenbuch Verlag, München 2017.

Linehan, Martha: *Building a life worth living. A memoir*. Random House, New York 2020.

Long, Katelyn N. G., Worthington, Everett L., VanderWeele, Tyler J. *et al.*: »Forgiveness of others and subsequent health and well-being in midlife: a longitudinal study on female nurses«. In: *BMC Psychol*, 8, 104, 2020.

Maß, Reinhard, Schottke, Marie-Lene, Borchert, Ann-Marie, Ellermann, Pauline Marie, Jahn, Lena-Marieke & Morgenroth, Olaf: »Die deutsche Version des Differentiation of Self Inventory (DSI-G): Psychometrische Eigenschaften und Zusammenhänge mit Depressivität, Ängstlichkeit, Partnerschaftszufriedenheit und Bindungsstil«. In: *Zeitschrift für Klinische Psychologie und Psychotherapie*, 48 (1), 17 – 28, 2019.

Mattejat, Fritz & Remschmidt, Helmut: »Kinder psychisch kranker Eltern«. In: *Deutsches Ärzteblatt*, 105 (23), 413 – 418, 2008.

Mercier, Pascal: *Perlmanns Schweigen*. Btb Verlag, München 1997.

Miller, Alice: *Das Drama des begabten Kindes*. Suhrkamp, Frankfurt am Main 1979.

Miller, Andrea: »Awakening my heart«. In: *Lion's Roar*, 2012. https://www.lionsroar.com/awakening-my-heart-january-2012/

Miller, Martin: *Das wahre »Drama des begabten Kindes«*. Herder Verlag, Freiburg 2016.

Murdock, Nancy L. & Gore Jr., Paul A.: »Stress, coping, and differentiation of self: A test of Bowen theory«. In: *Contemporary Family Therapy*, 26, 319 – 335, 2004.

Noll, Jennie G., Horowitz, Lisa A., Bonanno, George A., Trickett, Penelope K. & Putnam, Frank W.: »Revictimization and self-harm in females who experienced childhood sexual abuse: Results from a prospective study«. *Journal of Interpersonal Violence*, 18, 1452–1471, 2003.

Noll, Jennie G.: »Forgiveness in People Experiencing Trauma«. In: *Handbook of Forgiveness*, Routledge, 2005

Oliver, Mary: »Hum, hum«. In: *A Thousand Mornings*. Penguin New York 2012.

Oliver, Mary: »Flare«. In: *The Leaf and the Cloud*, Da Capo Press 2000.

Peleg-Popko, Ora »Bowen theory: A study of differentiation of self, social anxiety, and physiological symptoms«. In: *Contemporary Family Therapy*, 24, 355–369, 2002.

Pine, Emily: *Botschaften an mich selbst*. Btb, München 2021

Popova, Maria: Turning Trauma into Power. https://www.brainpickings.org/2015/04/27/getting-there-marina-abramovic-interview/

Quindeau, Ilka, Einert, Katrin, Teuber, Nadine: »Kindheiten im Nationalsozialismus und Zweiten Weltkrieg. Das Zusammenwirken von NS-Erziehung und Bombenangriffen«. In: *BIOS. Zeitschrift für Biographieforschung, Oral History und Lebensverlaufsanalysen*, 25/1, S. 87–118, 2012.

Quindeau, Ilka et al.: Frankfurt University of Applied Sciences. https://www.spektrum.de/news/paedagogik-die-folgen-der-ns-erziehung/1555862 sowie https://www.zeit.de/wissen/geschichte/2018-07/ns-geschichte-mutter-kind-beziehung-kindererziehung-nazizeit-adolf-hitler/seite-2

Quindlen, Anna: *Nanaville*. Random House, New York 2019.

Robinson, Marilynne: *Haus ohne Halt*. Edition fünf Verlag Silke Weniger Gräfelfing, Hamburg 2012. Erstmalig erschienen unter dem Titel »Das Auge des Sees« bei Kiepenheuer & Witsch, Köln 1984.

Röser, Barbara & Röser, Udo: *Das verletzte innere Kind und die Liebe*. Patmos Verlag, Ostfildern 2020.

Satir, Virginia: *Selbstwert und Kommunikation*. Klett-Cotta, Stuttgart 1975.

Satir, Virginia: *Peoplemaking Science and Behavior Books*. Palo Alto, Kalifornien 1972.

Schnarch, David M.: *Constructing the sexual crucible*. W. W. Norton & Company, London, New York 1991.

Schnarch, David & Regas, Susan: »The Crucible Differentiation Scale: Assessing differentiation in human relationships«. In: *Journal of Marital & Family Therapy*, 38, 639–652, 2012.

Schneider, Peter: *Sigmund Freud*. dtv Portrait, München 1999.

Skowron, Elizabeth A. »The role of differentiation of self in marital adjustment«. In: *Journal of Counseling Psychology*, 47, 229–237, 2000.

Skowron, Elizabeth A. & Dendy, Anna K.: »Differentiation of self and attachment in adulthood: Relational correlates of effortful control«. In: *Contemporary Family Therapy*, 26, 337–357, 2004.

Skowron, Elizabeth A. & Friedlander, Myrna L.: »The Differentiation of Self Inventory: Development and initial validation«. In: *Journal of Counseling Psychology*, 45, 235 – 246, 1998.

Skowron, Elizabeth A., Stanley, Krystal L., M. D. & Shapiro, , Michael D.: »Longitudinal perspective on differentiation of self, interpersonal and psychological well-being in young adulthood«. In: *Contemporary Family Therapy*, 31, 3 – 18, 2009.

Skowron, Elizabeth A. & Schmitt, Thomas A.: »Assessing interpersonal fusion: Reliability and validity of a new DSI Fusion with Others subscale«. In: *Journal of Marital and Family Therapy*, 29, 209 – 222, 2003.

Skowron, Elizabeth A., Wester, Stephen R. & Azen, Razia: »Differentiation of self mediates college stress and adjustment«. In: *Journal of Counseling and Development*, 82, 69 – 78, 2004.

Spiegel-Interview: *Wie eine Mischung aus »Truman Show« und Zoo.* 15. 4. 2022. https://www.spiegel.de/panorama/leute/prinz-harry-ueber-das-royale-leben-wie-eine-mischung-aus-truman-show-und-zoo-a-415b6278-45ae-476c-af4d-3dca8ccee350

Spit, Lize: »Mein Schuldgefühl hockt an einem kalten Ort in mir«. Interview. In: *Psychologie bringt dich weiter*, November/Dezember 2021

Spring, Janis A.: *How can I forgive you? The courage to forgive, the freedom not to.* HarperCollins, New York 2004.

Stahl, Stefanie: *Das Kind in dir muss Heimat finden.* Kailash Verlag, München 2015.

Steinberg, Laurence: »Cognitive and affective development in adolescence.« In: *Trends in Cognitive Sciences*, 9 (2), 69 – 74, 2005.

Tawwab, Nedra Glover: *Set Boundaries, Find Peace.* Piatkus, London 2021.

Thich Nhat Hanh: *Einfach versöhnen.* O. W. Barth Verlag, München 2018.

Thich Nhat Hanh: *Versöhnung mit dem inneren Kind.* O. W. Barth Verlag, München 2011.

Thorberg, Fred A. & Lyvers, Michael: *Attachment, fear of intimacy and differentiation of self among clients in substance disorder treatment facilities*, 2006. Retrieved from http://epublications.bond.edu.au/hss_pubs/2 and differentiation of self among clients in substance disorder treatment facilities. Retrieved from http://epublications.bondedu.au/hss_pubs/2

Timm, Tina & Keiley, Margaret: »The effects of differentiation of self, adult attachment, and sexual communication on sexual and marital satisfaction: A path analysis«. In: *Journal of Sex & Marital Therapy*, 37, 206 – 223, 2011.

Toussaint, Loren, Shields, Grant S., Dorn, Gabriel & Slavich, George M.: *Effects of lifetime stress exposure on mental and physical health in young adulthood: How stress degrades and forgiveness protects health.* 2014.

Treuer, David: *Rez Life*. Atlantic Monthly Press, New York 2012.

Tutu, Desmond & Tutu, Mpho: *Das Buch des Vergebens*. S. 34, Allegria, Berlin 2014.

Weiss, Peter: *Abschied von den Eltern*. Suhrkamp Edition, Frankfurt am Main 1964.

Wiegand-Grefe, Silke, Klein, Michael, Lenz, Albert, Seckinger, Mike, Thomasius, Rainer & Ziegenhain, Ute: *Kinder psychisch kranker Eltern »Forschung«*. IST-Analyse zur Situation von Kindern psychisch kranker Eltern. ARBEITSGRUPPE KINDER PSYCHISCH UND SUCHTKRANKER ELTERN, 2019. (UKE Hamburg, Universität Ulm, Medizinische Hochschule Brandenburg, Deutsches Jugendinstitut, Katholische Hochschule NRW)

Wilde, Oscar: *Das Bildnis des Dorian Gray*. dtv Verlagsgesellschaft, München 1891/2013.

Winfrey, Oprah: CBS-Interview mit Prince Harry und Meghan Markle, 7.3.2022.

Winnicott, Donald: *Familie und individuelle Entwicklung*. Psychosozial Verlag, Gießen 1978/2017.

Wood, James: *Upstate*. Rowohlt Verlag, Reinbeck bei Hamburg 2019.

Wollyn, Mark: *Dieser Schmerz ist nicht meiner*. Kösel Verlag, München 2017.

Yalom, Irvin: *Existenzielle Psychotherapie*. EHP-Verlag Andreas Kohlage, Bergisch Gladbach 1989, 2010.

Anmerkungen

Einleitung

1 John Lennon live in New York 1972.
2 Konrad 2014.

EINS

3 Erikson 1966.
4 Winnicott 1978/2017.
5 Interview mit Oprah, ausgestrahlt am 7. März 2021 auf CBS.
6 Spiegel-Artikel vom 17. 5. 2021.
7 Wood 2019, S. 107 f.
8 Fromm 1956.

ZWEI

9 Bleisch 2018, S. 15.
10 Bleisch 2018, S. 36.
11 Ferenczi 1929, S. 254.
12 Quindeau et al. 2012.
13 Satir 1975.
14 Alexander & Lück 2016.
15 Interview in *Psychologie bringt dich weiter* November/Dezember 2021.
16 Haarer 1934.

DREI

17 Yalom 1989, 2010, S. 277.
18 Kohut 1971.
19 Satir 1975.

VIER

20 Chödrön 2020: https://www.kraftderverletzlichkeit.online/tag-1/.
21 George, Kaplan & Main 2012; Gloger-Tippelt 2012.
22 DER SPIEGEL 51/2021.
23 Pine 2021.

24 Steinberg 2005; Mattejat & Remschmidt 2008; Lenz & Wiegand-Grefe 2017; Wiegand-Grefe et al. 2019.
25 Marianne Krüll 2007.
26 Peter Handke: *Wunschloses Unglück*, Suhrkamp 2001/2019.
27 Handke, ebd., S. 41.
28 Handke, ebd., S. 42.
29 Miller 1979, S. 73.

FÜNF

30 Toussaint et al. 2014; Lee & Enright 2019; Long, Worthington, & VanderWeele et al 2020.
31 Tutu 2014.
32 DIE ZEIT 21. 08. 2003; vgl. auch Bert Hellinger 2015, S. 190.
33 Wollyn 2017, S. 207.
34 Zit. Nach Wollyn 2017 (S. 207) aus: Andrea Miller: »Awakening My Heart«, https://www.lionsroar.com/awakening-my-heart-january-2012/.
35 Interview Alice Miller, https://www.alice-miller.com/de/fur-den-abbruch-der-schweigemauer/.
36 Schenk 4/2011.
37 Arendt 1960.
38 Noll et al. 2003.
39 Noll 2005.
40 Bass & Davis 1988; Engel et al. 1989; Katz et al. 1997; Olio 1992; Enright et al. 1992; Freedman & Enright 1996; Spring 2004.
41 Thich Nhat Hanh 2018, S. 21.
42 Thich Nhat Hanh 2018, S. 52.
43 Konrad 2014.
44 Dörte Hansen: *Altes Land*, S. 272, Albrecht Knaus Verlag 2015.
45 Forward 1993, S. 223.
46 Bloomfield 1985.
47 Bloomfield 1985.
48 Tawwab 2021.
49 Quindlen, Random House 2019 (persönliche Übersetzung).
50 Quindlen, ebd., S. 92.
51 Oscar Wilde: *Das Bildnis des Dorian Gray*, dtv Verlagsgesellschaft 1891/2013.
52 Le Tellier 2016.
53 Weiss 1964.
54 Brief an Wilhelm Fließ, 2. November 1896 – zit. nach Schneider 1999.

55 Marina Abramović im Interview mit der *New York Times* »I have no good memories of my mother. (…) I really feel free now, after she has died.«

56 https://www.brainpickings.org/2015/04/27/getting-there-marina-abramovic-interview/.

SECHS

57 Barthes 2010, S. 46.

58 Fonagy, Gergely, Jurist & Target 2004.

59 Gruen 2015, S. 13.

60 Gottman & Levenson 1999.

61 Stahl 2015; Röser 2020.

62 Elizabeth Strout: *Oh William*, 2021.

63 Kendler et al. 2015; Buchanan & Lovallo 2019.

64 Gibson 2018.

65 Walter Kohl: *Leben oder gelebt werden*.

66 Kohl 2011, S. 197 f.

67 Oliver 2012, in: *A Thousand Mornings*.

68 Oliver 2000, in: *The Leaf and the Cloud*.

69 Treuer 2012 (persönliche Übersetzung).

70 Aus: Oprah.com, 9. 3. 2011, by Maria Shriver.

71 Bowen 1976.

72 Kerr & Bowen 1988.

73 Skowron, Wester & Azen 2004; Murdock & Gore Jr. 2004; Greene und Mabee 1993; Ferreira, Narciso, Novo & Pereira 2016; Khaddouma, Gordon und Boldon 2015.

74 Peleg-Popko 2002; Skowron 2000; Thorberg & Lyvers 2006; Timm & Keiley 2011; Burri, Schweitzer & O'Brien 2014.

75 Boszormenyi-Nagy & Spark 2015.

Sex. Macht. Freiheit.

Coveränderungen vorbehalten

Sandra Konrad

Das beherrschte Geschlecht

Warum sie will, was er will

Piper Taschenbuch, 384 Seiten

ISBN 978-3-492-23619-5

Sexualität ist mehr als nur Sex – es geht um Rollenzuschreibungen, Regeln und Rechte. Wie frei, gleichberechtigt und sexuell selbstbestimmt sind Frauen im 21. Jahrhundert? Hat weibliche Sexualität sich emanzipiert oder lediglich maskulinisiert? Und wie viel wissen Frauen wirklich über ihre eigene sexuelle Identität? Was ist »normal«, und wer bestimmt das? Sandra Konrad stellt die Geschichte weiblicher Sexualität dar und entlarvt bis heute wirksame Geschlechterklischees.

PIPER

Leseproben, E-Books und mehr unter **www.piper.de**